Der Amtsanwalt

Ratschläge eines Praktikers zur Führung der Amtsanwaltsgeschäfte.

Auf Anregung
des Herrn Oberstaatsanwalts zu Cassel

verfaßt von

Franz Laufer
Amtsanwalt in Hanau am Main.

Berlin 1917.
J. Guttentag, Verlagsbuchhandlung,
G. m. b. H.

Herrn Oberstaatsanwalt Ganslandt
zu Cassel

erlaubt sich für die Weisungen und Ratschläge bei der Auswahl, Begrenzung und Gruppierung des Stoffes, insbesondere aber für die Nachprüfung der Druckvorlage und die zahlreichen Ergänzungen und Richtigstellungen ehrerbietigen Dank zu sagen

der Verfasser.

Vorwort.

Hilfsbücher für die Amtsanwälte sind mehrere vorhanden. Die bekanntesten sind wohl die von

Dr. Th. Borchert, weiland Staatsanwalt in Berlin, „Die Geschäftsanweisung für die Amtsanwälte vom 28. August 1879", und

Franz Cammert, „Der preußische Amtsanwalt", Selbstverlag, Druck von Fr. Eberhardt in Nordhausen.

Alle indes, also auch die beiden genannten, sind veraltet. Die sehr wichtige Allgemeine Verfügung des Herrn Justizministers vom 16. Dezember 1906, die die früheren Vorschriften über die Führung der Strafprozeßliste durch ganz neue Bestimmungen ersetzt, die Allgemeine Verfügung vom 29. April 1907, betr. die von den Beamten der Staatsanwaltschaft an andere Behörden zu machenden Mitteilungen, und eine Reihe weiterer neuerer Vorschriften, namentlich auch die Allgemeine Verfügung vom 28. Mai 1885, betr. die Beurlaubung der Beamten, enthalten sie nicht. Auch ein amtlicher Neudruck der Geschäftsanweisung mit den bis zur Gegenwart ergangenen ändernden Bestimmungen ist bisher nicht erschienen.

Dazu kommt, daß jene Werke eine Menge von Verfügungen und Anweisungen enthalten, die bei kleinen Amtsanwaltschaften nur sehr selten zur Anwendung gelangen. Endlich sind sie in der Form eines Kommentars zur Geschäftsanweisung geschrieben. Kommentare werden aber bekanntlich nur selten von Anfang bis zu Ende gelesen, vielmehr nur von Fall zu Fall zu Rate gezogen.

Der Verfasser hat sich daher auf höhere Anregung entschlossen, neben den einfachen Text der Geschäftsanweisung und der Allgemeinen Verfügung vom 29. April 1907 — beide in neuester Fassung — eine kurzgefaßte Anleitung für den Dienst des Amtsanwalts zu schreiben, die, ohne Anspruch auf Vollständigkeit zu machen, eine Anzahl Ratschläge für den praktischen Dienst enthält.

Er hofft, daß das Werk geeignet sein wird, namentlich solchen Amtsanwälten, die ihr Amt ohne berufliche Vorbildung und Schulung übernehmen, eine Hilfe zu bieten.

Herrn Referendar Ziegler beim Königlichen Landgericht zu Hanau und Herrn Rechnungsrat Wieser bei der Königlichen Oberstaatsanwaltschaft zu Cassel danke ich für ihre freundliche Mithilfe.

Hanau, im März 1917.

Laufer,
Amtsanwalt bei den Königlichen Amtsgerichten
zu Hanau, Bergen und Langenselbold.

Inhalt.

Erklärung der Abkürzungen.

ABl.	= Amtsblatt
a. D.	= außer Dienst
Allg. Verf.	= Allgemeine Verfügung
Art.	= Artikel
AusfG.	= Ausführungsgesetz
BGB.	= Bürgerliches Gesetzbuch
Bl.	= Blatt
EG.	= Einführungsgesetz
FDG.	= Forstdiebstahlsgesetz
G.	= Gesetz
GA.	= Generalakten
GS.	= Gesetzsammlung
GVG.	= Gerichtsverfassungsgesetz
JMBl.	= Justizministerialblatt
JMErl.	= Justizministerialerlaß
lt. Av.	= laut Aversum
M.	= Mark
MBl.	= Ministerialblatt
RGBl.	= Reichsgesetzblatt
S.	= Seite
StGB.	= Strafgesetzbuch
StPO.	= Strafprozeßordnung
Tg.	= Tage
u. a.	= und andere
ZPO.	= Zivilprozeßordnung

A. Die Geschäftsanweisung für die Amtsanwälte vom 28. August 1879.

(JMBl. 1879. S. 260.)

I. Allgemeine Bestimmungen.

Art. 1. Die Amtsanwälte sind Beamte der Staatsanwaltschaft und haben die Amtsverrichtungen derselben wahrzunehmen. GVG. § 143 Abs. 1.

Die Amtsanwälte sind aber nur berufen zu Amtsverrichtungen bei den Amtsgerichten, den Schöffengerichten, den Rheinschiffahrtsgerichten erster Instanz und den Elbzollgerichten erster Instanz. GVG. § 143 Abs. 1 Nr. 3; Forstdiebstahlsgesetz vom 15. April 1878 § 19 Abs. 1; G. betr. die Rheinschiffahrtsgerichte vom 8. März 1879 §§ 1 und 5; G. betr. die Elbzollgerichte vom 9. März 1879 § 1.

Auch innerhalb dieser Begrenzung erstreckt sich der Beruf der Amtsanwälte nicht auf sämtliche Amtsverrichtungen der Staatsanwaltschaft. Den Amtsanwälten ist vielmehr vorenthalten:

die Strafvollstreckung (StPO. § 483 Abs. 2); die Mitwirkung in dem amtsrichterlichen Verfahren zur Vorbereitung der öffentlichen Klage in denjenigen Strafsachen, welche zur Zuständigkeit anderer Gerichte als der Schöffengerichte gehören (GVG. § 143 Abs. 2); die Mitwirkung in dem amtsrichterlichen Verfahren in Entmündigungssachen (ZPO. § 595 Abs. 2); die Mitwirkung bei Verhandlungen eines ersuchten Amtsgerichts in Ehesachen (ZPO. §§ 569, 579 Abs. 2).

Art. 2. Die Amtsanwälte sind in ihren Amtsverrichtungen von den Gerichten unabhängig. GVG. § 151.

Art. 3. Die Amtsanwälte haben den dienstlichen Anweisungen des Ersten Staatsanwalts beim Landgerichte, des Oberstaatsanwalts und des Justizministers nachzukommen. GVG. § 147 Abs. 1, § 148; AusfG. vom 24. April 1878 § 78.

In denjenigen Sachen, für welche das Reichsgericht in erster und letzter Instanz zuständig ist, haben die Amtsanwälte auch den Weisungen des Oberreichsanwalts Folge zu leisten. GVG. § 147 Abs. 2.

Art. 4. Der Erste Staatsanwalt beim Landgericht und der Oberstaatsanwalt sind befugt, bei den Amtsgerichten ihres Bezirks die Amtsverrichtungen des Amtsanwalts selbst zu übernehmen oder mit Wahrnehmung derselben einen anderen als den zunächst zuständigen Beamten zu beauftragen. GVG. § 146 Abs. 1.

Art. 5. Die Aufsicht über die Amtsanwälte steht zu:

dem Ersten Staatsanwalt bei dem Landgerichte,
dem Oberstaatsanwalt,
dem Justizminister.

In dem Rechte der Aufsicht liegt die Befugnis, die ordnungswidrige Ausführung eines Amtsgeschäftes zu rügen und die Erledigung eines Amtsgeschäftes durch Ordnungsstrafen bis zum Gesamtbetrage von einhundert Mark zu erzwingen. Der Festsetzung einer Strafe muß die Androhung derselben vorausgehen. AusfG. vom 24. April 1878 §§ 78, 80.

Art. 6. Ist unter mehreren Amtsanwälten desselben Amtsgerichts einer als erster Beamter der Staatsanwaltschaft bei dem Amtsgerichte bestellt, so handeln die demselben beigeordneten Amtsanwälte als dessen Vertreter; sie sind, wenn sie für ihn auftreten, zu allen seinen Amtsverrichtungen ohne den Nachweis eines besonderen Auftrages berechtigt; sie haben seinen dienstlichen Anweisungen nachzukommen und unterstehen seiner Aufsicht. GVG. § 145; AusfG. vom 24. April 1878 § 78 Nr. 5.

Art. 7. Für die disziplinarischen Maßregeln gegen Beamte der Staatsanwaltschaft bei den Amtsgerichten sind maßgebend:

das Gesetz vom 21. Juli 1852, betreffend die Dienstvergehen der nicht richterlichen Beamten (GS. S. 465 ff.); die Verordnung vom 23. September 1867, betreffend die Ausdehnung der preußischen Disziplinargesetze auf die Beamten in den neu erworbenen Landesteilen (GS. S. 1613ff.) und das Gesetz vom 9. April 1879, betreffend die Abänderung von Bestimmungen der Disziplinargesetze (GS. S. 345ff.).

Die **Art.** 8 und 9 sind durch Allg. Verf. vom 7. Januar 1914 (JMBl. S. 9) aufgehoben. An ihre Stelle treten folgende Bestimmungen:

§ 1. Jede Beurlaubung setzt voraus, daß für eine ordnungsmäßige Wahrnehmung des Dienstes gesorgt ist. Beurlaubte Beamte haben dafür zu sorgen, daß ihnen Verfügungen der vorgesetzten Behörde zugesandt werden können.

§ 2. Beamte, die durch Krankheit verhindert sind, ihre Dienstgeschäfte wahrzunehmen, bedürfen eines Urlaubs nur dann, wenn sie beabsichtigen, ihren Wohnsitz zu verlassen. Von der Aufsichtsbehörde ist darauf zu halten, daß die Beamten, sobald ihr Gesundheitszustand es gestattet, den Dienst wieder antreten.

§ 4. Beamte, die wegen Krankheit, wegen Einberufung zu militärischen Dienstleistungen, oder aus einer anderen Veranlassung, bei der es der Beurlaubung nicht bedarf, an der Wahrnehmung ihrer Dienstgeschäfte behindert sind, haben dies der unmittelbar vorgesetzten Aufsichtsbehörde sobald als möglich anzuzeigen.

Die Amtsanwälte haben, sofern kein Erster Amtsanwalt bestellt ist, von der Behinderung zugleich ihren Stellvertreter zu benachrichtigen; ist der Stellvertreter selbst behindert, oder ein Stellvertreter nicht vorhanden, so ist, wenn unaufschiebbare Geschäfte vorliegen, außerdem dem aufsichtsführenden Amtsrichter behufs Bestellung eines Vertreters Mitteilung zu machen; die Fälle der Stellvertretung sind von dem Amtsanwalt in einer Liste fortlaufend zu vermerken.

Ist Krankheit der Behinderungsgrund und dauert die Behinderung über drei Tage, so ist eine ärztliche, und zwar auf Verlangen eine amtsärztliche Bescheinigung beizubringen. Die Beibringung kann erlassen und auch bei kürzerer Dauer der Behinderung gefordert werden.

§ 5. Die Amtsanwälte, an deren Amtssitz ein unmittelbarer Vorgesetzter sich nicht befindet, können sich bis zur Dauer von 72 Stunden selbst beurlauben. Sie dürfen von dieser Befugnis nur in dringenden Fällen Gebrauch machen und haben vor Antritt des Urlaubs der unmittelbar vorgesetzten Aufsichtsbehörde diese Selbstbeurlaubung unter Angabe der Veranlassung anzuzeigen. Die Vorschriften im § 4 finden entsprechende Anwendung.

Die Kosten, die durch eine etwa notwendige Vertretung des beurlaubten Amtsanwalts entstehen, fallen in der Regel diesem zur Last. Zur Übernahme solcher Kosten auf die Staatskasse bedarf es der Genehmigung des Justizministers.

§ 6. Urlaubsgesuche sind unter Angabe der Veranlassung der unmittelbar vorgesetzten Aufsichtsbehörde einzureichen und auf dem regelmäßigen Dienstweg an die für die Erteilung des Urlaubs zuständige Stelle zu befördern.

§ 7. Wird ein Urlaub zur Wiederherstellung der Gesundheit nachgesucht, so finden die Bestimmungen im § 4 entsprechende Anwendung.

§ 16. Bei Vorstehern der Gemeindeverwaltung, die auf Grund des § 64 Satz 1 des AusfG. z. GVG. zu Amtsanwälten bestellt sind, genügt zur Begründung des Urlaubsgesuchs der Nachweis, daß die dem Amtsanwalt in seinem Hauptamte vorgesetzte Behörde den Urlaub für das Hauptamt bewilligt hat.

§ 17. Forstamtsanwälte, welche Königliche Forstbeamte sind, werden durch die ihnen im Hauptamte vorgesetzte Behörde beurlaubt; diese wird die Beurlaubung dem Ersten Staatsanwalt mitteilen. Der Forstamtsanwalt hat von der Urlaubsbewilligung alsbald seinen ständigen Vertreter zu benachrichtigen.

Art. 10. Glaubt ein Amtsanwalt sich aus irgendeinem Grunde, namentlich einem solchen, welcher den in § 22 Nr. 1—3 und 5 sowie § 24 Abs. 2 der StPO. gedachten Gründen entspricht, der Mitwirkung bei einer ihm obliegenden Strafsache enthalten zu müssen, so hat er darüber die Entscheidung seiner nächsten Vorgesetzten einzuholen.

Art. 11. Beschwerden, welche bei der Staatsanwaltschaft an einem Amtsgerichte gegen dieselbe eingereicht werden, sind, sofern ihnen nicht sofort abgeholfen wird, an den Ersten Staatsanwalt des Landgerichts abzugeben und zwar eventuell unter Beifügung der notwendigen Akten.

Art. 12. Der Verkehr der Amtsanwälte mit dem Oberstaatsanwalte, dem Oberreichsanwalte und dem Justizminister hat, wenn nicht direkte Berichterstattung angeordnet oder Gefahr im Verzuge ist, stets durch den Ersten Staatsanwalt zu geschehen.

Art. 13. Soweit ein Amtsanwalt zu seinen Amtsverrichtungen die Hilfe öffentlicher Behörden in Anspruch nimmt, hat solches im Wege des Ersuchens zu geschehen.

Die Behörden und Beamten des Polizei- und Sicherheitsdienstes, soweit sie zu Hilfsbeamten der Staatsanwaltschaft bestellt worden sind, haben die Verpflichtung, dem auf Auskunftserteilung und Ermittelungen jeder Art, mit Ausschluß eidlicher Vernehmungen, gerichteten Ersuchen des Amtsanwalts, zum Zwecke der Erforschung des Sachverhalts einer zu seiner Zuständigkeit gehörigen strafbaren Handlung zu genügen.

Im Weigerungsfalle hat der Amtsanwalt, wenn er nicht von der Maßregel Abstand nimmt, sofort die Vermittelung des Ersten Staatsanwalts des Landgerichts nachzusuchen. GVG. § 153; StPO. § 159.

II. Zuständigkeit.

Art. 14. Die sachliche und örtliche Zuständigkeit des Amtsanwalts bestimmt sich nach der Zuständigkeit des Gerichts, bei welchem der Amtsanwalt die Amtsverrichtungen der Staatsanwaltschaft wahrzunehmen hat. GVG. § 143 Abs. 1 Nr. 3, § 144 Abs. 1.

Art. 15. Demgemäß sind die Amtsanwälte sachlich zuständig:

1. für alle Übertretungen. Unter Übertretungen sind Handlungen zu verstehen, welche durch Reichsgesetz, Landesgesetz oder rechtsgültige Polizei-Verordnung mit Haftstrafe oder mit Geldstrafe bis zu einhundertundfünfzig Mark bedroht sind, ohne Unterschied, ob daneben noch die Strafe der Einziehung (Konfiskation) angedroht ist (StGB. § 1 Abs. 3);
2. für alle Zuwiderhandlungen gegen das Forstdiebstahlsgesetz vom 15. April 1878, ohne Unterschied, ob sich dieselben als Übertretungen oder als Vergehen darstellen;
3. für die Vergehen des Diebstahls, der Unterschlagung, des Betruges und der Sachbeschädigung in den Fällen der §§ 242, 246, 263 und 303 des StGB., sofern der Wert (des Gestohlenen oder Unterschlagenen) oder der Schaden (beim Be-

truge und bei der Sachbeschädigung) einhundertundfünfzig Mark nicht übersteigt;

4. für die mit Gefängnis von höchstens drei Monaten oder Geldstrafe von höchstens sechshundert Mark, allein oder neben Haft, oder in Verbindung miteinander oder in Verbindung mit Einziehung bedrohten Vergehen,

mit Ausnahme der Vergehen:

a) gegen § 320 StGB.,
b) gegen das Gesetz vom 25. Oktober 1867, betr. die Nationalität der Kauffahrteischiffe,
c) gegen die Art. 206, 249 und 249a des Gesetzes vom 11. Juni 1870, betr. die Kommandit-Gesellschaften auf Aktien und Aktiengesellschaften,
d) gegen die §§ 1, 2 und 3 des Gesetzes vom 8. Juni 1871, betr. die Inhaberpapiere mit Prämien,
e) gegen die §§ 67 und 69 des Gesetzes vom 6. Februar 1875, betr. die Beurkundung des Personenstandes,
f) gegen § 59 des Bankgesetzes vom 14. März 1875;

5. für die Vergehen der Begünstigung und der Hehlerei in den Fällen der §§ 258 Nr. 1 und 259 des StGB., wenn die Handlung, auf welche sich die Begünstigung oder Hehlerei bezieht, zur Zuständigkeit der Schöffengerichte gehört. GVG. § 27; FDG.; § 19 Abs. 1;
6. für alle Zuwiderhandlungen gegen das Feld- und Forstpolizeigesetz vom 1. April 1880, ohne Unterschied, ob sich dieselben als Übertretungen oder als Vergehen darstellen. Feld- und Forstpolizeigesetz § 53;
7. für die nur auf Antrag zu verfolgenden Körperverletzungen;
8. für das Vergehen des Hausfriedensbruchs im Falle des § 123 Abs. 3 StGB.;
9. für das Vergehen der Bedrohung mit der Begehung eines Verbrechens im Falle des § 241 StGB.
10. für das Vergehen des strafbaren Eigennutzes in den Fällen des § 286 Abs. 2, §§ 290, 291, 298 StGB., § 93 Abs. 3 der Seemannsordnung vom 2. Juni 1902, RGBl. S. 175.

Die Amtsanwälte sind ferner nach Eröffnung des Hauptverfahrens durch die Strafkammer sachlich zuständig:

für die von der letzteren nach Maßgabe des § 75 des GVG. dem Schöffengericht zur Verhandlung und Entscheidung zugewiesenen Vergehen.

Art. 16. Der Wirkungskreis eines Amtsanwalts kann sachlich eingeschränkt werden, entweder derart, daß dem Amtsanwalt nur die Verfolgung bestimmter Gattungen von strafbaren Handlungen (beispielsweise nur die Verfolgung von Übertretungen oder von Zuwiderhandlungen gegen das Forstdiebstahlsgesetz) zugewiesen wird, oder derart, daß ihm gewisse Amtsverrichtungen (beispielsweise die Vorbereitung der öffentlichen Klage bei Vergehenssachen oder die Bearbeitung der Vergehenssachen überhaupt) vorenthalten werden.

Derartige Einschränkungen werden in der Bestallung des Amtsanwalts besonders hervorgehoben werden. Dieselben ändern nichts an den gesetzlichen Vorschriften über die sachliche Zuständigkeit der Amtsanwälte, sondern haben nur den Charakter von Bestimmungen über die Geschäftsverteilung.

Art. 17. Örtlich zuständig ist der Amtsanwalt des Gerichts, bei welchem der Gerichtsstand begründet ist.

1. Der Gerichtsstand ist begründet bei dem Gericht, in dessen Bezirk die strafbare Handlung begangen ist.
2. In gleicher Weise ist der Gerichtsstand bei dem Gericht begründet, in dessen Bezirk der Angeschuldigte zur Zeit der Erhebung der Klage seinen Wohnsitz hat. Wenn er einen solchen im Deutschen Reiche nicht hat, so wird der Gerichtsstand auch durch den gewöhnlichen Aufenthaltsort und, wenn ein solcher nicht bekannt ist, durch den letzten Wohnsitz bestimmt.
3. Ist ein Gerichtsstand der begangenen Tat oder des Wohnsitzes (Aufenthaltsortes, letzten Wohnsitzes) nicht vorhanden oder nicht zu ermitteln, so ist der Gerichtsstand bei dem Gericht begründet, in dessen Bezirk die Ergreifung erfolgt. Hat auch eine Ergreifung nicht stattgefunden, so wird das zuständige Gericht vom Reichsgericht bestimmt. StPO. §§ 7—9.
4. Für Übertretungen aus § 360 Nr. 3 des StGB. ist der Gerichtsstand bei demjenigen Gericht begründet, in dessen Bezirk der Angeklagte seinen letzten Wohnsitz oder gewöhnlichen Aufenthalt im Deutschen Reich gehabt hat. StPO. § 471 Abs. 1.

5. Für Zuwiderhandlungen gegen das Forstdiebstahlsgesetz vom 15. April 1878 ist der Gerichtsstand nur bei demjenigen Gerichte begründet, in dessen Bezirk die Zuwiderhandlung begangen ist.

Ist der Ort der begangenen Zuwiderhandlung nicht zu ermitteln, oder ist die Zuwiderhandlung außerhalb des preußischen Staatsgebietes begangen, so bestimmt sich der Gerichtsstand nach den obigen Vorschriften unter Nr. 2 und 3. FDG. § 21 Abs. 1 und 2.

6. Für Strafsachen, welche vor die Rheinschiffahrtsgerichte gehören, ist der Gerichtsstand bei demjenigen Rheinschiffahrtsgerichte begründet, in dessen Bezirk die strafbare Handlung begangen ist. Hat aber die letztere auf dem Rheine innerhalb des beiderseits preußischen Stromgebietes stattgefunden, so ist der Gerichtsstand sowohl bei dem Rheinschiffahrtsgerichte des einen als bei demjenigen des anderen Ufers begründet. Revidierte Rheinschiffahrtsakte vom 17. Oktober 1868 (GS. von 1869 S. 798 ff.) Art. 35; G. betr. die Rheinschiffahrtsgerichte vom 8. März 1879 § 8.

7. Für Strafsachen, welche vor die Elbzollgerichte gehören, ist der Gerichtsstand bei demjenigen Elbzollgerichte begründet, in dessen Bezirk während der Anwesenheit des Täters daselbst die strafbare Handlung entdeckt, oder bei welchem eine solche gegen Führer, Mannschaften oder Passagiere eines innerhalb seines Gerichtsbezirks auf der Fahrt begriffenen Elbschiffes zuerst zur Anzeige gebracht worden ist.

Hat aber die strafbare Handlung auf dem Elbstrome innerhalb des beiderseits preußischen Stromgebietes stattgefunden, so ist das Elbzollgericht des einen und des anderen Ufers zuständig. Additional-Akte zur Elbschiffahrts-Akte vom 13. April 1844 (GS. S. 458 ff.) §§ 47, 48; G. betr. die Elbzollgerichte vom 9. März 1879 § 6.

8. In den Fällen, in welchen nach § 42 des StGB. oder nach anderweitigen gesetzlichen Bestimmungen auf Einziehung, Vernichtung oder Unbrauchbarmachung von Gegenständen selbständig erkannt werden kann, ist dasjenige Amtsgericht zuständig, welches für den Fall der Verfolgung einer bestimmten Person zuständig sein würde. StPO. § 477.

Im Falle der Einziehung gefundenen Holzes nach Maßgabe des § 17 des FDG. vom 15. April 1878 ist der Gerichtsstand bei demjenigen Amtsgerichte begründet, in dessen Bezirke das Holz gefunden worden ist. FDG. § 21 Abs. 3.

III. Vorbedingungen des Einschreitens.

Art. 18. Die Staatsanwaltschaft ist, wenn nicht gesetzlich ein Anderes bestimmt ist, verpflichtet, wegen aller gerichtlich strafbaren und verfolgbaren Handlungen einzuschreiten, sofern zureichende tatsächliche Anhaltspunkte vorliegen. StPO. § 152 Abs. 2.

Der Amtsanwalt hat also, wenn eine strafbare Handlung zu seiner Kenntnis gelangt, vorweg zu prüfen,

1. ob das Gesetz bezüglich dieser strafbaren Handlung ein Einschreiten unbedingt vorschreibt, oder ob es vielmehr dem Ermessen der Strafverfolgungsbehörde Raum gibt;
2. ob die strafbare Handlung zugleich gerichtlich verfolgbar ist;
3. ob die Verfolgung ihm — dem Amtsanwalte — zustehe.

Art. 19. Die Strafverfolgung ist nur bedingungsweise vorgeschrieben oder zugelassen in Ansehung der im Auslande begangenen Vergehen und Übertretungen. StGB. §§ 4—6.

Gelangt ein solches Vergehen oder eine solche Übertretung zur Kenntnis des Amtsanwalts, so hat derselbe darüber an den Ersten Staatsanwalt beim Landgerichte zu berichten und dessen Anweisung abzuwarten.

Art. 20. Die Strafverfolgung ist ausgeschlossen:

1. gegen Personen, welche bei Begehung der Handlung das zwölfte Lebensjahr nicht vollendet haben.

   Wer jedoch nach Vollendung des sechsten und vor Vollendung des zwölften Lebensjahres eine strafbare Handlung begeht, kann nach Beschluß des Vormundschaftsgerichts der Fürsorge überwiesen und nach Entscheidung des Kommunalverbandes in eine geeignete Familie oder in eine Erziehungs- oder Besserungsanstalt untergebracht werden. Der Amtsanwalt ist verpflichtet, dem zuständigen Vormundschaftsgerichte von einer derartigen strafbaren Handlung, wenn solche zu seiner Kenntnis gekommen ist, Mitteilung zu machen.

G. vom 2. Juli 1900, betr. die Fürsorgeerziehung Minderjähriger, §§ 1 Nr. 2, 9.

2. wegen strafbarer Handlungen, welche nur auf Antrag verfolgt werden dürfen, wenn innerhalb der Antragsfrist der Strafantrag von der dazu berechtigten Person nicht gestellt ist. (Vgl. jedoch Art. 28 Abs. 2.)

Die Frist zur Stellung des Strafantrages beginnt mit dem Tage, an welchem der zum Antrage Berechtigte von der Handlung und von der Person des Täters Kenntnis gehabt hat. Die Dauer der Frist beträgt 3 Monate. Der Strafantrag muß bei einem Gericht oder einer Staatsanwaltschaft — wobei gleichgültig ist, ob dieselben zuständig sind oder nicht — schriftlich oder zu Protokoll, bei anderen Behörden schriftlich angebracht werden. Der Amtsanwalt hat eintretenden Falls einen solchen Strafantrag selbst zu Protokoll zu nehmen und das Protokoll zweckmäßigerweise vom Antragsteller unterschreiben zu lassen. StGB. §§ 61—65; StPO. § 156 Abs. 2.

3. nach Ablauf der Verjährungszeit.

Die Verjährung der Strafverfolgung beginnt mit dem Tage, an welchem die Handlung begangen ist, ohne Rücksicht auf den Zeitpunkt des eingetretenen Erfolges. Bei strafbaren Handlungen, welche durch Unterlassungen begangen werden (z. B. Verabsäumung der vorgeschriebenen Anmeldung eines Fremden), beginnt die Verjährung erst mit dem Aufhören der Verpflichtung, bei strafbaren Handlungen, welche in der Fortsetzung eines gewissen gesetzwidrigen Zustandes bestehen, erst mit dem Aufgeben des rechtswidrigen Verhaltens. (Vgl. unter Art. 82 Abs. 1.)

Die Strafverfolgung von Vergehen, die im Höchstbetrage mit einer längeren als dreimonatigen Gefängnisstrafe bedroht sind, verjährt in fünf Jahren, diejenige von Vergehen, welche im Höchstbetrage mit drei Monaten Gefängnis bedroht sind, in drei Jahren, diejenige von Übertretungen in drei Monaten.

Durch besondere Gesetze sind jedoch mehrfach abweichende Fristen für die Verjährung der Strafverfolgung festgesetzt. So verjährt beispielsweise die Strafverfolgung:

a) der Zuwiderhandlungen gegen die Vorschriften über die Entrichtung der Branntweinsteuer und der Postgefälle in drei Jahren

(EG. z. StGB. § 7) und der Zuwiderhandlungen gegen die Vorschriften über die Erhebung der Brausteuer in drei Jahren, bezw. in einem Jahre (G. wegen Erhebung der Brausteuer vom 31. Mai 1872 § 40, RGBl. S. 153);

b) der zur Zuständigkeit der Amtsanwälte gehörigen Vergehen gegen die Gewerbeordnung vom 21. Juni 1869 in drei Monaten (§ 145 Abs. 2 daselbst);

c) der Ordnungswidrigkeiten gegen § 152 des Vereinszollgesetzes vom 1. Juli 1869 in einem Jahre (§ 164 daselbst);

d) der Vergehen, welche durch die Verbreitung von Druckschriften strafbaren Inhalts begangen werden, sowie derjenigen sonstigen Vergehen, welche im Gesetze über die Presse vom 7. Mai 1874 mit Strafe bedroht sind, in sechs Monaten (§ 22 daselbst);

e) der Zuwiderhandlungen gegen das Forstdiebstahlsgesetz, sofern nicht einer der Fälle der §§ 6 und 8 vorliegt, in sechs Monaten (§ 18 daselbst).

Jede Handlung des Richters (nicht auch die Handlung eines Beamten der Staatsanwaltschaft) unterbricht die Verjährung (vgl. jedoch auch unten Art. 66 letzten Absatz). Nach der Unterbrechung beginnt eine neue Verjährung. StGB. §§ 67—69.

Art. 21. Bei Prüfung seiner sachlichen Zuständigkeit hat der Amtsanwalt sich nach den in Art. 14—17 erörterten Grundsätzen zu richten und daneben folgendes zu beachten:

1. Wenn der Amtsanwalt der Ansicht ist, daß gegen einen Beamten, auf welchen die Bestimmungen des G. vom 13. Februar 1854, betr. die Konflikte bei gerichtlichen Verfolgungen von Amts- und Diensthandlungen, anzuwenden sind, wegen einer in Ausübung oder in Veranlassung der Ausübung seines Amtes vorgenommenen Handlung (dieselbe sei als Amtsvergehen in den gemeinen Strafgesetzen vorgesehen oder nicht) die öffentliche Klage zu erheben sei, so hat er, falls ein hierauf gerichteter Antrag der dem Beamten vorgesetzten Dienstbehörde nicht vorliegt, die Verhandlungen dem Oberstaatsanwalt zur Einsicht vorzulegen.

2. Nach § 2 der Militär-Strafgerichtsordnung vom 1. Dezember 1898 ist der Amtsanwalt auch zum Einschreiten gegen Militärpersonen wegen Zuwiderhandlungen gegen Finanz- und

Polizeigesetze und gegen Jagd- und Fischereiordnungen in dem Falle zuständig, wenn die Handlung nur mit Geldstrafe oder Einziehung oder mit einer dieser Strafen bedroht ist, und zwar auch dann, wenn im Unvermögensfalle statt der Geldstrafe Freiheitsstrafe eintritt.

Ist dagegen im Gesetz die Kontravention ausschließlich oder alternativ mit Freiheitsstrafe bedroht, oder trifft mit der Kontravention eine andere strafbare Handlung zusammen, so steht das Einschreiten lediglich den Militärbehörden zu.

3. In allen Fällen, wo dem Amtsanwalt eine Anzeige wegen eines der oben Art. 15 Nr. 3 und 5 gedachten Vergehen gemacht wird, hat derselbe, sofern nicht von vornherein erhellt, daß der Wert oder Schaden einhundertundfünfzig Mark nicht übersteigt, zwar Ermittelungen über denselben anzustellen, dabei jedoch umständliche Beweisaufnahmen zu vermeiden. In den meisten Fällen wird auf Grund des bloßen Augenscheines der Amtsanwalt schon in der Lage sein, sich ein Urteil über den fraglichen Wert oder Schaden zu bilden.

Läßt sich der Wert oder Schaden nicht feststellen, wie es z. B. bei einem vorliegenden Diebstahlsversuch der Fall sein kann, so ist die Zuständigkeit des Amtsanwalts nicht begründet.

4. Ein Zusammenhang mehrerer Strafsachen ist vorhanden, wenn eine Person mehrerer strafbarer Handlungen beschuldigt wird, oder wenn bei einer strafbaren Handlung mehrere Personen als Täter, Teilnehmer, Begünstiger oder Hehler beschuldigt werden.

Der Amtsanwalt wird für zusammenhängende Strafsachen, welche einzeln zur Zuständigkeit der Staatsanwaltschaften bei verschiedenen Amtsgerichten gehören würden, zuständig, sobald er für *eine* zuständig ist. Geeignetenfalls ist, nach vorherigem Benehmen mit den beteiligten Staatsanwaltschaften, durch Antrag des einen Amtsanwalts auf die Verbindung mehrerer bei den verschiedenen Gerichten anhängigen zusammenhängenden Sachen bei einem derselben hinzuwirken.

Ist zwischen einer zur Zuständigkeit des Amtsanwalts gehörigen und einer anderen nicht zu derselben gehörigen Strafsache ein die Verbindung gestattender Zusammenhang vorhanden, so hat der Amtsanwalt nur alsdann wegen der ersteren einzuschreiten, wenn die abgesonderte Verfolgung derselben aus überwiegenden Gründen zweckmäßig erscheint, andernfalls aber die Entscheidung der Staatsanwaltschaft des Landgerichts zu überlassen.

Die Verbindung zusammenhängender Sachen unterbleibt, wenn die eine Sache vor die ordentlichen, die andere vor die besonderen Gerichte (beispielsweise die Rheinschiffahrts- und Elbzollgerichte) gehört. Sachen, in denen nach dem Forstdiebstahlsgesetze vom 15. April 1878 der Erlaß eines Strafbefehls zu beantragen ist, sind mit anderen Sachen nicht zu verbinden. StPO. §§ 3 und 13.

5. Da unter mehreren örtlich zuständigen Gerichten demjenigen der Vorzug gebührt, welches die Untersuchung zuerst eröffnet hat, so hat der Amtsanwalt im Falle der Zuständigkeit mehrerer Gerichte vor Erhebung der öffentlichen Klage zu erwägen, welchem Gerichtsstande mit Rücksicht auf den Zeit- und Kostenaufwand, sowie auf die persönlichen Verhältnisse des Beschuldigten der Vorzug gebühre. StPO. § 12.

Können verschiedene Amtsanwälte sich nicht darüber einigen, wer von ihnen die Verfolgung zu übernehmen hat, so entscheidet der ihnen gemeinsam vorgesetzte Erste Staatsanwalt oder Oberstaatsanwalt oder der Oberreichsanwalt. GVG. § 144 Abs. 3.

6. Ein örtlich unzuständiger Amtsanwalt hat sich denjenigen innerhalb seines Bezirks vorzunehmenden Amtshandlungen zu unterziehen, in Ansehung welcher Gefahr im Verzuge obwaltet. GVG. § 144 Abs. 2.

7. Wird dem Amtsanwalt eine strafbare Handlung angezeigt, wegen deren er nicht sachlich zuständig ist, so hat er die Anzeige an die zuständige Staatsanwaltschaft beim Landgerichte oder bei Gefahr im Verzuge an den Amtsrichter abzugeben. StPO. § 163.

IV. Ablehnung von Gerichtspersonen.

Art. 22. Zur Vermeidung von Aussetzungen der Hauptverhandlung hat der Amtsanwalt ein ihm etwa gegen Richter, Schöffen oder Gerichtsschreiber zustehendes Ablehnungsrecht (vgl. StPO. §§ 22, 24, 31) womöglich nicht erst in der Hauptverhandlung, sondern so zeitig vor derselben anzubringen, daß die

Entscheidung über das Ablehnungsgesuch und die in Folge dessen etwa notwendig werdenden Maßnahmen bereits vor der Hauptverhandlung getroffen sein können. StPO. Buch I Abschn. 3.

Art. 23. Gegen den Beschluß, durch welchen ein Ablehnungsgesuch für unbegründet erklärt wird, ist, wenn hieraus nicht ein Grund zur Anfechtung des Urteils entnommen werden kann, die sofortige Beschwerde (s. unten Art. 95) statthaft. StPO. § 28.

V. Zustellungen.

Art. 24. Mit Zustellungen, desgleichen mit der Vollstreckung von Beschlüssen und Verfügungen hat sich der Amtsanwalt der Regel nach nicht zu befassen, diese Handlungen vielmehr in Gemäßheit des § 36 der StPO. dem Amtsrichter zu überlassen.

Ladungen zur Hauptverhandlung hat der Amtsanwalt zu bewirken, insoweit dieselben nicht von dem Amtsrichter unmittelbar veranlaßt werden. StPO. §§ 36, 213, 465; FDG. § 22.

Art. 25. Zustellungen an den Amtsanwalt geschehen der Regel nach durch Vorlegung der Urschrift des zuzustellenden Schriftstücks, wobei auf derselben stets der Tag der Vorlegung vom Amtsanwalt zu vermerken ist. StPO. § 41.

Die Zustellungen können jedoch auch auf die sonst vorgeschriebene Art vorgenommen werden, was namentlich da zweckmäßig sein wird, wo sich der Amtsanwalt nicht am Orte des die Zustellung veranlassenden Gerichts befinden sollte. StPO. §§ 37 und 39; Allg. Verf. des Justiz-Ministers vom 16. Juli 1879, betr. vereinfachte Zustellungen in Strafsachen (JMBl. S. 194).

VI. Beschlagnahme und Durchsuchung.

Art. 26. Die Anordnungen über Beschlagnahmen und Durchsuchungen sind in Buch I Abschn. 8 der StPO. enthalten.

Die Anordnung von Beschlagnahmen und Durchsuchungen steht dem Richter, bei Gefahr im Verzuge auch dem Amtsanwalt und denjenigen Polizei- und Sicherheitsbeamten zu, welche zu Hilfsbeamten der Staatsanwaltschaft bestellt worden sind.

Wer zur Anordnung von Beschlagnahmen und Durchsuchungen berechtigt ist, kann die Vornahme derselben auch anderen Polizei-

und Sicherheitsbeamten, als den zu Hilfsbeamten der Staatsanwaltschaft bestellten, auftragen.

Ist die Beschlagnahme nicht vom Richter, sondern vom Amtsanwalt oder einem Hilfsbeamten der Staatsanwaltschaft angeordnet, so hat der dieselbe anordnende Beamte binnen drei Tagen die richterliche Bestätigung nachzusuchen,

wenn bei der Beschlagnahme weder der davon Betroffene, noch ein erwachsener Angehöriger anwesend war,

oder wenn der Betroffene und im Falle seiner Abwesenheit ein erwachsener Angehöriger desselben gegen die Beschlagnahme ausdrücklichen Widerspruch erhoben hat.

Zur Anordnung einer Beschlagnahme von Briefen, Sendungen und Telegrammen auf der Post und den Telegraphen-Anstalten ist der Amtsanwalt nur unter der weiteren Voraussetzung ermächtigt, daß die Untersuchung nicht bloß eine Übertretung betrifft. Der Amtsanwalt muß jedoch den ihm ausgelieferten Gegenstand sofort, und zwar Briefe und andere Postsendungen uneröffnet, dem Richter vorlegen. StPO. §§ 98—100.

Art. 27. Die in anderen Reichsgesetzen enthaltenen Vorschriften über Beschlagnahme und Durchsuchungen, namentlich diejenigen im Preßgesetze vom 7. Mai 1874 Abschn. V § 23ff., sind in Geltung geblieben.

Desgleichen die landesgesetzlichen Bestimmungen über die gleiche Materie in den Gesetzen über die Erhebung öffentlicher Abgaben und Gefälle. EG. z. StPO. § 5, § 6 Nr. 3.

VII. Vorläufige Festnahme, Verhaftung und Erlaß von Steckbriefen.

Art. 28. Über die Befugnis des Amtsanwalts zu vorläufiger Festnahme verordnet § 127 der StPO.

Während jedermann, also auch der Amtsanwalt, den auf frischer Tat betroffenen oder verfolgten Täter, sofern derselbe der Flucht verdächtig ist, oder sofern seine Persönlichkeit nicht sofort festgestellt werden kann, vorläufig festnehmen darf, ist der Amtsanwalt außerdem zur vorläufigen Festnahme auch dann befugt, wenn die Voraussetzungen eines richterlichen Haftbefehls vorliegen und Gefahr im Verzuge obwaltet. Bei den Antragsdelikten (Art. 20 Nr. 2) ist die vorläufige Festnahme nicht durch die Stellung des Strafantrages bedingt.

Voraussetzung jedes richterlichen Haftbefehls ist zunächst das Vorhandensein dringender Verdachtsgründe. Die weiteren Voraussetzungen sind verschieden, je nachdem die Tat nur mit einer in Haft oder Geldstrafe bestehenden Hauptstrafe, oder mit einer anderen Hauptstrafe, z. B. Gefängnis, bedroht ist.

Im letzteren Fall darf der Angeschuldigte dann in Untersuchungshaft genommen werden, wenn er:

entweder der Flucht verdächtig ist,

oder Tatsachen vorliegen, aus denen zu schließen ist, daß er Spuren der Tat vernichten, oder daß er Zeugen oder Mitschuldige zu einer falschen Aussage, oder Zeugen dazu verleiten werde, sich der Zeugnispflicht zu entziehen.

Der Verdacht der Flucht bedarf keiner weiteren Begründung:

1. wenn der Angeschuldigte ein Heimatloser oder Landstreicher ist, oder wenn er nicht imstande ist, sich über seine Person auszuweisen;

2. wenn der Angeschuldigte ein Ausländer ist und gegründeter Zweifel besteht, daß er sich auf Ladung vor Gericht stellen und dem Urteil Folge leisten werde.

Im ersteren Falle, nämlich wenn die Tat nur mit Haft oder Geldstrafe bedroht ist, darf die Untersuchungshaft nur bei Fluchtverdacht und auch alsdann nur verhängt werden:

wenn der Angeschuldigte zu den soeben zu 1 und 2 bezeichneten Personen gehört, oder wenn derselbe unter Polizeiaufsicht steht,

oder wenn es sich um eine Übertretung handelt, wegen deren in Gemäßheit der §§ 361 Nr. 3—8 und 362 des StGB. die Überweisung an die Landespolizeibehörde erkannt werden kann. StPO. §§ 112, 113.

Art. 29. Der Amtsanwalt hat, wenn er die vorläufige Festnahme einer Person nach Maßgabe des § 127 der StPO. veranlaßt hat oder wenn ihm ein Festgenommener vorgeführt wird, diesen unverzüglich, sofern er ihn nicht wieder in Freiheit setzt, dem Amtsrichter des Bezirks, in welchem die Festnahme erfolgt ist, vorzuführen, d. h. unter Mitteilung des Sachverhalts zur Verfügung zu stellen. StPO. §§ 128, 129.

Art. 30. Gegen einen verhafteten Beschuldigten ist die öffentliche Klage spätestens innerhalb einer Woche nach Vollstreckung des Haftbefehls zu erheben.

Dieser Zeitraum kann auf Antrag des Amtsanwalts beim Amtsrichter von diesem um eine Woche und, wenn es sich um ein Vergehen handelt, auf erneuten Antrag des Amtsanwalts um fernere zwei Wochen verlängert werden.

Andernfalls wird der Haftbefehl vom Amtsrichter aufgehoben und der Verhaftete entlassen.

Dementsprechend sind die Vorbereitungen der öffentlichen Klage und deren Erhebung bei Haftsachen zu beschleunigen. StPO. §§ 125, 126.

Art. 31. Zum Erlaß von Steckbriefen ist der Amtsanwalt nur in folgenden Fällen berechtigt:

1. auf Grund eines Haftbefehls, wenn der zu Verhaftende flüchtig ist oder sich verborgen hält;
2. wenn ein Festgenommener aus dem Gefängnisse entweicht oder sonst sich der Bewachung entzieht.

Bei Ausübung dieser Befugnis ist mit besonderer Vorsicht zu verfahren. In unbedeutenderen Strafsachen ist von jener Maßregel überhaupt Abstand zu nehmen. StPO. § 131.

VIII. Vorbereitung der öffentlichen Klage und Ablehnung derselben.

Art. 32. Anzeigen strafbarer Handlungen oder Anträge auf Strafverfolgung, welche bei dem Amtsanwalt mündlich angebracht werden, sind zu beurkunden, d. h. zu den Akten zu vermerken. StPO. § 156 Abs. 1.

Art. 33. Sobald der Amtsanwalt durch eine schriftliche oder mündliche Anzeige oder auf andere Weise von dem Verdachte einer zu seiner Zuständigkeit gehörigen strafbaren Handlung Kenntnis erhält, so hat er — falls nicht bereits die erforderlichen Tatsachen mit glaubwürdigen Beweismitteln unterstützt sind — den Sachverhalt hinsichtlich der zur Belastung und Entlastung dienenden Umstände zu ermitteln. Vor Erhebung der Klage sind stets die Personalien des Beschuldigten und zwar mit besonderer Sorgfalt dessen Militärverhältnisse und etwaige Vorbestrafungen festzustellen.

Ersuchen an die Gerichte um Vernehmungen sind, namentlich in Übertretungssachen, möglichst zu vermeiden. StPO. §§ 158—160.

Art. 34. Der Amtsanwalt ist befugt, bei allen polizeilichen Untersuchungsverhandlungen gegenwärtig zu sein.

Bei gerichtlichen, im Vorbereitungsverfahren stattfindenden Untersuchungsverhandlungen muß dem Amtsanwalt die Anwesenheit gestattet werden, wenn es sich handelt:

1. um die Einnahme eines Augenscheins,
2. um die Vernehmung eines Zeugen oder Sachverständigen, welcher voraussichtlich am Erscheinen in der Hauptverhandlung verhindert oder dessen Erscheinen wegen großer Entfernung besonders erschwert sein wird. StPO. §§ 167 Abs. 1, 191.

Art. 35. Verfügt der Amtsanwalt nach dem Resultate der Ermittelungen die Einstellung des Verfahrens, so hat er hiervon den Beschuldigten in Kenntnis zu setzen, wenn dieser als solcher vom Richter vernommen, oder wenn ein Haftbefehl gegen ihn erlassen war.

Gibt der Amtsanwalt einem bei ihm angebrachten Antrage auf Erhebung der öffentlichen Klage keine Folge, oder verfügt er nach dem Abschlusse der Ermittelungen die Einstellung des Verfahrens, so hat er den Antragsteller unter Angabe der Gründe zu bescheiden.

Führt der Antragsteller, als Verletzter, beim Oberlandesgerichte gegen die Bestätigung des ablehnenden Bescheides durch die Staatsanwaltschaft des Landgerichts Beschwerde, so hat der Amtsanwalt auf Verlangen des Gerichts demselben die bisher von ihm geführten Verhandlungen durch Vermittelung des Oberstaatsanwalts vorzulegen. StPO. §§ 168—171.

IX. Erhebung der öffentlichen Klage.

Art. 36. Die Erhebung der öffentlichen Klage durch einen Antrag auf gerichtliche Voruntersuchung steht dem Amtsanwalt nicht zu.

Derselbe kann vielmehr (abgesehen von dem Antrage auf Erlaß eines richterlichen Strafbefehls, Art. 57 ff.) die öffentliche Klage nur erheben:

1. durch Einreichung einer Anklageschrift,
2. ohne Anklageschrift durch den Antrag auf sofortigen Eintritt in die Hauptverhandlung. StPO. §§ 168 Abs. 1, 176 Abs. 1, 197, 211.

Art. 37. Gegen den Beschluß des Gerichts, durch welchen die Eröffnung der Hauptverhandlung abgelehnt wird, steht dem

Amtsanwalt die sofortige Beschwerde (vgl. unten Art. 95) zu. StPO. §§ 202, 209, 353.

Art. 38. Nach Eröffnung des Hauptverfahrens kann die öffentliche Klage nicht zurückgenommen werden.

X. Verfahren in erster Instanz.

A. Verfahren mit Einreichung einer Anklageschrift.

Art. 39. Erfolgt die Erhebung der öffentlichen Klage durch Einreichung einer Anklageschrift, so hat der Amtsanwalt zugleich die Akten dem Amtsgericht einzureichen. StPO. § 197.

Art. 40. In die Anklageschrift ist aufzunehmen:

1. eine genaue Bezeichnung des Angeschuldigten, unter Angabe seines Wohnortes und Alters, seiner Vorbestrafungen und seines militärischen Verhältnisses;
2. die dem Angeschuldigten zur Last gelegte Tat unter Hervorhebung ihrer gesetzlichen Merkmale, sowie der Zeit und des Ortes der Tat;
3. das anzuwendende Strafgesetz;
4. die Benennung der Zeugen, deren Ladung beantragt wird, und die sonstigen Beweismittel; StPO. § 198 Abs. 1;
5. sofern der Angeschuldigte verhaftet ist, der Antrag auf Haftentlassung oder auf Fortdauer der Haft; StPO. §§ 126, 205 Abs. 2.

Art. 41. Falls der Amtsrichter eine bei ihm eingereichte Sache als die Zuständigkeit des Schöffengerichts übersteigend an den Amtsanwalt zurückgibt, hat dieser die Akten nebst seinen Handakten mittels urschriftlicher Verfügung der Staatsanwaltschaft des Landgerichts zu übersenden. StPO. § 207 Abs. 2.

Gegen einen auf vorläufige Einstellung des Verfahrens (vgl. StPO. §§ 203, 208) lautenden Beschluß steht dem Amtsanwalt die Beschwerde zu. StPO. § 346.

Art. 42. Ist seitens der Strafkammer das Hauptverfahren eröffnet und die Verhandlung, sowie Entscheidung dem Schöffengerichte überwiesen, so sendet der Amtsanwalt die von der Staatsanwaltschaft des Landgerichts ihm zugestellten Akten an den Amtsrichter mit dem Antrage auf Anberaumung des Hauptverhandlungstermins.

Art. 43. Wenn der Amtsanwalt außer den in der Anklageschrift benannten und den vom Angeklagten vorgeschlagenen Zeugen und Sachverständigen noch andere Personen durch Ersuchen des Amtsrichters laden läßt, so hat er sein Ersuchen zugleich darauf zu richten, daß dem Angeklagten diese Personen unter Angabe ihres Wohn- oder Aufenthaltsortes rechtzeitig namhaft gemacht werden, damit die Möglichkeit zur Einziehung von Erkundigungen gegeben ist. StPO. § 221.

Art. 44. Die Hauptverhandlung erfolgt in ununterbrochener Gegenwart des Amtsanwalts. StPO. § 225.

Art. 45. Bleibt der Angeklagte im Hauptverhandlungstermine aus, so ist, wenn das Ausbleiben genügend entschuldigt ist, stets die Anberaumung eines neuen Hauptverhandlungstermins zu beantragen.

Aber auch bei unentschuldigtem oder nicht genügend entschuldigtem Ausbleiben muß in der Regel die Hauptverhandlung ausgesetzt werden. In solchen Fällen ist zugleich, je nach den Umständen, entweder die Verhaftung oder Vorführung des Angeklagten zu beantragen.

Nur in zwei Fällen darf ohne Anwesenheit des Angeklagten zur Hauptverhandlung geschritten werden:

1. im Falle unentschuldigten oder nicht genügend entschuldigten Ausbleibens, wenn die den Gegenstand der Untersuchung bildende Tat nur mit Geldstrafe, Haft oder Einziehung, allein oder in Verbindung miteinander, bedroht und der Angeklagte unter ausdrücklichem Hinweis auf die Zulässigkeit dieses Verfahrens geladen ist;

2. wenn der Angeklagte auf seinen Antrag wegen großer Entfernung seines Aufenthaltsortes von der Verpflichtung zum Erscheinen in der Hauptverhandlung seitens des Amtsrichters entbunden ist. StPO. §§ 229, 231, 232.

Art. 46. In der Hauptverhandlung wird der Beschluß über die Eröffnung des Hauptverfahrens durch den Gerichtsschreiber verlesen und nach der Vernehmung des Angeklagten die Beweisaufnahme vorgenommen.

Die Anklage wird weder verlesen, noch mündlich vorgetragen. StPO. §§ 242, 243.

Art. 47. Die Leitung der Verhandlung, die Vernehmung des Angeklagten und die Beweisaufnahme erfolgt durch den Vorsitzenden. Derselbe hat dem Amtsanwalt auf Verlangen zu gestatten, Fragen an die Zeugen oder Sachverständigen zu stellen. Ungeeignete oder nicht zur Sache gehörige Fragen kann der Vorsitzende zurückweisen.

Den Angeklagten hat nur der Vorsitzende zu befragen.

Der Amtsanwalt kann über eine Anordnung des Vorsitzenden bei der Sachleitung oder über eine Zurückweisung einer Frage die Entscheidung des Gerichts beantragen. StPO. §§ 237, 239—241.

Art. 48. Beruht der Beweis einer Tatsache auf den Wahrnehmungen einer Person, so ist die letztere in der Hauptverhandlung zu vernehmen. Das Verlesen eines Protokolls über frühere richterliche Vernehmungen eines Zeugen, Sachverständigen, Mitbeschuldigten oder des Angeklagten ist in der Hauptverhandlung nur ausnahmsweise statthaft. StPO. §§ 249, 250, 71, 252, 253.

Art. 49. Urkunden und andere als Beweismittel dienende Schriftstücke werden in der Hauptverhandlung verlesen.

Die ein Zeugnis oder Gutachten enthaltenden Erklärungen öffentlicher Behörden, mit Ausschluß von Leumundszeugnissen, desgleichen ärztliche Atteste über Körperverletzungen in den Fällen der §§ 223, 223a und 230 StGB. können in der Hauptverhandlung verlesen werden. StPO. §§ 248, 255.

Art. 50. Der Amtsanwalt kann bis zum Schlusse der Beweisaufnahme die Aussetzung der Hauptverhandlung zum Zwecke der Erkundigung beantragen, wenn es in betreff der auf gerichtliche Anordnung geladenen Zeugen und Sachverständigen an der erforderlichen Zeit zur Einziehung von Erkundigungen gefehlt hat. StPO. § 245.

Art. 51. Nach dem Schluß der Beweisaufnahme steht dem Amtsanwalt zu seinen Ausführungen und Anträgen, sowie erforderlichenfalls zur Erwiderung auf die Ausführungen und Anträge des Angeklagten das Wort zu. Dem Angeklagten gebührt das letzte Wort. StPO. § 257.

Art. 52. Bei Stellung des Antrages auf Strafe hat der Amtsanwalt lediglich auf die Strafgrenze zu achten, welche das im

Einzelfalle zur Anwendung gelangende Strafgesetz hinstellt. Innerhalb dieser Grenze ist der Strafantrag nach Lage des Einzelfalles zu bemessen. Dabei kann bis zum Höchstmaße der Strafe oder Buße gegangen werden, selbst wenn damit die im Gerichtsverfassungsgesetze § 75 Abs. 1 am Schlusse bezeichnete Strafgrenze überschritten wird.

Art. 53. Wenn nach dem Ergebnisse der Hauptverhandlung die dem Angeklagten zur Last gelegte Tat die Zuständigkeit des Amtsgerichts (Schöffengerichts, Rheinschiffahrtsgerichts, Elbzollgerichts) überschreitet, so ist der Antrag des Amtsanwalts dahin zu richten:

daß das Gericht seine Unzuständigkeit durch Beschluß ausspreche und die Sache an das zuständige Gericht verweise.

Kommt aber die Zuständigkeit des Gerichts nur deshalb in Frage, weil nach dem Ergebnisse der Hauptverhandlung der Wert der gestohlenen (unterschlagenen, gehehlten) Sache oder der Betrag des Schadens (beim Betruge und bei der Sachbeschädigung) mehr als einhundertundfünfzig Mark beträgt, so ist die Unzuständigkeitserklärung nur dann zu beantragen, wenn in der fraglichen Hauptverhandlung ohnehin wegen anderer Anstände ein Urteil nicht gefällt werden kann. Andernfalls ist von der Unzuständigkeit abzusehen und der entsprechende sachliche Antrag zu stellen. Geht derselbe auf Bestrafung, so ist der Strafantrag nach den Grundsätzen des Art. 52 zu stellen, und kann mithin beispielsweise im Falle eines Diebstahls bis auf fünf Jahre Gefängnis, und unter Anwendung des § 74 des StGB. im Falle des Zusammentreffens mehrerer Diebstähle sogar auf mehr als fünf Jahre Gefängnis gerichtet werden. StPO. § 270; GVG. § 28.

B. Verfahren ohne Einreichung einer Anklageschrift.

Art. 54. Die Einreichung einer Anklageschrift kann unterbleiben:

1. wenn der Beschuldigte sich freiwillig stellt, oder
2. wenn der Beschuldigte infolge einer vorläufigen Festnahme dem Gerichte vorgeführt wird, oder
3. wenn der Beschuldigte nur wegen einer Übertretung verfolgt wird.

In jedem dieser drei Fälle kann der Amtsanwalt sich darauf beschränken, die Hauptverhandlung zu beantragen.

Dieselbe erfolgt ohne vorhergegangene Entscheidung über die Eröffnung des Hauptverfahrens.

In der Hauptverhandlung hat der Amtsanwalt die Anklage mündlich zu begründen. StPO. § 211 Abs. 1.

Art. 55. Treffen die im vorigen Artikel unter 2 und 3 erwähnten Fälle zusammen, so hat der Amtsanwalt, sofern der Beschuldigte der ihm zur Last gelegten Tat geständig ist, bei dem Amtsrichter geeignetenfalls zu beantragen, daß ohne Zuziehung von Schöffen zur Hauptverhandlung geschritten werde. Wird das Geständnis in der Hauptverhandlung widerrufen, so ist die Zuziehung von Schöffen erforderlich.

Gegen die im Laufe der Hauptverhandlung ohne Zuziehung von Schöffen ergehenden Entscheidungen und Urteile des Amtsrichters finden dieselben Rechtsmittel statt, wie gegen die Entscheidungen und Urteile des Schöffengerichts. StPO. § 211 Abs. 2.

Art. 56. Das Gesetz stellt es dem Ermessen des Amtsanwalts anheim, ob er von dem abgekürzten Verfahren (Art. 54, 55) Gebrauch machen, oder das Verfahren mit Einreichung der Anklageschrift wählen will. Das abgekürzte Verfahren wird zu vermeiden sein, wenn dadurch die nach Lage der Sache erforderliche vorhergehende Feststellung der Vorstrafen ausgeschlossen werden würde.

XI. Besondere Arten des Verfahrens.

A. Verfahren bei amtsrichterlichem Strafbefehl.

Art. 57. Die Erhebung der öffentlichen Klage durch den Antrag auf Erlaß eines richterlichen Strafbefehls ist zulässig:

1. bei allen Übertretungen,
2. bei den nach Art. 15 Nr. 4 zur Zuständigkeit der Amtsanwälte gehörigen Vergehen. StPO. § 447 Abs. 1.

Art. 58. Durch amtsrichterlichen Strafbefehl darf jedoch keine andere Strafe als Geldstrafe von höchstens einhundertundfünfzig Mark, oder Freiheitsstrafe von höchstens sechs Wochen, sowie eine etwa verwirkte Einziehung festgesetzt werden. Im Besonderen darf die Überweisung des Angeschuldigten an die Landespolizeibehörde in einem Strafbefehle nicht ausgesprochen werden.

Wo also der Amtsanwalt eine höhere oder eine andere als die für den Strafbefehl zugelassene Strafe für angemessen erachtet, wird das Verfahren mit richterlichem Strafbefehl nicht Platz greifen können, im übrigen wird es die Regel bilden. StPO. § 447 Abs. 2 und 3.

Art. 59. Gegen einen Beschuldigten, welcher zur Zeit der Tat das achtzehnte Lebensjahr noch nicht vollendet hatte, oder gegen einen Taubstummen darf der Erlaß eines Strafbefehls nur dann beantragt werden, wenn Tatsachen vorliegen, welche die Überzeugung gewähren, daß der Beschuldigte bei Begehung der strafbaren Handlung die zur Erkenntnis ihrer Strafbarkeit erforderliche Einsicht besessen hat. StGB. § 57 Abs. 1, § 58.

Gegenüber einem vorläufig Festgenommenen ist der Erlaß eines Strafbefehls zwar zulässig, es wird aber in der Regel das Verfahren nach Art. 54 bezw. 55 sich als zweckmäßiger erweisen.

Art. 60. Der Antrag auf Erlaß des Strafbefehls wird beim Amtsrichter gestellt.

Der Antrag muß enthalten:

1. eine genaue Bezeichnung des Angeschuldigten (Art. 40 Nr. 1);
2. die dem Angeschuldigten zur Last gelegte Tat (Art. 40 Nr. 2);
3. die anzuwendende Strafvorschrift und, wenn die Zuwiderhandlung gegen eine Bezirks- oder Lokalpolizei-Verordnung begangen ist, die Anführung der Stelle des Amtsblattes, wo die Vorschrift zu finden ist;
4. die Benennung der Zeugen und der sonstigen Beweismittel;
5. die in Aussicht genommene, nach Art und Höhe bestimmt bezeichnete Strafe. Geht der Antrag auf Geldstrafe, so ist zugleich unter Beobachtung der Vorschriften der §§ 28, 29 des StGB. die Freiheitsstrafe nach Art und Maß zu beantragen, welche für den Fall, daß die Geldstrafe nicht beigetrieben werden kann, an deren Stelle treten soll. StPO. § 448 Abs. 1.

Mit dem Antrage sind dem Richter zugleich die Akten einzureichen.

Art. 61. Lehnt der Amtsrichter den Erlaß eines Strafbefehls ab, ohne gleichzeitig einen Termin zur Hauptverhandlung anzuberaumen, so steht dem Amtsanwalt gegen einen solchen Beschluß das Rechtsmittel der sofortigen Beschwerde zu (s. unten Art. 95).

Dagegen hat der Amtsanwalt das Recht zur Beschwerde nicht, falls der Amtsrichter unter Ablehnung des Erlasses des Strafbefehls die Sache zur Hauptverhandlung bringt. In diesem Falle vertritt der Antrag auf Erlaß des Strafbefehls die Anklage und bedarf es der Einreichung einer Anklageschrift nicht. StPO. §§ 346, 347, 448 Abs. 2.

Art. 62. Der Strafbefehl erlangt, wenn der Angeschuldigte dagegen nicht innerhalb einer Woche nach dessen Zustellung Einspruch erhebt, die Wirkung eines rechtskräftigen Urteils.

Die Wiederaufnahme des Verfahrens gemäß § 399 der StPO. ist ausgeschlossen, dagegen die Wiedereinsetzung in den vorigen Stand gegen die versäumte Frist nach § 44 der StPO. zulässig.

Der Angeschuldigte, auch der Verhaftete, kann vor Ablauf der Frist auf den Einspruch verzichten.

Einspruch und Verzicht sind bei dem Amtsrichter schriftlich oder zu Protokoll des Gerichtsschreibers anzubringen. StPO. §§ 449, 450.

Art. 63. Hat der Angeschuldigte rechtzeitig Einspruch erhoben, so wird zur Hauptverhandlung geschritten, ohne daß es der Einreichung einer Anklageschrift oder eines Beschlusses über die Eröffnung des Hauptverfahrens bedarf.

Bis zum Beginn der Hauptverhandlung kann der Amtsanwalt die Klage fallen lassen und der Angeklagte seinen Einspruch zurücknehmen. StPO. § 451 Abs. 1.

Art. 64. Der Angeklagte kann sich in der Hauptverhandlung durch einen mit schriftlicher Vollmacht versehenen Verteidiger vertreten lassen. StPO. § 451 Abs. 2.

Die Vorbereitung der Hauptverhandlung ist die gewöhnliche (s. oben Art. 43).

Weder der Amtsanwalt ist bei Stellung seines Strafantrages, noch das Gericht bei der Urteilsfällung an den in dem Strafbefehl enthaltenen Ausspruch gebunden. StPO. § 451 Abs. 3.

Art. 65. Bleibt der Angeklagte ohne genügende Entschuldigung in der Hauptverhandlung aus und wird er auch nicht durch einen Verteidiger vertreten, so stellt der Amtsanwalt den Antrag, den Einspruch ohne Beweisaufnahme durch Urteil zu verwerfen.

Gegen ein solches Urteil kann der Angeklagte eine Wiedereinsetzung in den vorigen Stand (StPO. § 234) nur beanspruchen, wenn ihm gegen den Ablauf der Einspruchsfrist eine solche nicht gewährt worden war. StPO. § 452.

B. Verfahren nach vorangegangener polizeilicher Strafverfügung.

Art. 66. Nach dem im Bereiche der Monarchie geltenden Gesetze vom 23. April 1883 ist derjenige, welcher die Polizeiverwaltung in einem bestimmten Bezirke auszuüben hat, befugt, wegen der in diesem Bezirke verübten, sein Ressort betreffenden Übertretungen Geldstrafe bis zu 30 Mark oder Haft bis zu drei Tagen vorläufig durch Verfügung festzusetzen.

Über die Ausübung oder Nichtausübung dieser Befugnis steht dem Amtsanwalt eine Entscheidung nicht zu; er darf deshalb die Verfolgung nicht aus dem Grunde ablehnen, weil eine vorläufige Strafverfügung durch den Polizeiverwalter zulässig sei.

Die Strafverfügung wirkt in betreff der Unterbrechung der Verjährung wie eine richterliche Handlung. StPO. § 453.

Art. 67. Der Beschuldigte kann gegen eine von dem Polizeiverwalter erlassene Strafverfügung binnen einer Woche nach der Bekanntmachung bei der Polizeibehörde, welche die Verfügung erlassen hat, oder bei dem zuständigen Amtsgericht auf gerichtliche Entscheidung antragen.

Dieser Antrag kann bei der Polizeibehörde schriftlich oder mündlich, bei dem Amtsgericht schriftlich oder zu Protokoll des Gerichtsschreibers angebracht werden.

Ein Antrag bei dem Amtsanwalt wahrt die gesetzliche Frist nicht. Reicht der Beschuldigte seinen Antrag beim Amtsanwalt ein, so hat dieser denselben sofort an das Amtsgericht abzugeben.

Eine Wiedereinsetzung in den vorigen Stand gegen die versäumte Antragsfrist ist zulässig. StPO. §§ 454 Abs. 1, 455.

Art. 68. Die Polizeibehörde übersendet, falls sie nicht die Strafverfügung zurücknimmt, die Akten an den Amtsanwalt, welcher sie dem Amtsrichter mit dem Antrage überreicht, einen Termin zur Hauptverhandlung anzuberaumen.

Der Einreichung einer Anklageschrift bedarf es nicht, indem die Strafverfügung die Anklage vertritt.

Der Amtsanwalt ist nicht befugt, die Anklage zurückzunehmen. Bis zum Beginn der Hauptverhandlung kann der Antrag auf gerichtliche Entscheidung von dem Angeklagten zurückgenommen werden. StPO. §§ 454 Abs. 2, 456.

Art. 69. Im Falle einer infolge erhobenen Antrages auf gerichtliche Entscheidung stattfindenden Hauptverhandlung greifen die allgemeinen Vorschriften Platz, namentlich auch hinsichtlich der Zulässigkeit der Verhandlung gegen einen ausgebliebenen Angeklagten (s. oben namentlich Art. 45).

Der Amtsanwalt ist an den Ausspruch der Polizeibehörde, insbesondere was die Höhe und Art der Strafe betrifft, nicht gebunden. StPO. § 457.

Art. 70. Stellt sich nach dem Ergebnisse der Hauptverhandlung die Tat des Angeklagten als eine solche dar, bei welcher die Polizeibehörde zum Erlasse einer Strafverfügung nicht befugt war, so hat der Amtsanwalt zu beantragen, daß ohne Entscheidung in der Sache selbst die Strafverfügung durch Urteil aufgehoben werde.

Nach Eintritt der Rechtskraft eines auf Aufhebung des Strafbefehls lautenden Urteils hat der Amtsanwalt die Sache entweder selbst in die Hand zu nehmen oder an die zuständige Staatsanwaltschaft des Landgerichts abzugeben.

Übrigens ist der Amtsanwalt nicht behindert, auch da einzuschreiten, wo die Polizeibehörde zwar zunächst eine Strafverfügung erlassen, solche aber demnächst zurückgenommen hat. StPO. §§ 458, 454 Abs. 2.

C. Verfahren bei Zuwiderhandlungen gegen die Vorschriften über Erhebung öffentlicher Abgaben und Gefälle.

Art. 71. Das bei Zuwiderhandlungen gegen die Vorschriften über die Erhebung öffentlicher Abgaben und Gefälle nach den bisherigen gesetzlichen Bestimmungen angeordnete Verwaltungsstrafverfahren ist durch § 5 Abs. 1 und § 6 Nr. 3 des EG. z. StPO. und § 459 der StPO. mit der Maßgabe aufrecht erhalten worden, daß durch Strafbescheid der Verwaltungsbehörden nur Geldstrafen und etwa verwirkte Einziehungen festgesetzt werden dürfen.

In Fällen dieser Art hat der Amtsanwalt den ersten Angriff der Verwaltungsbehörde zu überlassen.

Der Amtsanwalt hat jedoch ohne einen vorgängigen Strafbescheid einzuschreiten:

1. wenn durch die Zuwiderhandlung zugleich andere nicht der Entscheidungsbefugnis der Verwaltungsbehörden unterfallende Strafgesetze verletzt sind und die Verfolgung dieserhalb noch eintreten kann;
2. wenn die Verwaltungsbehörde auf Erlaß eines Strafbescheides verzichtet oder ausdrücklich das Einschreiten des Amtsanwalts beantragt;
3. wenn der Beschuldigte wegen Zuwiderhandlung festgenommen und nicht alsbald wieder freigelassen, sondern dem zuständigen Richter vorgeführt worden ist;
4. im Gewerbesteuerverfahren nach Maßgabe des § 27 Abs. 3 des Gesetzes vom 3. Juli 1876 (GS. S. 247) auch dann, wenn der Beschuldigte in Preußen keinen Wohnsitz hat oder seinerseits auf Erlaß eines Strafbescheides verzichtet.

Dem Antrage der Verwaltungsbehörde auf Übernahme der Verfolgung hat der Amtsanwalt in der Regel zu entsprechen. Treten ihm Bedenken entgegen, so hat er dieselben der Verwaltungsbehörde mitzuteilen und eventuell an den Ersten Staatsanwalt des Landgerichts zu berichten.

Schreitet der Amtsanwalt in den Fällen zu 1—4 ein, so richtet sich das gesamte Verfahren nach den gewöhnlichen Vorschriften.

Art. 72. Wenn eine Verwaltungsbehörde auf Grund der bestehenden gesetzlichen Vorschriften bezw. des § 459 der StPO. einen Strafbescheid erlassen hat, so kann gegen denselben seitens des Beschuldigten regelmäßig binnen einer Woche (in Post-Strafsachen nach § 35 des Gesetzes über das Postwesen des Deutschen Reichs vom 28. Oktober 1871 binnen zehn Tagen) nach der Bekanntmachung auf gerichtliche Entscheidung angetragen werden.

Art. 73. Werden infolge eines Antrages auf gerichtliche Entscheidung die Akten seitens der Verwaltungsbehörde an den Amtsanwalt übersendet, so finden die Bestimmungen, betreffend das Verfahren nach vorangegangener polizeilicher Strafverfügung in den Art. 68, 69 und 70 Abs. 1 und 2, entsprechende Anwendung. StPO. §§ 460—462.

Art. 74. Ist die in einem vollstreckbaren Strafbescheide festgesetzte Geldstrafe von dem Beschuldigten nicht beizutreiben, und deshalb ihre Umwandlung in eine Freiheitsstrafe erforderlich, so hat der Amtsanwalt, wenn er an sich zur Verfolgung der Sache zuständig gewesen wäre, bei Übersendung der von der Verwaltungsbehörde ihm zugestellten Akten an das Amtsgericht auf Grund der §§ 28 und 29 des StGB. bezw. der etwa in Betracht kommenden Spezialbestimmungen die Umwandlung der Geldstrafe in eine bestimmte Freiheitsstrafe zu beantragen.

Gegen die amtsrichterliche Entscheidung steht dem Amtsanwalt die sofortige Beschwerde zu (s. Art. 95). StPO. § 463.

Art. 75. Hat die Verwaltungsbehörde einen Strafbescheid nicht erlassen und der Amtsanwalt den an ihn gerichteten Antrag auf Verfolgung abgelehnt (s. oben Art. 71), so ist die Verwaltungsbehörde befugt, selbst die Anklage zu erheben.

Das Verfahren richtet sich alsdann nach den für die Privatklage in der StPO. Buch V Abschn. 1 gegebenen Vorschriften (s. unten Art. 90).

Der Amtsanwalt hat jedoch seine Mitwirkung nach freiem Ermessen zu bestimmen.

Bei der Hauptverhandlung muß der Amtsanwalt mitwirken. Alle im Laufe des Verfahrens ergehenden Entscheidungen sind dem Amtsanwalt bekannt zu machen. StPO. §§ 464, 465, 466.

Art. 76. Hat der Beschuldigte gegen einen Strafbescheid auf gerichtliche Untersuchung angetragen, oder hat der Amtsanwalt die Anklage erhoben, so kann die Verwaltungsbehörde sich der Verfolgung anschließen, wobei die für den Anschluß des Verletzten als Nebenklägers in der StPO. Buch V Abschn. 2 gegebenen Bestimmungen zur Anwendung kommen. StPO. § 467.

Art. 77. In allen Fällen ist der Amtsanwalt verpflichtet, diejenigen Tatsachen und Rechtsauffassungen, welche ihm von der Verwaltungsbehörde als nach ihrer Ansicht erheblich mitgeteilt werden, zur Kenntnis des Gerichts zu bringen, unbeschadet des Rechts, seine eigene Meinung in angemessener, den Rücksichten für andere Behörden entsprechender Weise zu entwickeln.

Art. 78. Die Berufung hat der Amtsanwalt gegen das Urteil stets dann anzumelden, wenn dasselbe von der Ansicht der Verwaltungsbehörde abweicht. Er ist jedoch, falls er das Urteil für begründet erachtet, befugt, die Rechtfertigung der Berufung der Verwaltungsbehörde zu überlassen. In allen Fällen hat der Amtsanwalt bei Übersendung der beglaubigten Abschrift der Urteilsformel der Verwaltungsbehörde von der erfolgten Anmeldung des Rechtsmittels Mitteilung zu machen.

D. Verfahren gegen Abwesende, im Besonderen gegen solche, welche sich der Militärpflicht entzogen haben.

Art. 79. Als „abwesend" gilt ein Beschuldigter, wenn sein Aufenthalt unbekannt ist, oder wenn er sich im Auslande aufhält und seine Gestellung vor das zuständige Gericht nicht ausführbar oder nicht angemessen erscheint. StPO. § 318.

Art. 80. Gegen Abwesende findet ein Hauptverfahren nur statt:

1. wegen strafbarer Handlungen, welche lediglich mit Geldstrafe oder Einziehung, allein oder in Verbindung miteinander, bedroht sind;

2. wegen Übertretungen aus § 360 Nr. 3 des StGB. (abgesehen von den nicht zur Zuständigkeit der Amtsgerichte gehörigen Vergehen gegen § 140 des StGB.). StPO. §§ 319, 470.

Art. 81. In allen Fällen der Nr. 1 des vorigen Artikels hat der Amtsanwalt die öffentliche Klage durch Einreichung einer Anklageschrift zu erheben. Die Ladung des Angeklagten zur Hauptverhandlung erfolgt nach Maßgabe der §§ 320, 321 der StPO.

Art. 82. Im Falle der Nr. 2 des Art. 80 beginnt die Verjährung der Strafverfolgung der daselbst gedachten Übertretungen erst mit der Rückkehr des Ausgewanderten in das Inland oder mit der Einholung der Erlaubnis bezw. mit der Erstattung der Anzeige oder mit dem Aufhören der Militärpflicht.

Örtlich zuständig für die öffentliche Klage ist der Amtsanwalt, in dessen Bezirk der Angeklagte seinen letzten Wohnsitz oder gewöhnlichen Aufenthaltsort im Deutschen Reich gehabt hat.

Die öffentliche Klage wird durch Einreichung einer Anklageschrift erhoben.

Die Anklage ist auf die schriftliche Erklärung der mit der Kontrolle der Wehrpflichtigen beauftragten Behörde zu gründen. Diese Erklärung muß nach Vorschrift des § 472 Abs. 3 und 4 der StPO. abgefaßt sein.

Die Anklage kann gleichzeitig gegen mehrere Personen gerichtet werden; die Verhandlung und Entscheidung erfolgt dann ungetrennt.

Die Ladung der Angeklagten zur Hauptverhandlung erfolgt nach Maßgabe des § 473 der StPO.

In der Hauptverhandlung kann der Angeklagte durch einen mit Vollmacht versehenen Verteidiger oder auch durch einen Angehörigen, ohne daß dieser einer Vollmacht bedarf, vertreten werden.

Der Amtsanwalt hat in der Hauptverhandlung seinen Strafantrag gegen diejenigen Angeklagten zu stellen, rücksichtlich deren die vorgeschriebenen Förmlichkeiten beobachtet sind, wenn nicht Umstände sich ergeben, welche der Erklärung der Kontrollbehörde entgegenstehen. Bedarf es in Ansehung eines Angeklagten einer Beweisaufnahme, so ist die Sache von den übrigen zu trennen und gesondert zum Abschluß zu bringen. StPO. §§ 470—475, 322.

Art. 83. In anderen, als den in den Art. 80—82 gedachten Fällen findet gegen einen Abwesenden eine Hauptverhandlung nicht statt.

Dagegen ist ein Verfahren zur Vorbereitung der öffentlichen Klage gegen Abwesende immer statthaft.

Dasselbe wird namentlich dann Platz zu greifen haben, wenn es auf eine Unterbrechung der Verjährung oder auf Sicherung der Beweise ankommt.

Ergibt sich zwischen dem Eröffnungsbeschluß über das Hauptverfahren und der Hauptverhandlung, daß der Angeklagte abwesend ist, so unterbleibt — abgesehen von dem Falle des Art. 80 Nr. 1 — die Hauptverhandlung, und es sind nur etwaige Beweisaufnahmen zur Sicherung des Beweises beim Amtsrichter zu beantragen.

Ergibt sich erst in der Hauptverhandlung die Abwesenheit des Angeklagten, so ist die Hauptverhandlung auszusetzen und, sofern es sich um einen Fall des Art. 80 Nr. 1 handelt, die Ladung des abwesenden Angeklagten gemäß §§ 320 und 321 der StPO. zu einem neuen Hauptverhandlungstermin zu veranlassen, andernfalls eventuell Beweisaufnahme zur Sicherung des Beweises in Antrag zu bringen. StPO. §§ 327, 331.

E. Verfahren bei Einziehungen.

Art. 84. Die §§ 477—479 der StPO. regeln das Verfahren für diejenigen Fälle, in welchen die Entscheidung über Einziehung einzelner Gegenstände gemäß §§ 40—42 des StGB. getrennt von einer Aburteilung in der Hauptsache gesetzlich zulässig ist.

Der Antrag auf Einziehung ist schriftlich bei dem Amtsrichter zu stellen. In demselben sind behufs Ladung zum Hauptverhandlungstermine diejenigen Personen zu benennen, welche einen rechtlichen Anspruch auf den Gegenstand der Einziehung haben, sofern die Ladung solcher Personen ausführbar erscheint.

Durch das Nichterscheinen der Geladenen wird die Verhandlung und die Urteilsfällung nicht aufgehalten.

Gegen die Verfügung des Amtsrichters, durch welche der Antrag auf Einziehung zurückgewiesen wird, hat der Amtsanwalt das Rechtsmittel der sofortigen Beschwerde (s. unten Art. 95), gegen das auf Grund des Hauptverhandlungstermins ergehende Urteil das Rechtsmittel der Berufung.

F. Verfahren nach dem Forstdiebstahlsgesetze.

Art. 85. Das Verfahren nach dem Forstdiebstahlsgesetze vom 15. April 1878 beruht auf dem von den Forstschutzbeamten zu führenden Verzeichnis über die Zuwiderhandlungen gegen dieses Gesetz.

Über die Aufstellung und Einreichung der Verzeichnisse ist die Allg. Verf. des Justiz-Ministers vom 29. Juli 1879 (JMBl. S. 221) ergangen.

Art. 86. In den Fällen der §§ 6 und 8 des FDG. erhebt der Amtsanwalt die öffentliche Klage durch Einreichung einer Anklageschrift, welcher ein den Angeklagten betreffender, die Spalten 1—6 des Verzeichnisses enthaltender Auszug beizufügen ist. Etwaige polizeiliche oder gerichtliche Vorermittelungen sind mit der Anklageschrift zu überreichen.

Der Antrag auf Erlaß eines Strafbefehls ist in diesen Fällen unstatthaft.

Die Hauptverhandlung erfolgt mit Zuziehung von Schöffen und kann in allen Fällen ohne Anwesenheit des Angeklagten stattfinden.

Sollte jedoch das persönliche Erscheinen des Angeklagten aus irgendeinem Grunde zweckmäßig erscheinen, so hat der Amtsanwalt erforderlichenfalls einen Vorführungs- oder Haftbefehl in Antrag zu bringen. FDG. § 30.

Art. 87. In allen übrigen nach dem FDG. zu verhandelnden Fällen erhebt der Amtsanwalt die öffentliche Klage durch den Antrag auf Erlaß eines richterlichen Strafbefehls.

Der Antrag ist dahin zu fassen:

„gegen die unter den laufenden Nummern . . . . . . aufgeführten Angeschuldigten nach Maßgabe der Eintragungen in Spalte 7 des Verzeichnisses Strafbefehle zu erlassen".

Mit dem Antrage ist unter Beobachtung der Vorschriften der Allg. Verf. vom 29. Juli 1879 eine Ausfertigung des Forstdiebstahlsverzeichnisses (und zwar diejenige, zu welcher als Umschlag das Muster II verwendet ist) zu überreichen, nachdem zuvor in Spalte 7 seitens des Amtsanwalts seine Anträge vermerkt worden sind. Das durch Ineinanderlegung der Einzelverzeichnisse gebildete Exemplar des Gesamtverzeichnisses behält der Amtsanwalt als sein Handexemplar zurück. FDG. § 27 Abs. 1.

Der Erlaß des Strafbefehls ist für jede Geldstrafe und die dafür im Unvermögensfalle festzusetzende Freiheitsstrafe bezw. für die etwa aus § 361 Nr. 9 des StGB. zu verhängende prinzipale Haftstrafe, sowie für den Werterſatz und die verwirkte Einziehung zu beantragen, gleichgültig ob eine eigene Tat des Angeschuldigten oder nur die Haftbarkeit für die Tat eines Dritten in Frage steht. FDG. § 27 Abs. 2, § 36.

Der Amtsrichter bestimmt für sämtliche Fälle eines Verzeichnisses einen Termin zur Erhebung der Einsprüche. In diesem Termine findet die Hauptverhandlung statt bezüglich aller Fälle, in denen Einspruch erhoben wird. Der Termin kann gleichzeitig als Hauptverhandlungstermin für diejenigen Fälle des Verzeichnisses bestimmt werden, in denen der Amtsrichter ohne Erlaß eines Strafbefehls zur Hauptverhandlung schreiten will, sei es, daß er mit dem Amtsanwalt über die Höhe oder Art der zur Anwendung zu bringenden Strafen nicht zur Einigung gelangt, sei es, daß er aus anderen Gründen eine Hauptverhandlung für geboten erachtet. FDG. § 29 Abs. 1.

Ist der Strafbefehl erlassen, so muß der Angeklagte den Einspruch dagegen in dem Termine persönlich erheben, widrigenfalls der Strafbefehl vollstreckbar wird. FDG. § 27 Abs. 3, § 29 Abs. 2; StPO. § 452.

Ist ohne vorausgegangenen Strafbefehl Hauptverhandlungstermin anberaumt, so kann regelmäßig auch gegen den ausgebliebenen Angeklagten verhandelt und entschieden werden. StPO. § 231.

In allen Fällen wird ohne Zuziehung von Schöffen verhandelt und entschieden. Da jede einzelne Nummer des Forstdiebstahlsverzeichnisses für sich zur Verhandlung und Entscheidung gelangt, so hat der Amtsanwalt nach jedesmaligem Schluß der Beweisaufnahme seine Anträge bezüglich der in Spalte 3 des Verzeichnisses unter einer fortlaufenden Nummer der Spalte 1 aufgeführten Beschuldigten zu stellen. Dabei ist übrigens der Amtsanwalt weder an seinen früheren Antrag, betreffend den Erlaß des Strafbefehls, noch an diesen selbst gebunden. FDG. § 29 Abs. 1.

G. Verfahren in Rheinschiffahrtssachen und elbzollgerichtlichen Sachen.

Art. 88. Rheinschiffahrtsgerichte erster Instanz sind die durch Königliche Verordnung dazu bestellten Amtsgerichte.

Elbzollgerichte erster Instanz sind die Amtsgerichte, deren Bezirke von der Elbe innerhalb der Stromstrecke von der Königlich Sächsischen Grenze bis Hamburg auf dem rechten und Harburg auf dem linken Stromufer berührt werden. G. betr. die Rheinschiffahrtsgerichte vom 8. März 1879 § 1; G. betr. die Elbzollgerichte vom 9. März 1879 § 1.

Art. 89. In den vor den Rheinschiffahrts- und Elbzollgerichten zu verhandelnden Sachen findet die Zuziehung von Schöffen nicht statt, im übrigen kommen die Vorschriften über das Verfahren vor den Schöffengerichten wegen Übertretungen zur Anwendung, auch wenn es sich um die Aburteilung eines Vergehens handeln sollte.

Der Amtsanwalt hat seine Anträge und Verfügungen in Rheinschiffahrts- und Elbzollsachen als solche zu bezeichnen.

Derselbe hat zu den Hauptverhandlungsterminen durch Ersuchen des Amtsrichters auch die für Strafe und Kosten mitverhafteten dritten Personen, also in Rheinschiffahrtssachen die Schiffsherren, in Elbzollsachen die Schiffs- oder Floßführer mit laden zu lassen.

Bei Geldstrafen ist für den Fall, daß sie nicht beigetrieben werden können, auch alsdann, wenn sie wegen eines Vergehens erkannt worden sind, die Umwandlung in Haft nach den für Übertretungen geltenden Vorschriften zu beantragen. G. betr. die Rheinschiffahrtsgerichte vom 8. März 1879 §§ 4, 5, 7, 13 und 15; G. betr. die Elbzollgerichte vom 9. März 1879 §§ 1, 3, 5 und 7; Additionalakte zur Elbschiffahrtsakte vom 13. April 1844 (GS. S. 458) § 45.

H. Mitwirkung des Amtsanwalts in Privatklagesachen.

Art. 90. Jede wegen Beleidigung und Körperverletzung vorschriftsmäßig erhobene Privatklage wird in Gemäßheit des § 422 der StPO. seitens des Amtsrichters dem zuständigen Staatsanwalt am Landgericht mitgeteilt, damit derselbe in den Stand gesetzt sei, zu prüfen, ob Anlaß zur Erhebung einer öffentlichen Klage vorliege.

Erachtet der Erste Staatsanwalt zum Zwecke der Prüfung eine nähere Information geboten, so wird er dem Amtsanwalt die entsprechende Weisung zur Wahrnehmung der in dem Privatklageverfahren anberaumten Hauptverhandlungstermine zugehen lassen. Ohne solche Weisung hat der Amtsanwalt sich einer Mitwirkung im Privatklageverfahren in der Regel zu enthalten und namentlich die ihm nach § 417 der StPO. bekannt gemachten Hauptverhandlungstermine nur ausnahmsweise (sofern er nämlich Grund hat, zu vermuten, daß bei der Verhandlung Erörterungen erfolgen werden, welche auf den Entschluß der Staatsanwaltschaft am Landgericht zur Übernahme der Verfolgung bestimmend sein könnten) wahrzunehmen.

Erachtet der Amtsanwalt auf Grund des Ergebnisses der Hauptverhandlung eine Übernahme der Verfolgung für geboten, so hat er dennoch eine darauf gerichtete Erklärung nicht abzugeben, sondern an die Staatsanwaltschaft des Landgerichts zu berichten und deren Weisung abzuwarten. Nur bei Gefahr im Verzuge (beispielsweise im Falle die Übernahme der Verfolgung durch Einlegung eines Rechtsmittels geschehen müßte und der Ablauf der Rechtsmittelfrist nahe bevorstände) hat der Amtsanwalt selbständig vorzugehen und erst nachträglich mit der Staatsanwaltschaft am Landgericht in Verbindung zu treten.

Sollte in einem Falle der Amtsrichter die Mitteilung der erhobenen Privatklage (StPO. § 422) nicht an die Staatsanwaltschaft beim Landgericht, sondern an den Amtsanwalt ergehen lassen, so hat Letzterer die Mitteilung an jenen weiterzugeben und die Weisungen des Staatsanwalts abzuwarten. StPO. §§ 414, 417, 422.

XII. Rechtsmittel.

A. Allgemeine Bestimmungen.

Art. 91. Die zulässigen Rechtsmittel gegen richterliche Entscheidungen stehen sowohl dem Amtsanwalt, als auch dem Beschuldigten zu.

Jedes vom Amtsanwalt eingelegte Rechtsmittel hat die Wirkung, daß die angefochtene Entscheidung auch zugunsten des Beschuldigten abgeändert oder aufgehoben werden kann. Der Amtsanwalt kann aber auch ein Rechtsmittel ausdrücklich zugunsten des Beschuldigten einlegen. StPO. §§ 338, 343.

Art. 92. Die Zurücknahme eines Rechtsmittels sowie der Verzicht auf die Einlegung eines solchen kann auch vor Ablauf der Frist zur Einlegung desselben wirksam erfolgen. Weder die Zurücknahme, noch der Verzicht können widerrufen werden. Wenn die Entscheidung über das Rechtsmittel auf Grund mündlicher Verhandlung stattzufinden hat, so kann die Zurücknahme desselben nach Beginn der Hauptverhandlung nur mit Zustimmung des Gegners erfolgen.

Ein vom Amtsanwalt zugunsten des Beschuldigten eingelegtes Rechtsmittel kann ohne dessen Zustimmung nicht zurückgenommen werden. StPO. §§ 344, 345.

B. Beschwerde.

Art. 93. Die Beschwerde findet statt gegen alle vom Amtsrichter (Schöffengericht, Rheinschiffahrtsgericht, Elbzollgericht) erlassenen Entscheidungen (Beschlüsse und Verfügungen). Sie ist zulässig, soweit das Gesetz die Entscheidungen nicht ausdrücklich einer Anfechtung entzogen hat.

Entscheidungen der erkennenden Gerichte, welche der Urteilsfällung vorausgehen, unterliegen nicht der Beschwerde, ausgenommen solche über Verhaftungen, Beschlagnahmen oder Straffestsetzungen, sowie solche, durch welche dritte Personen betroffen werden. StPO. §§ 346, 347.

Im übrigen sind der Anfechtung durch Beschwerde ausdrücklich entzogen die Beschlüsse und Verfügungen in den Fällen der §§ 28 Abs. 2, 200, 347 der StPO. und §§ 52, 53 des GVG.

Art. 94. Die Beschwerde ist seitens des Amtsanwalts bei demjenigen Gerichte, von welchem oder von dessen Vorsitzenden die angefochtene Entscheidung erlassen ist, schriftlich einzulegen.

In dringenden Fällen aber kann die Beschwerde auch bei der Strafkammer des Landgerichts, an welches die Beschwerde gerichtet wird, eingelegt werden. Dieselbe ist alsdann direkt und nicht durch Vermittelung der Staatsanwaltschaft bei dem Landgericht einzureichen.

In allen Fällen sind, wenn der Amtsanwalt Beschwerde erhoben hat, die etwaigen Handakten der Staatsanwaltschaft des zuständigen Landgerichts zu übersenden. StPO. § 348; GVG. § 72.

Art. 95. Die Einlegung der Beschwerde ist in der Regel nicht an eine Frist gebunden, nur da, wo das Gesetz die Beschwerde als eine „sofortige“ bezeichnet (vgl. StPO. §§ 28, 46, 81, 122, 180, 209, 363, 412, 463, 494, 501), muß dieselbe zur Vermeidung des Rechtsmittelverlustes binnen der Frist von einer Woche, welche mit der Bekanntmachung der anzufechtenden Entscheidung beginnt, eingelegt werden. StPO. § 353.

Art. 96. Da die Einlegung einer Beschwerde regelmäßig den Vollzug der angefochtenen Entscheidung nicht hemmt, jedoch das Gericht, der Vorsitzende oder der Richter, dessen Entscheidung angefochten wird, sowie das Beschwerdegericht die Aussetzung des

Vollzuges anordnen können, so hat der Amtsanwalt nötigenfalls einen dahin gehenden Antrag zu stellen.

In den Fällen der nicht an eine Frist gebundenen Beschwerde ist übrigens das Gericht oder der Vorsitzende, dessen Entscheidung angefochten wird, befugt, die angefochtene Entscheidung abzuändern und dadurch die Beschwerde gegenstandlos zu machen. StPO. §§ 349, 348 Abs. 2, 353.

C. Berufung.

Art. 97. Die Berufung findet statt gegen alle vom Amtsgericht mit oder ohne Zuziehung von Schöffen erlassenen Urteile. StPO. §§ 354, 221 Abs. 2; FDG. § 31; G. betr. die Rheinschiffahrtsgerichte vom 8. März 1879 §§ 7 und 10; G. betr. die Elbzollgerichte vom 9. März 1879 § 5.

Art. 98. Die Berufung ist seitens des Amtsanwalts binnen einer Woche nach Verkündigung des Urteils bei dem Amtsgericht schriftlich einzulegen. StPO. § 355 Abs. 1.

Art. 99. Dem Amtsanwalt, welcher die Berufung eingelegt hat, wird das Urteil mit den Gründen zugestellt. StPO. § 357 Abs. 2.

Art. 100. Die Berufung ist seitens des Amtsanwalts, falls solches nicht schon früher, insbesondere in Verbindung mit der Einlegung, geschehen sein sollte, spätestens binnen einer weiteren Woche nach Ablauf der Frist zur Einlegung des Rechtsmittels oder, wenn das Urteil zu dieser Zeit noch nicht zugestellt ist, nach dessen Zustellung, bei dem Amtsgericht in einer Beschwerdeschrift zu rechtfertigen.

Die Berufung kann auf bestimmte Punkte beschränkt werden. StPO. §§ 358, 359.

Art. 101. Wird die eingelegte Berufung vom Amtsrichter wegen verspäteter Einlegung als unzulässig verworfen, so kann der Amtsanwalt binnen einer Woche nach Zustellung des Beschlusses auf die Entscheidung der Strafkammer des Landgerichts antragen. Nimmt der Amtsrichter nicht infolge dieses Antrages seinen Beschluß zurück, so sind die dem Amtsanwalt mitgeteilten gerichtlichen Akten nebst den Handakten der Staatsanwaltschaft des Landgerichts einzusenden. StPO. § 360.

Art. 102. Ist die Berufung rechtzeitig eingelegt, so hat nach Ablauf der Frist zur Rechtfertigung der Gerichtsschreiber ohne Rücksicht darauf, ob eine Rechtfertigung stattgefunden hat, oder nicht, die Akten dem Amtsanwalt vorzulegen, welcher die Schriftstücke über Einlegung und Rechtfertigung der Berufung dem Angeklagten zustellen läßt (Allg. Verf. vom 11. Februar 1880, JMBl. S. 33) [1]).

Nach Eingang der Zustellungsurkunde übersendet der Amtsanwalt die Akten nebst seinen Handakten an die Staatsanwaltschaft des Landgerichts. StPO. §§ 361, 362.

Art. 103. Wird in einer nach dem Forstdiebstahlsgesetze verhandelten Sache gegen ein von dem Amtsrichter ohne die Zuziehung von Schöffen erlassenes Urteil (vgl. oben Art. 87) die Berufung eingelegt, so hat der Gerichtsschreiber dem Amtsanwalt statt der Akten die mit beglaubigten Auszügen aus den Akten erster Instanz gebildeten besonderen Akten vorzulegen. Der Amtsanwalt hat entsprechende Auszüge aus dem in seinen Händen zurückbleibenden Exemplar des Forstdiebstahlsverzeichnisses zu fertigen und diese nebst den gerichtlichen Akten der Staatsanwaltschaft des Landgerichts einzureichen. FDG. § 31.

Art. 104. In den vor den Rheinschiffahrtsgerichten verhandelten Sachen ist seitens des Amtsanwalts die Berufung niemals an die Zentralkommission zu Mannheim, sondern stets an das Oberlandesgericht zu Cöln als Rheinschiffahrtsgericht zweiter Instanz zu richten.

Bei jeder an das gedachte Oberlandesgericht gehenden Berufung sind demnächst die Akten nebst den Handakten nach Maßgabe des Art. 5 dieser Geschäftsanweisung dem Oberstaatsanwalt zu Cöln einzureichen.

Sollte seitens eines Angeklagten die Berufung an die Zentralkommission gerichtet sein, so hat der Amtsanwalt seine Handakten gleichwohl dem Oberstaatsanwalt zu Cöln einzureichen, welcher seinerseits die Übermittelung an das Preußische Mitglied der Zentralkommission bewirkt. Die Einsendung der Gerichts-

---

1) Der nicht etatsmäßig angestellte Amtsanwalt stellt nicht selbst zu, sondern bedient sich der Vermittelung der Gerichtsschreiberei (Allg. Verf. vom 12. September 1900, JMBl. S. 564).

akten an die Zentralkommission erfolgt direkt durch das Rheinschiffahrtsgericht. G. betr. die Rheinschiffahrtsgerichte vom 8. März 1879 §§ 1 und 11; Revidierte Rheinschiffahrtsakte vom 17. Oktober 1868 Art. 37.

Art. 105. Durch rechtzeitige Einlegung der Berufung wird die Rechtskraft des Urteils, soweit dasselbe angefochten ist, gehemmt. Das Urteil ist also insoweit nicht vollstreckbar. StPO. §§ 357, 481.

XIII. Wiederaufnahme eines durch rechtskräftiges Urteil geschlossenen Verfahrens.

Art. 106. Die Wiederaufnahme eines durch rechtskräftiges Urteil geschlossenen Verfahrens ist seitens des Amtsanwalts sowohl zugunsten des Verurteilten als auch zu Ungunsten des Angeklagten nur nach vorherigem Einvernehmen mit der Staatsanwaltschaft des Landgerichts in Antrag zu bringen.

Alle Entscheidungen, welche aus Anlaß eines Antrages auf Wiederaufnahme des Verfahrens von dem Gerichte in erster Instanz erlassen werden, können mit der sofortigen Beschwerde (s. oben Art. 95) angefochten werden. StPO. Buch IV §§ 399—413, insbesondere § 412.

XIV. Strafvollstreckung und Begnadigung.

Art. 107. Die Strafvollstreckung steht nicht dem Amtsanwalt, sondern dem Amtsrichter zu.

Es hat jedoch der Amtsanwalt desjenigen Gerichts, welches eine bei der Strafvollstreckung notwendig werdende gerichtliche Entscheidung (vgl. StPO. §§ 490—494) zu erlassen hat, vor Abgabe derselben seine Anträge zu stellen und nötigenfalls zu begründen.

Gegen alle derartigen Entscheidungen steht dem Amtsanwalt die sofortige Beschwerde (s. oben Art. 95) zu. StPO. § 483 Abs. 2, § 494 Abs. 1, 2, 4; Allg. Verf. des Justizministers vom 14. August 1879, betr. Strafvollstreckung (JMBl. S. 237), zu I.

Art. 108. Bei dem Amtsanwalt eingehende Gesuche um Aufschub der Vollstreckung einer Freiheitsstrafe sind, sofern sie sich auf § 487 der StPO. stützen, an den Amtsrichter abzugeben, alle übrigen Gesuche aber, betreffend den Aufschub, die Unterbrechung oder die Stundung von Strafen, an die Staatsanwaltschaft des Landgerichts. Allg. Verf. vom 14. August 1879 zu II.

Art. 109. Auf eingehende Gnadengesuche steht dem Amtsanwalt ebensowenig die Verfügung zu, vielmehr hat er dieselben so schleunig wie möglich der Staatsanwaltschaft des Landgerichts zu übermitteln. Allg. Verf. vom 14. August 1879 zu III.

XV. Kosten.

Art. 110. Der Amtsanwalt hat, falls er die Freisprechung oder Außerverfolgsetzung eines Angeschuldigten beantragt, darauf zu achten, ob gewisse Kosten nur durch eine schuldbare Versäumnis des Angeschuldigten verursacht worden sind. In solchem Falle hat er zu beantragen, daß dem Angeschuldigten diese Kosten auferlegt werden. StPO. § 499.

Art. 111. Falls ein strafrechtliches Verfahren, sei es auch nur ein von dem Amtsanwalt angestelltes Ermittelungsverfahren, durch eine wider besseres Wissen gemachte oder auf grober Fahrlässigkeit beruhende Anzeige veranlaßt worden ist, so hat der Amtsanwalt bei dem Amtsgerichte zu beantragen, daß dem Anzeigenden die der Staatskasse und dem Beschuldigten erwachsenen Kosten auferlegt werden.

War ein Gericht mit der Sache noch nicht befaßt, so erfolgt die Entscheidung auf den Antrag des Amtsanwalts durch dasjenige Gericht, welches für die Hauptverhandlung zuständig gewesen wäre.

Gegen die Entscheidung findet sofortige Beschwerde (s. oben Art. 95) statt. StPO. § 501.

Art. 112. Der Amtsanwalt hat, abgesehen von Hauptverhandlungsterminen, auswärtige Termine, falls dadurch Kosten für die Staatskasse entstehen, nur mit Genehmigung des Ersten Staatsanwalts des Landgerichts wahrzunehmen.

Art. 113. Die Rechnungen nebst Belägen über die einem Amtsanwalt zustehenden Tagegelder und Reisekosten, sowie über andere entstandene bare Auslagen, sind alsbald dem Amtsgerichte einzureichen, damit sie gleich den bei Gericht entstehenden baren Auslagen behandelt werden. Gerichtskostengesetz vom 18. Juni 1878 (RGBl. S. 141 ff.) § 79; PrAusfG. zu demselben vom 10. März 1879 (GS. S. 145) § 2.

XVI. Prozessualische Übergangsbestimmungen.

Der Inhalt der **Art. 114, 115 und 116** hat für den Amtsanwalt keine Bedeutung.

XVII. Büroverwaltung.

A. Geschäftskontrollen.

Art. 117. 1. Als Geschäftskontrolle wird bei jeder Staatsanwaltschaft eines Amtsgerichts die Strafprozeßliste nach dem Formulare Nr. 1 geführt. Die Führung der Liste erfolgt jahrgangsweise.

2. Die Eintragung in die Liste erfolgt, sobald ein Antrag auf Strafverfolgung oder eine Anzeige oder eine Mitteilung eingeht, die auf die Einleitung eines Strafverfahrens abzielt, oder sobald der Amtsanwalt von Amts wegen Ermittelungen veranlaßt, gleichviel, ob sich der Verdacht einer strafbaren Handlung gegen eine bestimmte Person richtet oder nicht, ob die Anträge oder Anzeigen sofort zurückgewiesen oder an eine andere Behörde abgegeben werden oder ob zunächst Ermittelungen zur Erforschung des Sachverhalts vorgenommen werden und ob der erforderliche Strafantrag gestellt ist oder nicht. Die Eintragung in die Strafprozeßliste geschieht auch dann, wenn der Amtsanwalt die Anklage erhebt, ohne eine Erforschung des Sachverhalts verfügt zu haben. Dagegen sind die Sachen, in denen der Amtsanwalt lediglich in Vertretung des Forstamtsanwalts Termine wahrnimmt, nicht einzutragen. Diese Termine werden nur im Geschäftskalender verzeichnet.

3. Mitteilungen, die auf die Einleitung eines Strafverfahrens nicht von vornherein abzielen, auch zur Erforschung des Sachverhalts keinen Anlaß geben, sowie die in Justizverwaltungsangelegenheiten eingehenden Schriften sind in eine in tunlichst einfacher Form zu führende Nebenliste einzutragen. Die Eintragung

soll am Tage des Einganges geschehen. Die Nebenliste dient zugleich zum Nachweise des Verbleibs der Schriften. In die Strafprozeßliste sind die vorgenannten Mitteilungen nur dann einzutragen, wenn der Amtsanwalt Ermittelungen veranlaßt oder die Verfolgung übernimmt.

4. Bei dem Eingange der ersten Schrift werden die Spalten 1, 2, 3a und 4 der Strafprozeßliste ausgefüllt. Wird der Name des Beschuldigten erst später bekannt oder wird das Verfahren nachträglich auf andere Beschuldigte ausgedehnt, so hat die nachträgliche Ausfüllung der Spalte 3a sobald als tunlich zu erfolgen. Jede einzelne Sache wird nur unter einer laufenden Nummer eingetragen. Mehrere in einer Sache beteiligte Beschuldigte erhalten innerhalb derselben Nummer mehrere durch kleine lateinische Buchstaben zu bezeichnende Zeilen. Einer Ausfüllung der Spalte 3b bedarf es nur in den Fällen, in denen der Beschuldigte noch unbekannt ist oder in denen die Ausfüllung für die leichtere oder sichere Ermittelung der Sache zweckdienlich erscheint. Bei Ausfüllung der Spalte 4 genügt bei häufiger wiederkehrenden Straftaten die Angabe des Paragraphen des StGB.

5. Als einzelne nur mit einer Nummer zu versehende Sache sind zu behandeln:

1. die auf Grund eines Forstdiebstahlsverzeichnisses durch Beantragung des Erlasses von Strafbefehlen zu erhebende öffentliche Klage,
2. die gegen mehrere abwesende Militärpflichtige zu erhebende gemeinschaftliche Klage,
3. alle Übertretungssachen gleicher Art, die listenweise oder gesammelt zur Anzeige gebracht werden (z. B. Schulversäumnisse, Übertretungen des Impfgesetzes, der Maß- und Gewichtsordnung usw.).

In allen Fällen ist in der Spalte 3 der Name jedes einzelnen Beschuldigten und in Spalte 4 außer der Bezeichnung des Forstdiebstahlsverzeichnisses oder der Erklärung der militärischen Kontrollbehörde die Straftat einzutragen. Gehen nachträglich Anzeigen ein, so hat eine entsprechende Nachtragung in der Spalte 3 zu erfolgen.

6. Sobald eine Sache auf Grund der §§ 6 und 8 des Forstdiebstahlsgesetzes eingeleitet wird, ist sie gleich einer neu eingehenden unter besonderer Nummer einzutragen.

7. Im weiteren Verlaufe sind die Spalten 5 bis 8 auszufüllen, so oft und sobald sich dazu eine Veranlassung bietet, damit die Lage jeder einzelnen Sache stets aus der Prozeßliste ersehen werden kann.

8. Die Spalten 5a und 5b sind für die Fälle bestimmt, in denen die Sache bereits im Vorverfahren ihre Erledigung findet, also ohne daß eine Anklage erhoben oder ein Antrag auf Erlaß des Strafbefehls gestellt war oder eine sofortige Hauptverhandlung stattgefunden hatte. (Spalte 6.) Dabei macht es keinen Unterschied, ob die Zurückweisung der Anträge und Anzeigen oder die sonstige Beendigung alsbald ohne weiteres Verfahren oder erst nach Anstellung von Ermittelungen erfolgt. Die Spalte 5 bleibt unausgefüllt, sobald in demselben Verfahren, wenn auch nur hinsichtlich eines von mehreren Beschuldigten oder nur hinsichtlich einer von mehreren den Gegenstand der Untersuchung bildenden strafbaren Handlungen, die Spalte 6 zur Ausfüllung gelangt.

9. Als „Einstellungen" (Spalte 5a) gelten die Fälle, in denen gemäß § 168 Abs. 2 der StPO. der Amtsanwalt die Einstellung des Verfahrens verfügt, weil die angestellten Ermittelungen Anlaß zur Erhebung der öffentlichen Klage nicht geben. Wird gegen einen Beschuldigten das Verfahren wegen einzelner Straftaten eingestellt, wegen der anderen aber an eine andere Behörde abgegeben, so ist nicht Spalte 5a, sondern Spalte 5b auszufüllen.

10. Die Beendigung der Sache im Vorverfahren in anderer als der durch den Vordruck der Spalte 5a gekennzeichneten Art (z. B. durch Tod, dauernde Geisteskrankheit, oder Abwesenheit des Beschuldigten, Vereinigung von Ermittelungssachen, oder Abgabe an eine andere Behörde, Zurücknahme des Strafantrags) ist durch Ausfüllung der Spalte 5b nachzuweisen. Werden die Erörterungen, ohne daß die Sache erledigt ist, wegen Abwesenheit des Beschuldigten oder aus anderen Gründen von dem Amtsanwalt einstweilen eingestellt, so ist eine Beendigung der Sache hierin nicht zu finden. Die einstweilige Einstellung ist in Spalte 9 zu vermerken.

11. Wird nach Ausfüllung der Spalte 5 durch nachträgliche Entschließung des Amtsanwalts oder auf Anordnung des Ersten Staatsanwalts das Ermittelungsverfahren wieder aufgenommen oder Anklage erhoben, oder wird infolge Gerichtsbeschlusses die öffentliche Klage erhoben (§ 170 StPO.), so ist das in Spalte 5a eingestellte Datum zu durchstreichen und der Sachverhalt in Spalte 9 kurz darzulegen. Fällt jedoch die Fortsetzung der Sache in ein späteres Jahr, so ist sie neu einzutragen ohne Änderung des Datums in Spalte 5a.

12. In Spalte 6e sind die Fälle der §§ 456, 462 der StPO. zu unterstreichen.

13. Wird der Antrag auf Erlaß eines Strafbefehls rechtskräftig zurückgewiesen und demnächst in derselben Sache Anklage erhoben, so ist auch die Spalte 6b auszufüllen; in Spalte 6c oder d wird in diesem Falle nur der auf die Anklage ergehende Gerichtsbeschluß vermerkt.

14. Für die Angelegenheiten, für welche die Spalte 7 bestimmt ist, kommen die Spalten 5 und 6 nicht in Betracht.

15. Sachen, die von der Strafkammer dem Schöffengerichte zur Verhandlung und Entscheidung überwiesen worden sind, desgleichen solche Sachen, die zwar gesetzlich zur Zuständigkeit der Schöffengerichte gehören, bei denen aber die öffentliche Klage von der Staatsanwaltschaft des Landgerichts erhoben ist und nur die weitere Bearbeitung dem Amtsanwalt obliegt, sind gleichfalls in die Prozeßliste unter sofortiger Ausfüllung der Spalten 1 bis 4 und 6a oder b einzutragen. Die laufende Nummer in Spalte 1 ist mit Buntstift zu unterstreichen; im Falle der Überweisung ist in Spalte 6c statt des Datums ein stehendes Kreuz einzutragen.

16. Die endgültige Erledigung der Sache, die nicht bereits im Vorverfahren eintritt (Spalten 5a, b) und auch nicht in den Spalten 6d oder 7 zu vermerken ist, die also z. B. durch rechtskräftigen Strafbefehl, rechtskräftiges Urteil, Tod des Angeschuldigten nach Erhebung der Anklage, aber vor rechtskräftiger Aburteilung usw. erfolgt, wird lediglich durch die Spalte 8a kontrolliert. Die Weglegung der Akten ist in Spalte 8a sofort zu vermerken, nachdem sie vom Amtsanwalte verfügt ist (Art. 123 Abs. 6).

17. Findet auf Grund des § 499 Abs. 2 der StPO. eine Festsetzung der dem Beschuldigten aus der Staatskasse zu erstattenden notwendigen Auslagen statt (Allg. Verf. vom 15. März 1892 und vom 30. April 1902, JMBl. 1892 S. 109 und 1902 S. 92), so ist in Spalte 9 ein entsprechender Vermerk (z. B.: § 499 Abs. 2) einzutragen.

18. Wird die Wiederaufnahme des Verfahrens und die Erneuerung der Hauptverhandlung beschlossen oder wird ohne Hauptverhandlung auf Freisprechung erkannt (StPO. § 410 Abs. 2 und § 411 Abs. 1, 2), so ist die Sache von neuem in die Strafprozeßliste einzutragen. Die Wiederaufnahme ist bei der alten und der neuen Nummer unter Hinweis auf die andere Nummer in der Spalte 9 der Liste ersichtlich zu machen unter gleichzeitiger Angabe, ob die Wiederaufnahme zugunsten oder zu Ungunsten des Angeklagten stattgefunden hat und ob das Verfahren durch sofortige Freisprechung (§ 411 Abs. 2 StPO.), durch Aufhebung oder durch Aufrechterhaltung des früheren Urteils beendigt ist.

Art. 118. Jede Prozeßliste bezieht sich auf das mit dem Kalenderjahr zusammenfallende Geschäftsjahr.

Nach Ablauf des Geschäftsjahres ist die Prozeßliste abzuschließen und eine neue Liste mit einer neuen Zahlenreihe zu beginnen.

Die am 31. Dezember noch nicht vollständig erledigten Sachen, in denen die Weglegung noch nicht erfolgen kann, sind in der Prozeßliste schwarz zu unterstreichen und in derselben weiter zu kontrollieren. Eine Übertragung dieser noch nicht erledigten Sachen in die neue Prozeßliste findet nicht statt, dagegen sind die Nummern der am Ende des zweiten Geschäftsjahrs noch unerledigten Sachen am Schlusse der alten Prozeßliste zusammenzustellen. Die auch nach Ablauf des dritten Geschäftsjahres noch nicht vollständig erledigten Sachen werden in die Prozeßliste des vierten Jahres mit allen bisherigen Vermerken und der bisherigen Geschäftsnummer übertragen. Die übertragenen Sachen bilden einen Abschnitt für sich.

Die vollständig erledigten Seiten der Prozeßliste sind rot zu durchstreichen.

Art. 119. 1. Zu der Strafprozeßliste ist ein alphabetisches Namensverzeichnis aller Beschuldigten zu führen. In einer besonderen Spalte sind auch die in die Strafprozeßliste aufgenommenen Namen der Antragsteller, Verletzten oder Anzeigenden einzutragen. Besteht eine Geschäftsverteilung nach Buchstaben und sind bei einem Verfahren Beschuldigte beteiligt, die nach den Anfangsbuchstaben des Namens zur Zuständigkeit einer anderen Abteilung gehören würden, so sind sie auch von dieser Abteilung in das alphabetische Register einzutragen. Bei jedem Namen ist die Nummer der Prozeßliste und deren Jahrgang in Bruchzahlen anzugeben (z. B. Nr. 12/07).

2. Die Namensverzeichnisse können so angelegt werden, daß sie für mehrere — höchstens fünf — Jahrgänge der Prozeßliste dienen.

Art. 120. Termine und zu beobachtende Fristen sind in einem darüber nach Formular Nr. 2 zu haltenden Geschäftskalender zu verzeichnen. Die laufende Nummer beginnt für jeden Tag, zu welchem Eintragungen erfolgen, mit der Ziffer 1.

Die linke Seite ist für Termine, die rechte für Fristen bestimmt.

In Spalte 6 ist anzugeben, welche Termine seitens des Amtsanwalts wahrgenommen sind, und ist deren Summe nach Ablauf des Tages darunter zu vermerken.

Dem Ersten Staatsanwalt bleibt es überlassen, sofern die besonderen geschäftlichen Verhältnisse und die persönlichen Eigenschaften der beteiligten Beamten es angezeigt erscheinen lassen, die Anordnung zu treffen, daß bei Fristen bis zu einem Monate, mit Ausnahme der Fristen in Haftsachen, die Akten in ein oder mehrere dazu bestimmte Fächer (Fristfächer) niedergelegt werden. Die Frist ist alsdann nicht in den Geschäftskalender einzutragen, es sei denn, daß der Erste Staatsanwalt oder der Amtsanwalt im Einzelfall ein anderes bestimmt oder das Aktenstück behufs eines anderweitigen Gebrauchs vor dem Ablaufe der Frist aus dem Fache entnommen wird. Die Anordnung ist zu widerrufen, oder auf Fristen von geringerer Dauer zu beschränken, sobald sich Mißstände ergeben, oder veränderte Umstände (Geschäftsvermehrung, Wechsel der Beamten) ihre Zweckmäßigkeit fraglich machen.

Die **Art. 121** und **122** sind aufgehoben.

B. Behandlung der einzelnen Sachen.

Art. 123. Die verschlossen eingehenden Sendungen werden von dem ersten Beamten der Staatsanwaltschaft bei dem Amtsgericht geöffnet.

Bei der Entgegennahme einer Schrift sind auf derselben der Tag des Eingangs, und die Zahl der Anlagen, diejenigen Postgebühren[1]) zu bemerken, welche als bare Auslagen in die Kostenrechnungen aufzunehmen sind.

Jede neue eingehende Sache erhält nach der Eintragung in die Prozeßliste als Aktenzeichen die fortlaufende Nummer der Liste unter Beifügung der Jahreszahl, z. B. 11/80.

Spätere eine bereits schwebende Sache betreffende Eingänge sind mit demselben Aktenzeichen zu versehen.

Die Anlegung förmlicher Akten für die einzelnen Strafsachen unterbleibt, vielmehr werden nur Blattsammlungen angelegt, welche nicht zu heften sind. Die betreffenden Schriftstücke werden in einer Hülle geordnet aufbewahrt. Die Hülle erhält das Aktenzeichen sowie die Bezeichnung der Staatsanwaltschaft des Amtsgerichts und der Strafsache.

Der Amtsanwalt hat die Weglegung der Akten zu verfügen, sobald ihm von der Rechtskraft des Strafbefehls oder des Urteils durch Vorlegung der Gerichtsakten Kenntnis gegeben ist, oder sobald er auf andere Weise von der Beendigung der Angelegenheit Kenntnis erhält.

Nach der Weglegung sämtlicher, einen Jahrgang umfassender Schriften werden dieselben zwischen zwei Deckel von Pappe oder Papier gelegt und zusammengebunden. Auf dem oberen Deckel wird der Inhalt und das Jahr, bis zu welchem die Sammlung aufzubewahren ist, bemerkt.

Art. 124. Wird die öffentliche Klage erhoben oder erscheint solches aus anderen Gründen geboten, so sind in einfacher Form besondere Handakten anzulegen. Im Falle der Verbindung mehrerer Sachen zum Zwecke gleichzeitiger Hauptverhandlung durch das Gericht (vgl. § 236 der StPO.) sind auch die verschiedenen Handakten zu vereinigen; daß dieses geschehen ist, wird bei den

---

1) Das sind nur noch die Telegrammgebühren.

betreffenden Nummern in der letzten Spalte der Prozeßliste bemerkt.

Während diejenigen auf eine Untersuchung bezüglichen Anzeigen, Verhandlungen und sonstigen Schriftstücke, welche für dieselbe in irgendeiner Richtung von Bedeutung sind, zu der im vorigen Artikel gedachten Blattsammlung zu nehmen sind und demnächst eventuell mit der Anklage (Antrag auf sofortige Hauptverhandlung, Antrag auf Erlaß eines Strafbefehls) an das Amtsgericht gelangen, sind bei den Handakten nur diejenigen Schriftstücke zurückzubehalten, welche sich auf den inneren Dienst der Staatsanwaltschaft beziehen (insbesondere also Anweisungen seitens der vorgesetzten Behörden), im übrigen aber nur Notizen in der Art, daß der Inhalt der an andere Behörden abgegebenen oder übersandten Schriftstücke, der Wiedervorlegungstermin, sowie was mit jenen etwa weiter geschehen ist, kurz vermerkt wird. Wenn die Blattsammlung mit der Anklage oder dem Antrage auf sofortige Hauptverhandlung bezw. auf Erlaß eines Strafbefehls in Urschrift an das Amtsgericht gelangen, desgleichen wenn die durch die Strafkammer des Landgerichts überwiesenen Sachen oder die sonst bei der Staatsanwaltschaft des Landgerichts bearbeiteten Sachen mit dem Antrage auf Anberaumung eines Hauptverhandlungstermins an das Amtsgericht überreicht werden, so ist in den Handakten zurückzubehalten:

1. eine vollständige Notiz der Personalien,
2. die Anklageformel,
3. eine Notiz über die Paragraphen des anzuwendenden Strafgesetzes.

Außerdem sind in den Handakten die für den Zeitpunkt der Erhebung der öffentlichen Klage vorgeschriebenen Mitteilungen zu verfügen, und ferner die für den Zeitpunkt der Anberaumung des Hauptverhandlungstermins und der Urteilsfällung vorgeschriebenen Mitteilungen zu entwerfen bezw. vorläufig zu verfügen, damit solche sofort nach jenen Zeitpunkten abgelassen werden können.

In den Handakten ist demnächst in Notizform weiter zu vermerken:

1. der Hauptverhandlungstermin bezw. der Erlaß der Strafverfügung,

2. der in der Hauptverhandlung gestellte Antrag des Amtsanwalts,
3. der Inhalt des ergangenen Urteils bezw. Beschlusses,
4. die nach Rechtskraft des Urteils (Strafbefehls) erlassenen Mitteilungen.

Bei Einlegung eines Rechtsmittels ist das Konzept der Berufungsschrift des Amtsanwalts bezw. die Abschrift der Berufungsschriften des Angeklagten zu den Handakten zu nehmen.

Wegen der Aufbewahrung der Handakten gelten die Bestimmungen über Aufbewahrung von Blattsammlungen.

Art. 125. Über Angelegenheiten der Aufsicht und Verwaltung der Staatsanwaltschaften bei den Amtsgerichten oder sonstiger allgemeiner Natur sind förmliche Akten (sog. Generalakten) anzulegen, welche mit einem vorzuheftenden Inhaltsverzeichnisse zu versehen sind.

Das Aktenzeichen wird gebildet durch die Buchstaben „GA." und eine römische Ziffer (I, II usw.), welche sich fortlaufend nach der Anlegung der Akten bestimmt (GA. I, GA. II usw.).

Art. 125a. Für die Behandlung der Überführungsstücke und die Verwahrung von Urkunden und sonstigen Gegenständen, die in einem anhängigen Verfahren in den Gewahrsam der Amtsanwälte gelangen, gilt folgendes:

I. Etatsmäßige Amtsanwaltschaften.

Auf diese sind die Bestimmungen der §§ 27, 30 der Geschäftsordnung für die Sekretariate der Staatsanwaltschaften bei den Landgerichten entsprechend anzuwenden.

II. Nichtetatsmäßige Amtsanwaltschaften.

a) 1. Gegenstände, die gemäß § 94 Abs. 1 der StPO. oder auf Grund einer Beschlagnahme in Verwahrung genommen worden sind, werden in eine Liste der Überführungsstücke aufgenommen. Diese hat folgende Spalten: 1. Jährlich fortlaufende Nummer, 2. Tag des Einganges, 3. Bezeichnung der Strafsache, 4. Aktenzeichen, 5. Gegenstand, 6. Verbleib der Gegenstände, 7. Bemerkungen. Mehrere Gegenstände werden unter einer Nummer eingestellt, wenn sie zu derselben Sache gehören.

2. An jedem einzelnen Gegenstand oder an dem Umschlag, in welchem er sich befindet, ist ein Zettel zu befestigen, der die Nummer der Liste trägt und die Strafsache bezeichnet, zu der der Gegenstand gehört.

3. In Spalte 6 hat der Empfangsberechtigte oder der Beamte, an den der Gegenstand zur Vernichtung oder Versteigerung oder Versendung herausgegeben werden soll, den Empfang durch Namensschrift zu bescheinigen; im übrigen ist der Verbleib des Gegenstandes kurz zu vermerken. Die Versendung von Gegenständen, die mit Rücksicht auf ihren Wert oder ihre Bedeutung für den Empfangsberechtigten eine vorsichtige Behandlung erfordern, hat unter Einschreiben oder unter Wertangabe zu geschehen.

4. Werden Geld, Kostbarkeiten oder Papiere, auf welche die Zahlung dem Inhaber geleistet werden kann, in den Gewahrsam des Amtsgerichts gegeben (vgl. zu b), so ist dies unter Angabe der Geschäftsnummer des Amtsgerichts in Spalte 7 zu vermerken.

5. Die beim Beginne des vierten Geschäftsjahrs noch unerledigten Nummern sind in der neu anzulegenden Liste unter der alten Nummer mit Angabe des Jahrganges vorzutragen. In der älteren Liste ist die Übertragung bei jeder Nummer in Spalte 7 zu bemerken.

6. Auf dem Aktenumschlag oder einem Vorblatte sind die Überführungsstücke und die Nummer der Liste zu vermerken.

b) Gelangen Geld, Kostbarkeiten oder Papiere, auf welche die Zahlung dem Inhaber geleistet werden kann, in einem anhängigen Verfahren in den Gewahrsam des Amtsanwalts, so kann er gemäß § 17 der Ausführungsvorschriften zur Hinterlegungsordnung das Amtsgericht ersuchen, die Gegenstände in Gewahrsam zu nehmen. Von dieser Befugnis ist Gebrauch zu machen, wenn wegen des Wertes oder der Wichtigkeit der Sachen die zur Sicherung der Aufbewahrung zu Gebote stehenden Mittel unzulänglich sind. Das weitere Verfahren bei dem Amtsgerichte regelt sich nach § 4 Abs. 2 der Hinterlegungsordnung.

c) Alle Urkunden und sonstigen Gegenstände, die in einem anhängigen Verfahren in den Gewahrsam des Amtsanwalts gelangen, ohne dauernd ein Aktenbestandteil zu werden, sind, soweit sie nicht nach den Bestimmungen unter b an das Amtsgericht abgegeben werden, sorgfältig zu verwahren, so daß Verlust und Verderb vermieden werden. Insbesondere ist bei jeder Aktenversendung zu prüfen, ob die Gegenstände mitübersandt werden müssen; gegebenenfalls ist, wie auch bei jeder sonstigen Versendung, für sachgemäße Verpackung zu sorgen. Der Verbleib der Gegenstände ist in jedem Falle zu überwachen.

Art. 126. Der regelmäßigen Vernichtung unterliegen:

1. die Geschäftskalender und Tagebücher,
2. die Blattsammlungen und Handakten.

Die Vernichtung ist nach Ablauf von fünf Jahren seit demjenigen Jahre, auf welches sich die Geschäftskontrollen beziehen, bezw. in welchem die Blattsammlungen und Handakten angelegt sind, zu bewirken.

Die oben nicht genannten Geschäftskontrollen und Akten sind nur nach eingeholter vorheriger Genehmigung des Oberstaatsanwalts zu vernichten.

Art. 127. Ersuchen und andere Schreiben sind in der Regel urschriftlich und, wo es der Raum gestattet, in der Form von Randschreiben auszuführen. Auch die öffentlichen Klagen können in Urschrift dem Gerichte eingereicht werden.

Berichte an vorgesetzte Behörden sind, falls nicht ein anderes nachgelassen ist, in Reinschrift auf halbgebrochenem Bogen zu schreiben, desgleichen sind die Berufungsrechtfertigungsschriften in Reinschrift einzureichen.

Auf amtlichen Schriftstücken ist (auf der ersten Seite) oben rechts das Datum, links die absendende Behörde zu setzen, in Reinschriften außerdem das Aktenzeichen anzugeben, bei Antwortschreiben an eine andere Behörde ist deren Geschäftsnummer zu erwähnen.

In den Adressen an eine Behörde, gleichviel ob dieselbe kollegialisch zusammengesetzt ist oder nur durch einen Beamten repräsentiert wird, ist der Name des Vorstandes bezw. Beamten nicht auszudrücken.

Für den Dienstgebrauch ist, insoweit nicht ein anderes ausdrücklich vorgeschrieben ist, ein Papierformat von 33 cm Höhe und 21 cm Breite zu verwenden.

Alle Brief- und Paketsendungen an andere Behörden oder Beamte, desgleichen Brief- und Paketsendungen an Privatpersonen, welche zur Zahlung der Postgebühr nicht verpflichtet sind, erfolgen portofrei und sind demgemäß auf der Adresse mit dem Vermerk „Portopflichtige Dienstsache, frei lt. Av. 21" zu versehen.

Die übrigen Brief- und Paketsendungen erfolgen portopflichtig und sind:

a) auf der Adresse mit dem Vermerk „Portopflichtige Dienstsache" zu versehen,

b) mit dem Dienstsiegel oder Dienststempel bezw. mit einer Dienstsiegelmarke zu verschließen.

C. Einsendung der Geschäftsnachweisung.

Art. 128. In der Zeit vom 1.—15. Januar jedes Jahres ist dem Ersten Staatsanwalt eine Geschäftsübersicht nach dem Formular Nr. 5 in zwei Exemplaren einzureichen und sind in dem Begleitbericht etwaige Bemerkungen über die Geschäftsverwaltung oder über Einrichtungen, welche nach dem Ermessen des Amtsanwalts zu treffen sein möchten, beizufügen.

D. Besondere Vorschriften für die zu Amtsanwälten bestellten verwaltenden Forstbeamten.

Art. 129. Für die zu Amtsanwälten bestellten verwaltenden Forstbeamten gelten folgende besondere Vorschriften:

1. Die Führung einer Prozeßliste und eines Tagebuchs unterbleibt.
2. Handakten sind nur in den Fällen der §§ 6 und 8 des FDG., sowie im Falle eingelegter Berufungen anzulegen.
3. Wenn die Wahrnehmung eines Hauptverhandlungstermins zur Aburteilung der Vergehen gegen die §§ 6 und 8 des FDG. durch den Amtsanwalt am Sitze des Amtsgerichts er-

folgt, so sind die Handakten diesem zur Wahrnehmung des Termins zuzustellen.

4. Die Geschäftsnachweisung hat auf Grund des Formulars Nr. 6 zu erfolgen.

Schlußbestimmung.

Art. 130. Diese Geschäftsanweisung tritt am 1. Oktober 1879 in Kraft.

Berlin, den 28. August 1879.

Der Justiz-Minister.
In dessen Vertretung:
von Schelling.

B. Allgemeine Verfügung vom 29. April 1907, betreffend die von den Beamten der Staatsanwaltschaft, von den Strafvollstreckungsbehörden und in Privatklagesachen von den Amtsgerichten an andere Behörden zu machenden Mitteilungen.

Artikel I.

Mitteilungen in Strafsachen.

A. Mitteilungspflicht der Staatsanwaltschaft.

I. Allgemeines.

1. Die nachstehend angeordneten Mitteilungen erfolgen durch die zuständigen Beamten der Staatsanwaltschaft (Amtsanwälte, Staatsanwälte bei den Landgerichten, Oberstaatsanwälte).

2. In Forstdiebstahlssachen sind ohne Rücksicht auf die im Einzelfall eintretende Strafe die Vorschriften über Mitteilungen in Übertretungssachen zu befolgen. Nur in den Fällen der §§ 6 und 8 des FDG. vom 15. April 1878 — GS. S. 222 — ist nach den für Vergehenssachen gegebenen Vorschriften zu verfahren.

II. Mitteilungen an Staatsanwaltschaften.

3. Sobald gegen einen vorläufig entlassenen Strafgefangenen (§ 23 des StGB.) vor Ablauf der Strafzeit wegen einer nach der vorläufigen Entlassung begangenen strafbaren Handlung ein Vorbereitungsverfahren oder eine Voruntersuchung eingeleitet wird, ist hiervon dem für die Herbeiführung des Widerrufs der Entlassung zuständigen Oberstaatsanwalt, unter Darlegung des Sachverhalts unverzüglich Anzeige zu machen. Der Oberstaatsanwalt hat die ihm zugegangene Anzeige sofort mit seiner gutachtlichen Äußerung an den Justizminister einzureichen.

Ist gegen einen vorläufig Entlassenen nach Ablauf der Strafzeit wegen eines nach der vorläufigen Entlassung begangenen Verbrechens oder Vergehens oder wegen einer Übertretung aus § 361 Nr. 1—8 des StGB. rechtskräftig Strafe festgesetzt, so ist hiervon dem Oberstaatsanwalt, der auf Anordnung des Justizministers die vorläufige Entlassung hatte eintreten lassen, Mitteilung zu machen.

III. Mitteilungen an Polizeibehörden.

4. Ist wegen eines Verbrechens oder wegen eines Vergehens rechtskräftig Strafe festgesetzt, so ist Abschrift des Strafbefehls oder der Urteilsformel derjenigen Ortspolizeibehörde zu übersenden, in deren Bezirke der Wohnort (beim Mangel eines solchen der dauernde Aufenthaltsort und, falls es auch an einem solchen fehlt, der letzte Aufenthaltsort) des Verurteilten liegt.

Wird die Strafe im Wege der Allerhöchsten Gnade erlassen, ermäßigt oder umgewandelt, so ist hiervon der Ortspolizeibehörde des Wohnorts, beim Mangel eines solchen der Ortspolizeibehörde des dauernden oder des letzten Aufenthaltsorts des Begnadigten Mitteilung zu machen.

Die Übersendung der Abschrift — Abs. 1 — und der Mitteilung — Abs. 2 — erfolgt nach Orten, die einem Landkreis angehören, unter der Adresse des Landrats zur Weiterbeförderung an die Ortspolizeibehörde.

5. Ist wegen einer Übertretung des § 361 Nr. 3—8 und Nr. 10 des StGB. oder wegen einer nicht bereits unter Nr. 4 dieser Verfügung fallenden Verletzung der auf den Gewerbebetrieb im Umherziehen bezüglichen Vorschriften rechtskräftig Strafe festgesetzt, so findet die Vorschrift unter Nr. 4 entsprechende Anwendung, wenn der Verurteilte sich im Besitz eines Wandergewerbescheins befindet und dies bekannt, insbesondere von der Polizeibehörde in der durch Nr. 24 der Anweisung der Herren Minister für Handel und Gewerbe, des Inneren und der Finanzen vom 22. März 1899 zur Ausführung der Gewerbeordnung Titel III (MBl. für die innere Verwaltung S. 65) vorgeschriebenen Weise mitgeteilt worden ist.

6. In den Fällen der Nr. 4 und 5 sind die Behörde, die dem Verurteilten den Wandergewerbeschein ausgestellt hat, und die Nummer des Scheines, soweit diese aus den Akten ersichtlich sind, mitzuteilen.

7. Von jeder wegen Bettelns oder Landstreichens erfolgten Verurteilung eines wegen der gleichen Straftat bereits vorbestraften Angehörigen eines anderen Bundesstaats ist der Landespolizeibehörde alsbald nach ergangener Entscheidung Mitteilung zu machen. Dabei sind im Falle einer Verurteilung wegen Bettelns die wegen Bettelns, im Falle einer Verurteilung wegen Landstreichens die wegen Landstreichens innerhalb der letzten zwölf Monate erfolgten Bestrafungen vollständig anzugeben; von weiter zurückliegenden Bestrafungen dieser Art ist nur die letzte unter Angabe der Zahl der früheren gleichartigen Vorbestrafungen aufzuführen.

8. Ist dem gerichtlichen Strafverfahren eine polizeiliche Strafverfügung vorausgegangen, so ist der Polizeibehörde, welche die Strafverfügung erlassen hatte, nach Eintritt der Rechtskraft eine Abschrift der Urteilsformel zu übersenden.

Kann die gerichtliche Entscheidung für die Polizeibehörde wegen der ferneren Handhabung des Strafverfügungsrechts von grundsätzlicher Bedeutung sein, so ist ein kurzer Vermerk über die wesentlichen Gründe der Entscheidung hinzuzufügen.

IV. Mitteilungen an Militärbehörden.

9. Im Falle einer Beleidigung oder Körperverletzung einer Militärperson ist, sofern der Militärbehörde (oder dem Vorgesetzten des Verletzten) ein Strafantragsrecht zusteht, die Untersuchung aber ausschließlich auf Grund des Antrags des Verletzten anhängig gemacht ist, die vorgesetzte Militärbehörde des Verletzten rechtzeitig von dessen Strafantrag in Kenntnis zu setzen.

10. Wenn ein zum Militärdienste noch nicht herangezogener Angeschuldigter das militärpflichtige Alter (§ 22 Nr. 2 der Wehrordnung vom 22. November 1888) bereits erreicht hat oder im Laufe der Untersuchung voraussichtlich erreichen wird, so ist, falls diese ein Verbrechen oder Vergehen zum Gegenstande hat, dem Zivilvorsitzenden der Ersatzkommission des Aushebungsbezirkes, in dem der Angeschuldigte gestellungspflichtig ist, von der Erhebung der öffentlichen Klage und demnächst von dem Ausfalle der Untersuchung sowie von der Strafvollstreckung, einer auf Grund des Allerhöchsten Erlasses vom 23. Oktober 1895 (JMBl. S. 348) erteilten Strafaussetzung oder dem Erlasse der erkannten

Strafe Mitteilung zu machen; der Mitteilung über die Strafaussetzung bedarf es auch dann, wenn die Vollendung des militärpflichtigen Alters in die dem Verurteilten bewilligte Frist fällt.

Dem Amtsanwalte wird die die Strafaussetzung bewilligende Entscheidung des Justizministers durch den übergeordneten Ersten Staatsanwalt zur Bewirkung der Mitteilung und zur Weitergabe an das Amtsgericht zugesandt. Die Weitergabe erfolgt innerhalb einer Woche.

Hat die Untersuchung eine Übertretung zum Gegenstande, deren Bestrafung nach der Verordnung des Bundesrats vom 16. Juni 1882 (9. Juli 1896), betreffend die Einrichtung von Strafregistern und die wechselseitige Mitteilung der Strafurteile (JMBl. 1896 S. 265), in die Strafregister aufzunehmen ist, so ist dem Zivilvorsitzenden der Ersatzkommission Mitteilung zu machen, sobald ein auf Strafe lautendes Urteil oder ein Strafbefehl die Rechtskraft erlangt hat[1]).

11. Wenn gegen eine Person des Beurlaubtenstandes (§ 109 Nr. 4 der Wehrordnung) oder gegen einen Offizier a. D. die öffentliche Klage erhoben ist, so ist davon dem Bezirkskommando, in dessen Kontrolle der Angeschuldigte steht, bezw. in dessen Bezirke der Offizier a. D. wohnt, Mitteilung zu machen, desgleichen von dem demnächstigen Ausfalle der Sache sowie von einer auf Grund des Allerhöchsten Erlasses vom 23. Oktober 1895 erteilten Strafaussetzung.

Überdies hat die Zusendung einer Abschrift der Urteilsformel zu erfolgen, sofern auf Zuchthaus oder auf Verlust der bürgerlichen Ehrenrechte rechtskräftig erkannt wird. Ist der Verlust der bürgerlichen Ehrenrechte für eine den Zeitraum von drei Jahren nicht übersteigende Dauer ausgesprochen, so ist außerdem von dem Tage des Antritts der Freiheitsstrafe Nachricht zu geben.

Im übrigen bedarf es der Zusendung einer Abschrift der Urteilsformel oder des ganzen Urteils nur auf Verlangen der Behörde.

12. Ist gegen einen Offizier des Beurlaubtenstandes auf Zuchthausstrafe, auf Verlust der bürgerlichen Ehrenrechte oder

1) Dieser Absatz tritt nach der Allg. Verf. vom 2. April 1909 (JMBl. S. 78) an die Stelle der bisherigen Bestimmungen. Er bezieht sich auf Verurteilungen aus § 361 $^{1-8}$ StGB.

auf Unfähigkeit zur Bekleidung öffentlicher Ämter rechtskräftig erkannt worden, so ist das Urteil in beglaubigter Abschrift unmittelbar dem Präsidenten des Reichsmilitärgerichts zu übersenden.

Hinsichtlich aller übrigen in Veranlassung einer gegen einen Offizier des Beurlaubtenstandes eingeleiteten Untersuchung zu machenden Mitteilungen finden die allgemeinen Vorschriften über die Mitteilungen bei einer gegen einen Beamten eingeleiteten Untersuchung (unten Nr. 13) entsprechende Anwendung. Die Mitteilungen sind an das betreffende Bezirkskommando zu richten.

12a. Wird wegen Geistesstörung des Beschuldigten ein Verfahren vorläufig oder endgültig eingestellt oder die Eröffnung des Hauptverfahrens abgelehnt, oder wird wegen Geistesstörung ein Angeschuldigter außer Verfolgung gesetzt, oder ein Angeklagter freigesprochen, so ist von der Entscheidung Mitteilung zu machen:

1. wenn das Verfahren sich gegen einen Deutschen richtete, der das 12., aber nicht das 45. Lebensjahr vollendet und noch nicht gedient hat, auch nicht ausgemustert oder dem Landsturm überwiesen ist, an den in Ziffer 10 bezeichneten Zivilvorsitzenden der Ersatzkommission oder, wenn dieser nicht bekannt ist, an den für den Geburtsort zuständigen Zivilvorsitzenden;
2. wenn das Verfahren sich gegen eine Militärperson des Beurlaubtenstandes richtete, an das Bezirkskommando, in dessen Kontrolle die Militärperson steht[1]).

Wenn die Entscheidung der Rechtskraft fähig ist, erfolgt die Mitteilung erst nach deren Eintritt.

V. Mitteilungen an andere als die unter II—IV erwähnten Behörden.

a) Aus dem Gesichtspunkte der persönlichen Verhältnisse des Beschuldigten.

13. Wenn ein im unmittelbaren oder mittelbaren Staatsdienste stehender Beamter wegen eines Verbrechens oder Vergehens zur Untersuchung gezogen wird, so ist sofort nach Eröffnung der gerichtlichen Voruntersuchung und des Hauptverfahrens unter kurzer Angabe der Veranlassung oder unter Mitteilung der Anklage-

---

1) Allg. Verf. vom 7. November 1912 (JMBl. S. 375).

schrift der zunächst vorgesetzten Dienstbehörde des Angeklagten Nachricht zu geben und ihr demnächst auch die Formel des Urteils unmittelbar nach dessen Verkündung mitzuteilen.

Dabei ist zu bemerken, ob seitens der Staatsanwaltschaft die Einlegung eines Rechtsmittels in Aussicht genommen ist, oder aus welchen Gründen von der Einlegung des zulässigen Rechtsmittels Abstand genommen wird.

Von der im Laufe einer Untersuchung etwa erfolgten Verhaftung eines Beamten sowie von der etwa erfolgten Entlassung aus der Haft ist der Dienstbehörde gleichfalls sofort Mitteilung zu machen.

In Übertretungssachen unterbleibt die Mitteilung von der Eröffnung des Verfahrens, dagegen ist, sofern eine Strafe rechtskräftig festgesetzt worden ist, der Inhalt des Strafbefehls oder die Urteilsformel mitzuteilen.

14. Wird gegen einen richterlichen Beamten, einen Beamten der Staatsanwaltschaft oder einen Notar eine Untersuchung eingeleitet, so sind die unter Nr. 13 vorgeschriebenen Mitteilungen, außer an die nächstvorgesetzte Dienstbehörde, auch an den Justizminister und ebenso, wenn die Untersuchung einen bei den Auseinandersetzungsbehörden oder bei den Verwaltungsgerichten fungierenden richterlichen Beamten betrifft, an den Minister für Landwirtschaft, Domänen und Forsten bezw. den Minister des Innern zu erstatten.

15. Die Vorschriften in Nr. 13 finden auch Anwendung:

a) auf die Rechtsanwälte,

b) auf die Geistlichen und Kirchenbeamten,

c) auf die nicht zu den Medizinalbeamten gehörigen Medizinalpersonen aller Kategorien und auf die nicht zu den Veterinärbeamten gehörigen Tierärzte[1]),

d) auf alle öffentlichen Lehrer und Lehrerinnen, Schulamtskandidaten und -kandidatinnen, Zöglinge der Seminar- und Präparandenanstalten,

e) auf die vereideten Feldmesser und Landmesser,

f) auf Angestellte der Eisenbahnverwaltungen,

g) auf Reservejäger der Klasse A[2]).

---

1) Allg. Verf. vom 16. März 1914 (JMBl. S. 285).

2) Allg. Verf. vom 7. November 1912 (JMBl. S. 375).

Die Mitteilung geht in dem Falle:

zu a an den Präsidenten und an den Oberstaatsanwalt des Oberlandesgerichts sowie an den Vorstand der Anwaltskammer. Der Oberstaatsanwalt hat dem Justizminister von der Einleitung und von dem Endergebnisse der Untersuchung Anzeige zu erstatten und Abschrift des Urteils einzureichen. In Übertretungssachen bedarf es der Anzeige und der Einreichung der Urteilsabschrift nur in Fällen von erheblicherer Bedeutung;

zu b an die geistlichen Oberen und außerdem, wenn ein Geistlicher oder Kandidat des geistlichen Amtes wegen eines Verbrechens oder Vergehens zur Untersuchung gezogen wird, das mit Zuchthausstrafe, Verlust der bürgerlichen Ehrenrechte oder der öffentlichen Ämter oder mit Unfähigkeit zur Bekleidung öffentlicher Ämter bedroht ist, sowie wenn eine Verurteilung auf Grund des G. vom 11. Mai 1873 — GS. S. 191 — erfolgt, an den Oberpräsidenten der Provinz;

zu c an den Regierungspräsidenten und, wenn der Angeschuldigte der ärztlichen Ehrengerichtsbarkeit untersteht (§ 2 des G. vom 25. November 1899, GS. S. 565) oder das Wahlrecht und die Wählbarkeit zur Apothekerkammer (§ 3 der Verordnung vom 2. Februar 1901, GS. S. 49) oder zur Tierärztekammer (§ 3 der Verordnung vom 2. April 1911, GS. S. 61) besitzt, auch an den Oberpräsidenten und an den Vorstand der betreffenden Kammer, wenn der Angeschuldigte das Wahlrecht und die Wählbarkeit zur Zahnärztekammer (§ 3 der Verordnung vom 16. Dezember 1912, GS. S. 233) besitzt, auch an den Minister des Inneren und an den Vorstand der Kammer[1]);

zu d hinsichtlich der Lehrer an höheren Unterrichtsanstalten (Gymnasien, Progymnasien, Realgymnasien, Realprogymnasien, Oberrealschulen, Realschulen), der Kandidaten des höheren Lehramts, der Lehrer und Lehrerinnen an Seminar- und Präparandenanstalten, an staatlichen Blinden- und Taubstummenanstalten, an höheren Mädchenschulen, soweit letztere der Aufsicht der Provinzial-Schulkollegien unterstehen, an das vorgesetzte Provinzial-Schulkollegium;

hinsichtlich der Lehrer und Lehrerinnen an ständischen, städtischen und privaten Blinden- und Taubstummenanstalten an den

1) Allg. Verf. vom 16. März 1914 (JMBl. S. 285).

Vorsitzenden der Körperschaft, welche die Aufsicht in äußeren Anstaltsangelegenheiten führt;

hinsichtlich der Lehrer und Lehrerinnen der Königlichen Turnlehrerbildungsanstalt und des Königlichen Instituts für Kirchenmusik an den Minister der geistlichen, Unterrichts- und Medizinal-Angelegenheiten;

hinsichtlich der übrigen Lehrer und Lehrerinnen an die vorgesetzte Regierung (in Berlin an das Provinzial-Schulkollegium daselbst);

hinsichtlich der Schulamtskandidaten und -kandidatinnen an das Provinzial-Schulkollegium, in dessen Bezirke die Betreffenden die Prüfung für das Lehramt an Volksschulen bezw. an mittleren und höheren Mädchenschulen bestanden haben;

hinsichtlich der Zöglinge der Seminaranstalten an den Seminardirektor;

hinsichtlich der Zöglinge der Präparandenanstalten an den Anstaltsvorsteher;

zu e an den Regierungspräsidenten, in dessen Bezirke der Angeschuldigte zur Zeit seinen Wohnsitz hat;

zu f hinsichtlich der Angestellten der Privateisenbahnunternehmungen an den Königlichen Eisenbahnkommissar, hinsichtlich der Angestellten der Staatseisenbahnen und der unter Staatsverwaltung stehenden Privateisenbahnen an die Eisenbahndirektion und, wenn der Angeschuldigte zu den Eisenbahn-Betriebs-, Maschinen-, Verkehrs- oder Werkstätten-Inspektionen unterstellten Beamten gehört, an die betreffende Inspektion;

zu g an die Königliche Inspektion der Jäger und Schützen in Charlottenburg, Kantstraße 42[1]).

Außerdem ist in allen Untersuchungen, in denen die vorläufige Haftnahme, zwangsweise Vorführung (als Angeschuldigter oder Zeuge) oder Verhaftung eines Eisenbahnpolizeibeamten oder Eisenbahnbetriebsbeamten erforderlich wird, schon vor der Vollziehung der bezüglichen Anordnung der unmittelbar vorgesetzten Dienstbehörde Mitteilung zu machen, sofern nicht der Zweck einer notwendigen sofortigen Haftnahme hierdurch gefährdet wird.

---

1) Allg. Verf. vom 7. November 1914 (JMBl. S. 375).

16. Ist gegen einen Militäranwärter rechtskräftig auf die zeitige Unfähigkeit zur Bekleidung öffentlicher Ämter oder auf eine Strafe erkannt, welche die dauernde oder zeitige Unfähigkeit zur Bekleidung öffentlicher Ämter von Rechts wegen zur Folge hat, so ist eine Abschrift der Urteilsformel unter Beifügung des Zivilversorgungsscheines der Militärbehörde zu übersenden, die den Schein erteilt hat. (Wegen der Herbeischaffung des Zivilversorgungsscheines vergleiche die Grundsätze für die Besetzung der Subaltern- und Unterbeamtenstellen bei den Reichs- und Staatsbehörden mit Militäranwärtern § 25, mitgeteilt durch die Allg. Verf. vom 25. Oktober 1882, JMBl. S. 325.)

17. Wenn gegen einen Angeklagten, der sich im Besitze von preußischen oder anderen Orden oder Ehrenzeichen befindet, eine rechtskräftige Verurteilung ergangen ist, die den Verlust der Orden und Ehrenzeichen zur Folge hat (§ 33 StGB.), so ist von der Urteilsformel der Generalordenskommission zu Berlin Nachricht zu geben.

An diese sind auch sofort nach der Rechtskraft des Urteils die betreffenden Orden und Ehrenzeichen nebst den darüber sprechenden Patenten oder Besitzzeugnissen, nachdem diese dem Verurteilten (erforderlichenfalls im Wege der Zwangsvollstreckung) abgenommen sind, einzusenden.

18. Wenn gegen Studierende auf inländischen Universitäten oder Hochschulen rechtskräftig eine Strafe festgesetzt worden ist, so ist dem Rektor (Prorektor) der Strafbefehl oder die Urteilsformel abschriftlich mitzuteilen.

Wird gegen einen Schüler einer öffentlichen Lehranstalt ein Vorverfahren eingeleitet oder die öffentliche Klage erhoben, so ist dem Schulvorstand unter kurzer Angabe der Veranlassung oder unter Mitteilung der Anklageschrift Nachricht zu geben.

19. Wird gegen Personen evangelischen oder katholischen Bekenntnisses, die das 16. Lebensjahr noch nicht vollendet haben, die öffentliche Klage erhoben, so ist dem ersten Pfarrer der Gemeinde, zu welcher der Angeschuldigte gehört, hiervon und im Falle der rechtskräftigen Verurteilung auch von dieser Mitteilung zu machen.

20. Erscheinen Personen, die das 18. Lebensjahr noch nicht vollendet haben, der Verwahrlosung verfallen, oder von der nahen

Gefahr einer solchen bedroht, oder erscheinen sie einer vor dem vollendeten 12. Lebensjahre begangenen strafbaren Handlung verdächtig, so ist nach der näheren Bestimmung der Allg. Verf. vom 6. Februar 1901, betr. die Ausführung des Gesetzes über die Fürsorgeerziehung Minderjähriger vom 2. Juli 1900 (JMBl. S. 31), Nr. I dem zur Stellung des Antrags auf Einleitung der Fürsorgeerziehung zuständigen Landrat (Oberamtmann, Gemeindevorstand, Vorsteher der Königlichen Polizeibehörde), bei Gefahr im Verzug auch dem Vormundschaftsgerichte Mitteilung zu machen.

20a. An das Kaiserliche Aufsichtsamt für Privatversicherung in Berlin W 15, Ludwigskirchplatz 3/4, über Erkenntnisse aus dem Gebiete des privaten Versicherungsrechtes[1]).

b) Aus dem Gesichtspunkte des Gegenstandes der Untersuchung.

21. In den auf Metallgeld sich beziehenden Untersuchungen wegen Münzverbrechen oder Münzvergehen sind die Falschstücke nach beendigter Untersuchung — es mag zur Erhebung der öffentlichen Klage gekommen sein oder nicht — an den Regierungspräsidenten abzuliefern, wobei in dem Übersendungsschreiben auf das etwa bereits eingeholte Gutachten der Münzdirektion Bezug zu nehmen ist.

In den auf Papiergeld und dem Papiergelde gleichstehende Wertzeichen sich beziehenden Untersuchungen wegen Münzverbrechen oder Münzvergehen ist der Hauptverwaltung der Staatsschulden von der Eröffnung des Hauptverfahrens Kenntnis zu geben und demnächst nach der Rechtskraft die Urteilsformel mitzuteilen.

Bei den Mitteilungen an den Regierungspräsidenten und an die Hauptverwaltung der Staatsschulden ist anzugeben, welchen Umfang die Verbreitung der Falschstücke erlangt hat und ob und inwiefern eine besondere Geschicklichkeit der Täter hinsichtlich der Verausgabung hervorgetreten ist.

22. In allen Strafsachen wegen Zuwiderhandlungen gegen Zoll- und Steuervorschriften, die zur gerichtlichen Untersuchung gelangen, einschließlich der sich nur als Übertretungen darstellen-

---

1) Allg. Verf. vom 15. Mai 1903 (JMBl. S. 102).

den Zuwiderhandlungen, ist die Urteilsformel sogleich nach der Verkündung der zur Verwaltung der betreffenden Steuern und Zölle bestellten Provinzialbehörde, in den Untersuchungen wegen Grundsteuer- und Gebäudesteuer-Defraudation dem Landrate mitzuteilen unter gleichzeitiger Äußerung, ob seitens der Staatsanwaltschaft die Einlegung eines Rechtsmittels in Aussicht genommen ist oder aus welchen Gründen von der Einlegung des zulässigen Rechtsmittels Abstand genommen wird.

23. In Strafsachen wegen unbefugter Annahme eines Adelsprädikats ist dem Heroldsamte vor der Erhebung der öffentlichen Klage von dem wesentlichen Sachverhalte Mitteilung zu machen. Das Heroldsamt ist auch von dem die Eröffnung des Hauptverfahrens ablehnenden Beschlusse sowie von dem erlassenen Urteil alsbald zu benachrichtigen.

24. In allen bergpolizeilichen Übertretungssachen ist dem betreffenden Revierbeamten, in Strafsachen, die eine Zuwiderhandlung gegen die Vorschriften des VII. Titels der Reichs-Gewerbeordnung — mit Ausnahme der Bestimmungen über die Sonntagsruhe im Handelsgewerbe — oder gegen die zur Ausführung der bezeichneten Vorschriften erlassenen Bestimmungen zum Gegenstande haben, dem betreffenden Gewerbeaufsichtsbeamten der Inhalt des Strafbefehls oder die Urteilsformel nach Eintritt der Rechtskraft mitzuteilen. Wenn die Staatsanwaltschaft die Erhebung der öffentlichen Klage oder das Gericht die Eröffnung des Hauptverfahrens ablehnt oder demnächst Freisprechung oder Einstellung des Verfahrens erfolgt, so ist hiervon unter Darlegung der Gründe oder unter Übersendung einer Abschrift des Gerichtsbeschlusses oder Urteils unverzüglich Mitteilung zu machen. Ferner ist anzugeben, ob gegen die gerichtliche Entscheidung ein Rechtsmittel eingelegt worden oder aus welchen Gründen dies nicht geschehen ist.

Für Berlin sind die vorgeschriebenen Mitteilungen statt an den Gewerbeaufsichtsbeamten an das Königliche Polizeipräsidium zu richten.

25. Von allen rechtskräftigen Entscheidungen, bei denen Staats-, Gemeinde- oder Korporationskassen interessieren, insbesondere von solchen Entscheidungen, aus welchen diese einen Anspruch an den Verurteilten herleiten können oder infolge deren

Verpflichtungen gegen den Verurteilten aufhören, ist den betreffenden Behörden unverzüglich Mitteilung zu machen. Dieses gilt namentlich in den Fällen des durch die Verurteilung eingetretenen Verlustes eines besoldeten Amtes sowie in bezug auf die wegen Zuwiderhandlungen gegen die §§ 27—29 des Gesetzes über das Postwesen des Deutschen Reichs vom 28. Oktober 1871 ausgesprochenen, zur Postarmen- oder Unterstützungskasse fließenden Geldstrafen, hinsichtlich deren die Mitteilung an die betreffende Ober-Postdirektion erfolgt.

Ist zur Belegung von Rechnungsposten oder aus einem sonstigen Grunde eine beglaubigte Abschrift der Urteilsformel erforderlich, so ist diese zu erteilen.

In den Fällen des Amtsverlustes ist die Benachrichtigung der Behörde, die das Diensteinkommen zur Zahlung anzuweisen hat, von derjenigen Staatsanwaltschaft zu bewirken, welche von dem Eintritte der Rechtskraft des Strafurteils zuerst Kenntnis erhält.

26. Wird gegen eine der im § 136 des Gewerbeunfallversicherungsgesetzes, § 147 des Unfallversicherungsgesetzes für Land- und Forstwirtschaft, § 46 des Bau-Unfallversicherungsgesetzes oder § 134 des See-Unfallversicherungsgesetzes bezeichneten Personen durch rechtskräftiges Strafurteil festgestellt, daß sie den Unfall vorsätzlich oder aus Fahrlässigkeit herbeigeführt hat, so ist dem Vorstande der beteiligten Berufsgenossenschaft eine mit der Bescheinigung der Rechtskraft versehene beglaubigte Abschrift der Urteilsformel mitzuteilen.

27. Von jeder eine Strafvorschrift des Invalidenversicherungsgesetzes vom 13. Juli 1899 (RGBl. S. 463) betreffenden rechtskräftigen Entscheidung, sofern es sich nicht lediglich um eine Zuwiderhandlung gegen § 181 Nr. 4 des Gesetzes handelt, ist der beteiligten Versicherungsanstalt durch Übersendung einer Abschrift der Entscheidung oder Vorlegung der Strafakten Mitteilung zu machen.

28. Dem Kaiserlichen Aufsichtsamte für Privatversicherung sind abschriftlich — geeignetenfalls auszugsweise — die Urteile mitzuteilen, welche

a) eine nach den §§ 105—113 des Reichsgesetzes über die privaten Versicherungsunternehmen strafbare Handlung oder

b) sonst eine dem Gebiete dieses Gesetzes oder dem Rechte des Versicherungsvertrags angehörige Frage von grundsätzlicher Bedeutung betreffen oder

c) einen Tatbestand enthalten, der auf Mißstände oder Mißbräuche in den Einrichtungen oder in dem Geschäftsbetrieb einer von dem Aufsichtsamte beaufsichtigten Unternehmung schließen läßt.

Ist das Urteil durch ein Rechtsmittel angefochten, so ist auf der Abschrift zu vermerken:

„Durch das Rechtsmittel der ..... angefochten."

29. Jeder Behörde, der eine Mitteilung von dem rechtskräftigen Urteil in einer Untersuchungssache gemacht worden ist, wird auch Nachricht gegeben, wenn das Gericht die Wiederaufnahme des Verfahrens und die Erneuerung der Hauptverhandlung verordnet hat (§ 410 Abs. 2 der StPO.); desgleichen ist Abschrift der Formel des demnächst ergehenden Urteils mitzuteilen. Von einem nach § 411 der StPO. ergehenden freisprechenden Urteile sowie von einer erfolgten Begnadigung — Nr. 4 Abs. 2 — ist der Behörde gleichfalls im ersteren Falle unter Übersendung der Formel Mitteilung zu machen.

B. Mitteilungspflicht der Amtsgerichte.

30. In Privatklagesachen sind die nach den Vorschriften unter A Nr. 10, 13, 14, 15, 26 und 29 den Beamten der Staatsanwaltschaft übertragenen Mitteilungen durch das Amtsgericht zu bewirken.

C. Mitteilungspflicht der Strafvollstreckungsbehörden (Ersten Staatsanwälte, Amtsgerichte).

31. Ist wegen einer Übertretung aus § 361 Nr. 3—8 des StGB. auf Grund des § 362 daselbst auf Überweisung an die Landespolizeibehörde erkannt worden, so sind die gerichtlichen Akten nebst den für das Ermessen der Verwaltungsbehörden erheblich erscheinenden Beiakten unmittelbar der zuständigen höheren Landespolizeibehörde behufs Beschlußfassung über Festsetzung der Nachhaft zu übersenden.

Die Aktenübersendung geschieht:

Wenn die nach dem Urteile zu verbüßende Freiheitsstrafe mehr als zwei Wochen beträgt, sobald das Urteil rechtskräftig geworden ist;

wenn die Strafe die Dauer von zwei Wochen nicht übersteigt, sobald die schriftliche Urteilsbegründung vorliegt.

Zugleich erhält die Landespolizeibehörde Nachricht von dem Zeitpunkte der voraussichtlichen Beendigung der Strafhaft des Verurteilten, wenn dieser Zeitpunkt bereits feststeht und nicht schon ohne weiteres aus den übersandten Untersuchungsakten ersehen werden kann. Hierbei sind zur Kenntnis der Landespolizeibehörde auch solche Tatsachen zu bringen, welche Zweifel an der Arbeitsfähigkeit des Verurteilten zu begründen vermögen, insbesondere augenfällige körperliche Fehler und Schäden oder Merkmale einer körperlichen oder geistigen Erkrankung, sofern diese Tatsachen durch die Hauptverhandlung oder auf andere Weise mit einiger Zuverlässigkeit ermittelt sind.

Bei Absendung der Akten sind die erforderlichen Vermerke zurückzubehalten, damit zum Zwecke der Entlassung der Verurteilten, falls die Strafzeit vor Wiedereingang der Akten abgelaufen sein sollte, oder zum Zwecke der Verfügung des Strafantritts, falls das Urteil vor Wiedereingang der Akten rechtskräftig werden sollte, rechtzeitig das Erforderliche angeordnet werden kann.

32. Wegen der Benachrichtigung der Strafregisterbehörden und der Mitteilungen über die Bestrafungen der Angehörigen ausländischer Staaten bewendet es bei den bestehenden besonderen Vorschriften.

Artikel II.

Mitteilungspflicht der Beamten der Staatsanwaltschaft in anderen Angelegenheiten.

I. Mitteilungen in Disziplinarsachen.

33. Im Disziplinarverfahren gegen Justizbeamte und im ehrengerichtlichen Verfahren gegen Rechtsanwälte finden die Vorschriften Nr. 13, 14 und 15 entsprechende Anwendung.

Die gegen einen richterlichen Beamten, einen Notar oder einen Rechtsanwalt ergangenen Urteile mit den Entscheidungsgründen sind dem Justizminister abschriftlich einzureichen.

II. Mitteilungen in Ehesachen.

34. Ist eine Ehe getrennt, für ungültig oder nichtig erklärt, so hat die Staatsanwaltschaft, auch wenn sie sich der Mitwirkung in dem Verfahren enthalten hat, eine mit der Bescheinigung der Rechtskraft versehene Ausfertigung des Urteils dem Standesbeamten, vor welchem die Ehe geschlossen ist, zu übersenden.

III. Mitteilungen in Entmündigungssachen.

35. Von jedem über eine Entmündigung ergehenden Beschlusse hat die Staatsanwaltschaft sofort nach der Zustellung (§ 659 ZPO.) dem Vorsteher der Anstalt, in welcher der zu Entmündigende untergebracht ist, Nachricht zu geben und den Namen des etwa bestellten vorläufigen Vormundes zu bezeichnen.

IV. Anderweitige Mitteilungen.

36. Insoweit im öffentlichen Interesse noch anderweite oder ausführlichere Mitteilungen oder Mitteilungen an andere als die in Artikel I aufgeführten Behörden notwendig oder zweckmäßig erscheinen, sind sie von Amts wegen oder auf Ersuchen zu machen.

Handelt es sich jedoch um fortlaufende Mitteilungen, welche nicht in örtlichen Bedürfnissen ihren Grund haben, sondern in der Voraussetzung ihrer Zweckmäßigkeit allgemein anzuordnen sein würden, so haben die Oberstaatsanwälte deshalb an den Justizminister zu berichten.

Artikel III.

Schlußbestimmungen.

37. Unberührt bleiben die Vorschriften, durch die für gewisse Angelegenheiten Berichterstattungen (beispielsweise in Preßsachen

oder in Untersuchungen, in denen nach Maßgabe des Gesetzes vom 13. Februar 1854 eine Erhebung des Konflikts zulässig ist, oder in Untersuchungen wegen Hochverrats oder Landesverrats) sowie Mitteilungen zu statistischen oder wissenschaftlichen Zwecken (z. B. die Einsendung von Urteilen an das Gesundheitsamt oder das Patentamt) angeordnet sind. Ebensowenig werden die Vorschriften betroffen, welche für einzelne Bezirke besondere Mitteilungen vorschreiben oder nachlassen.

Berlin, den 29. April 1907.

Der Justizminister
Dr. Beseler.

C. Die Person des Amtsanwalts; Stellvertreter und Hilfskräfte.

I. Der Amtsanwalt.

Der Amtsanwalt muß gesund sein. Hat er körperliche Fehler, so dürfen sie nicht auf dem Gebiete des Seh-, Sprech- und Hörvermögens liegen. Bei den Schöffengerichtsverhandlungen muß er auch die Angeklagten, Zeugen und andere Personen, die von ihm entfernt sitzen oder stehen, genau beobachten können, da seine Wahrnehmungen für die Beurteilung der Sachlage, sein Verhalten und seine Anträge oft von bedeutendem Werte sind.

Er hat die Anklage erhoben, daher darf er nicht in Teilnahmlosigkeit oder Gleichgültigkeit verfallen und alles dem Richter überlassen. Es ist notwendig, daß er von Anfang bis zu Ende der Handlung Interesse bezeigt und alles, was im Gerichtssaale vorgeht, scharf beobachtet. Diesen Aufgaben ist nur ein gesunder, mit scharfen Sinnen ausgerüsteter Mann gewachsen.

Die Gabe der freien Rede muß er gleichfalls besitzen und imstande sein, vor der Öffentlichkeit klar, fließend und sicher zu sprechen. Wer zum Stottern neigt, oder wegen Angst, Nervosität und dergleichen öffentlich nicht zu sprechen wagt, eignet sich nicht zum Amtsanwalt. Es ist nicht immer, ja bei manchen Schöffengerichten nur selten, nötig, einen längeren Vortrag zu halten; aber dann und wann kommt jeder Amtsanwalt in diese Lage. Die Schwierigkeiten auf diesem Gebiete liegen vor allem darin, daß diese Vortragskunst vielfach plötzlich von ihm gefordert wird. Der Straffall war vielleicht ganz einfach, so daß er aller Wahrscheinlichkeit nach nur wenige Worte vom Amtsanwalt erheischte. Auf einmal erhält die Sachlage eine ganz neue Wendung, und nunmehr gilt es, sie durch eine kürzere oder längere Rede geschickt in das rechte Licht zu rücken. Der Amtsanwalt soll also nicht nur frei sprechen können, wenn er sich vorbereitet hat, sondern er muß dazu jederzeit, auch ohne besondere Vorbereitung, imstande sein. Ist ihm diese Gabe nicht angeboren, so kann er sich doch das Fehlende durch ernstes Streben und Übung, wenigstens bis zu einem gewissen Grade, aneignen.

Der Amtsanwalt kann seinen Aufgaben nur dann gerecht werden, wenn er eine entsprechende geistige Befähigung, ausreichende Allgemeinbildung und Gesetzeskenntnis besitzt. Bringt er die erforderlichen Kenntnisse des Rechts, insbesondere auch des Polizeirechts, nicht gleich in das Amt mit, so muß er bestrebt sein, sie sich im Laufe der Zeit zu erwerben. Im Richter und in den Verteidigern bieten sich ihm stete Vorbilder.

Ferner muß verlangt werden, daß er in sittlicher Beziehung durchaus unantastbar dasteht. Vorleben und Lebensführung müssen sich als ein reiner, blanker Schild erweisen, der durch keinerlei Flecken getrübt wird. Nur dann darf er es wagen, das Amt des öffentlichen Anklägers zu bekleiden, das ihn häufig zwingt, die Verfehlungen Anderer mit unerbittlicher Strenge zu kennzeichnen. Ist er selbst mit einem sittlichen Makel behaftet, so sinkt er zum Phrasenmacher und Heuchler hinab.

Aber auch unabhängig und frei muß er dastehen. Niemals darf er sich durch persönliche Beziehungen, namentlich zum Verletzten, oder Angeklagten, oder zu Verwandten und Freunden dieser Personen beeinflussen lassen.

Seinen Amtsbezirk und die in ihm wohnende Bevölkerung muß er gut kennen. Die Kriminalität ist nicht überall gleich. Hier überwiegen Roheits-, dort Eigentums-, in einem anderen Bezirke kommen häufiger Sittlichkeitsvergehen vor. Er muß nicht nur über die kriminellen Eigentümlichkeiten des Bezirks und ihre Ursachen, sondern auch über die wirtschaftlichen, politischen und sonstigen Verhältnisse der Bevölkerung gut unterrichtet sein. Darum soll er bemüht sein, seinen Amtsbezirk auch durch Reisen oder Wandern kennen zu lernen. Diese Kenntnis wird ihm bei seiner Tätigkeit, namentlich im Gerichtssaale, von großem Nutzen sein.

Der Amtsanwalt soll nicht nur das Geschäftszimmer in Ordnung halten, die schriftlichen Arbeiten gewissenhaft erledigen und in der Sitzung tüchtig sein — er muß, indem er auch die Tätigkeit der Gerichtsschreiberei im Auge behält, den Geschäftsgang allgemein stets so überblicken und fördern, daß eine schnelle und ordnungsmäßige Erledigung aller Strafsachen erzielt wird.

Über die Zulassung, Ausbildung und Beschäftigung von Anwärtern für den etatsmäßigen Amtsanwaltsdienst sprechen sich die Erlasse des Herrn Justizministers vom 12. Februar und 2. Juni 1908 aus, die in „Müller, Justizverwaltung, 6. Auflage", S. 190 und 191 zu finden sind.

II. Stellvertreter.

Jeder Amtsanwalt muß einen Stellvertreter haben. Der Amtsanwalt mag noch so gesund und zuverlässig sein, es wird dennoch vorkommen, daß er einmal sein Amt nicht wahrnehmen kann und dies plötzlich eintritt. Handelt es sich um ein längeres, vorher erkennbares oder gewolltes Wegbleiben vom Amte, so wird meistens ohne große Schwierigkeit ein Vertreter gewonnen werden können. Bedenklicher ist dagegen eine plötzliche Verhinderung, wie sie Erkrankung, Unwohlsein, unaufschiebbare Reisen, Todesfälle in der Familie u. a. mit sich bringen. Dann steht die Amtsanwaltschaft verlassen da, die Geschäfte stocken, Sitzungen fallen aus und Eilsachen bleiben unerledigt.

Die Aufsichtsbehörden sind stets bestrebt, einen Stellvertreter zu bestellen, sie sind aber in der Regel auf die Vorschläge des Amtsgerichts und des Amtsanwalts angewiesen. Der Amtsanwalt muß sich daher nach einem geeigneten Stellvertreter umsehen. Das Amt des Stellvertreters ist ein unbesoldetes Ehrenamt. Es unterliegt natürlich keinem Bedenken, wenn der Amtsanwalt den Vertreter selbst entschädigt. Nur in ganz besonderen Ausnahmefällen übernimmt die Staatskasse die Vertretungskosten. Es fehlt selten an geeigneten Personen, indes scheuen die meisten das Auftreten in den Sitzungen und das Stellen von Strafanträgen gegen achtbare und bekannte Personen. Ist dann der Amtsanwalt weder gewillt, noch in der Lage, Vertretungskosten zu zahlen, und besitzt er auch keine Hilfskräfte, dann wird die Suche nach einem Stellvertreter mit großen Schwierigkeiten verknüpft, oder überhaupt vergeblich sein.

Der Amtsanwalt muß dafür sorgen, daß wichtigere Verfügungen der Aufsichtsbehörden, namentlich was die Geschäftsführung anlangt, auch stets dem Stellvertreter mitgeteilt werden.

III. Hilfskräfte.

Die Amtsanwaltschaften kann man ihrem Geschäftsumfange nach in kleine, mittlere und größere einteilen. Zu den kleinen rechne ich die mit höchstens 500 Strafprozeßlistennummern im Jahre; zu den mittleren die mit 500—1000; zu den größeren die mit 1000 Nummern und mehr. Allein vermag der Amtsanwalt nur einer kleinen Amtsanwaltschaft vorzustehen. Also nur die Arbeit einer solchen, die höchstens 500 Prozeßnummern hat, wobei ich mich auf die Zahl 500 selbstverständlich nicht festlege, vermag der Amtsanwalt ordnungsmäßig allein zu bewältigen. Ist die Amtsanwaltschaft größer, so braucht er Hilfskräfte. Besitzt er sie nicht, so kann er die Geschäfte kaum ordnungsmäßig erledigen. Auch dem Stellvertreter, der einen gut eingearbeiteten Schreiber im Geschäftszimmer des Amtsanwalts vorfindet, wird, wie vorstehend angedeutet, natürlich die Vertretung wesentlich erleichtert werden.

Der Amtsanwalt, der einer mittleren oder größeren Amtsanwaltschaft vorsteht, muß daher stets eine Schreibhilfe haben. Ist er Bürgermeister, so darf er selbstverständlich keinen Schreiber der Gemeindeverwaltung für die Zwecke der Amtsanwaltschaft verwenden, ohne ihn besonders zu entschädigen. In solchen Fällen ist es nötig, das Verhältnis schriftlich festzulegen und die Zustimmung der Gemeindevertretung einzuholen. Je nach den Fähigkeiten des Gehilfen wird ihn der Amtsanwalt entweder nur mit Abschreiben oder auch mit dem Entwerfen einfacherer, häufig wiederkehrender Verfügungen beschäftigen. Aber auch bei kleineren Amtsanwaltschaften ist das Halten einer Hilfskraft erstrebenswert, schon um sich möglichst von Kanzleiarbeiten zu befreien und sich mehr den Hauptaufgaben (erschöpfendes Aktenstudium, Vorbereitung für den Sitzungsdienst, Begründung von Berufungen usw.) widmen zu können.

D. Einrichtung der Geschäftsräume. Die Hilfsmittel.

I. Die Geschäftsräume.

Zahlreiche Amtsanwälte haben noch ein anderes Amt, oder einen anderen bürgerlichen Beruf. Es ist dringend erforderlich, daß die Akten der Amtsanwaltschaft von sonstigen Akten, Büchern und Schriftsachen getrennt aufbewahrt werden. Verwaltet ein Amtsanwalt zwei oder mehrere Amtsanwaltschaften, so muß er ebenfalls auf ihre scharfe Trennung achten und bedenken, daß die Vereinigung von mehreren Amtsanwaltschaften in einer Hand jeden Tag aufhören kann.

Das Geschäftszimmer muß so beschaffen sein, daß die in ihm befindlichen Akten, Bücher, Überführungsstücke usw. vor Verderben, Beschädigung, Diebstahl und unbefugter Einsicht geschützt sind und die Aufrechterhaltung der Ordnung nicht durch Raummangel erschwert wird.

Das Geschäftszimmer muß so nahe wie möglich beim Amtsgericht, am besten mit ihm in einem Gebäude vereinigt und gegen schädliche Witterungseinflüsse und Feuersgefahr möglichst geschützt sein. Es muß genügendes Tageslicht besitzen. Auch eine künstliche Beleuchtungseinrichtung darf nicht fehlen. Wird in ihm nicht gearbeitet, so muß es verschlossen sein und der Schlüssel an einem sicheren, leicht erreichbaren, auch dem Stellvertreter bekannten Orte aufbewahrt werden. Das Geschäftszimmer muß die nötigen Möbel enthalten. Zwei Gerüste oder Regale sind erforderlich. Das eine dient zur Unterbringung der Akten und Bücher, das andere zur Aufnahme der Formulare. Bei kleinen Amtsanwaltschaften wird ein Gerüst genügen. Die nötigen Tische, Stühle, ein Kleiderhalter, Papierkorb, Waschgeschirr würden das weitere notwendige Mobiliar darstellen. Auch ein verschließbares

Gelaß zur Aufbewahrung wertvoller Überführungsstücke muß vorhanden sein[1]).

Bei den Amtsanwaltschaften mit Hilfskräften sind zwei Räume notwendig oder doch zu erstreben. Ist nur ein Zimmer vorhanden, dann leidet die Tätigkeit des Amtsanwalts vielfach unter der unvermeidlichen Störung durch seine Gehilfen, dem Klappern der Schreibmaschine u. a. Auch kommt er nicht selten in die unangenehme Lage, wenn ihn Personen zu vertraulichen Unterredungen besuchen, seine Leute hinauszuschicken und der Arbeit zu entziehen.

Die Akten älterer Jahrgänge mit Ausnahme der Generalakten werden sehr selten gebraucht und daher am besten in einem besonderen Raume aufbewahrt. Meistens wird sich dieser Altaktenraum im Dachgeschoß oder Keller befinden. Erstrebenswert ist auch hier ein besonderer, verschließbarer Raum. Ist er nicht zu haben und wird deshalb das Altaktenmaterial in einem Raume gemeinsam mit den Akten anderer Verwaltungszweige aufbewahrt, so ist auch hier die scharfe Trennung und ordnungsmäßige Lagerung, am besten in einem Schrank oder Regal, welches entsprechend bezeichnet ist, notwendig.

II. Hilfsmittel.

a) Formulare.

Ein wertvolles und unentbehrliches Hilfsmittel stellen die Formulare dar, die größere Druckereien in sehr großer Auswahl für die Zwecke der Amtsanwaltschaft liefern[2]). Ihre umfangreiche Verwendung vereinfacht den Geschäftsbetrieb außerordentlich, kürzt die eigene Arbeit ab, erleichtert anderen Behörden die Arbeit und das Lesen der Akten. Da manche Amtsanwälte nicht wissen, welche Formulare ihnen umsonst geliefert werden, folgt hier deren Aufzählung. Diese sollte sich jeder Amtsanwalt auf alle Fälle bestellen und verwenden[3]):

---

1) Siehe Art. 125a der Geschäftsanweisung und S. 96.

2) C. B. W. Bertelsmann Verlag, G. m. b. H., Bielefeld-Gadderbaum. (Natürlich liefern diese Geschäfte nur diejenigen, die sich der Amtsanwalt selbst anschaffen muß.)

3) Diese Formulare werden meistens in staatlichen Druckereien hergestellt und viertel- oder halbjährlich bestellt. Die Bestelliste wird dem Amtsanwalt stets rechtzeitig von der Gerichtsschreiberei vorgelegt.

1. StP. Nr. 170 Anklageschrift.
2. StP. Nr. 192 Antrag auf Erlaß eines amtsrichterlichen Strafbefehls.
3. StP. Nr. 192 II Antrag auf Erlaß eines amtsrichterlichen Strafbefehls und Strafbefehl (wegen Übertretung der Wehrordnung), Reinschrift.
4. StS. Nr. 4 Auszug aus dem Strafregister Formular C.
5. Steckbriefnachricht Formular D (von roter Farbe).
6. PF. Nr. 37 Anklageschrift und Eröffnungsbeschluß in den Fällen der § 6 und 8 des FDG.
7. PF. Nr. 45 Steckbrief.
8. PF. Nr. 46 Steckbrieferneuerung.
9. PF. Nr. 48 Aufenthaltsermittelung.
10. PF. Nr. 49 Steckbriefzurücknahme (Postkarte).
11. StP. Nr. 42 Urteilsurschrift. (Für Urteilsabschriften zu verwenden.)
12. StP. Nr. 188 Einsendung der Akten auf eingelegte Berufung in Strafsachen.
13. StP. Nr. 189 Einsendung der Akten auf eingelegte Berufung in Privatklagesachen.
14. StA. I. Nr. 6/StA. I Nr. 37 Abgekürzter Auszug aus dem standesamtlichen Geburtsregister.
15. StP. Nr. 201 Ablehnender Bescheid auf einen Strafantrag wegen Körperverletzung.
16. PF. Nr. 40 Vorlegung der Akten in den Fällen des § 454 Abs. 2, § 460 StPO.
17. StP. Nr. 191a Antrag auf Erlaß eines amtsrichterlichen Strafbefehls, Urschrift. (Übertretung § 25 der Wehrordnung.)

In letzter Zeit sind die Preise für die Geschäftsbedürfnisse außerordentlich gestiegen, so daß schon aus diesem Grunde zahlreiche Amtsanwälte bei kleinen Amtsgerichten von der Beschaffung von Formularen zum Schaden der Geschäftsführung Abstand nehmen. Durch die Allg. Verf. vom 14. August 1908 hat der Herr Justizminister bestimmt, daß den Amtsanwälten der Bezug derselben erleichtert werden soll. Die Ersten Staatsanwälte sollen für die Amtsanwälte ihres Bezirks diese Formulare einheitlich, und zwar bei den für die Justizverwaltung liefernden Druckereien bestellen, welche gehalten sind, nur die für die Justizverwaltung festgesetzten Preise zu fordern. Der Amtsanwalt muß also seinen Bedarf bei dem Ersten Staatsanwalt anmelden. Dies bezieht sich aber nur auf die Reichs- und Landesformulare und nicht auf die von manchen Druckereien für die Amtsanwälte besonders hergestellten Formulare.

Wegen des Papiers ist bestimmt, daß schon, um nicht verschiedene Bogengrößen in die Akten zu bringen, die Amtsanwälte ihr Papier aus den Papiervorräten des Amtsgerichts gegen den von diesen dem Papierlieferanten zu zahlenden Preis beziehen sollen.

b) Stempel.

Für die Eingangsvermerke, Anträge auf Anberaumung von Terminen und andere häufig im gleichen Wortlaute wiederkehrenden Verfügungen empfehlen sich Gummistempel.

c) Bücherei.

Die Anschaffung der Gesetzsammlungen (Reichsgesetzblatt und Preußische Gesetzsammlung) ist für die Amtsanwälte nicht erforderlich. Soweit neue Gesetze von Bedeutung sind, wird von der vorgesetzten Dienstbehörde auf sie aufmerksam gemacht. Sie sind dann beim Amtsgericht einzusehen. Die wichtigsten Gesetze werden in den Amtsblättern abgedruckt, welche den Amtsanwälten kostenlos geliefert werden. Diese müssen von ihnen, und zwar auf ihre Kosten, dauerhaft geheftet oder gebunden werden. Der Amtsanwalt muß sie auch dann einbinden lassen, wenn er etwa in seiner Eigenschaft als Bürgermeister die gleichen Blätter erhält und binden läßt. Es ist nicht selten vorgekommen, daß sich nach dem Tode eines Amtsanwalts eine Menge ungehefteter Jahrgänge vorfanden und die Erben die Kosten des nachträglichen Bindens tragen mußten.

Die sonstigen erforderlichen Bücher muß sich der Amtsanwalt im allgemeinen selbst beschaffen. Unter allen Umständen muß er eine nicht veraltete Ausgabe des Strafgesetzbuchs und die Strafprozeßordnung haben. Am besten ist das diese beiden Gesetze und eine Anzahl häufig vorkommender Nebengesetze, z. B. Forstdiebstahls-, Nahrungsmittel-, Feld- und Forstpolizeigesetz

u. a. enthaltende Buch von A. Dalcke, Verlag von H. W. Müller in Berlin. Auch eine kleine Textausgabe des Bürgerlichen Gesetzbuches muß er besitzen[1]).

Werden Gesetze, Polizeiverordnungen und Statute aufgehoben oder abgeändert, so muß der Amtsanwalt dies sofort am Rande des Textes seiner Gesetzbücher vermerken. Er darf sich nicht auf sein Gedächtnis verlassen. Er kommt sonst leicht in die Lage, seine Anträge auf ein nicht mehr bestehendes oder abgeändertes Gesetz zu stützen. Außerdem muß er auch an seinen Stellvertreter und Nachfolger denken.

Den wichtigsten Bestandteil seiner Bücherei bilden die Polizeiverordnungen — die Sammlungen der lokalen Gesetze, Statute und Verordnungen. Auf ihre Vervollständigung muß er gleichfalls stets bedacht sein. Seine Tätigkeit bewegt sich vorzugsweise auf diesem Gebiete, daher muß er es auch gut kennen. Es gibt wohl fast überall Sammlungen der lokalen Gesetze, Ortsstatute und Polizeiverordnungen in Buchform, und es ist selbstverständlich, daß er ein solches Werk besitzt. Da aber auch hier ständig neue Gesetze geschaffen, bestehende aufgehoben oder geändert werden, so muß er auf diesem Gebiete gleichfalls unaufhörlich sammelnd und berichtigend tätig sein. Zu dem Zwecke muß er, da diese lokalen Kleingesetze nicht immer in den Amtsblättern veröffentlicht werden, das Kreisblatt halten, in welchem sie vor ihrem Inkrafttreten erscheinen. Diese Verordnungen usw. schneidet er am besten aus und klebt sie in einem Sammelbuche ein. Das Sammelbuch besteht aus einem Hefte in Bogengröße. In dies werden nicht nur die Ausschnitte aus dem Kreisblatte eingeklebt, sondern auch die Abdrücke und Abschriften lokaler Gesetze, die ihm die Polizeiverwaltungen senden, eingeheftet. Das Regierungsamtsblatt mit den Ministerial-, Oberpräsidial- und Regierungspolizeiverordnungen, das Buch mit den Statuten und Verordnungen der lokalen städtischen und ländlichen Behörden, endlich das Sammelbuch — diese drei Bücher stellen die vom Amtsanwalt am meisten gebrauchten Gesetzbücher — sein Hauptrüst-

---

1) Zu empfehlen „Das neue bürgerliche Recht" von Professor Franz Bernhöfft in Rostock, Verlag von Ernst Heinrich Moritz in Stuttgart.

zeug in den Sitzungen und die unerläßliche Voraussetzung für die erfolgreiche Tätigkeit im Geschäftszimmer dar.

Der Amtsanwalt muß auch sonst ständig bestrebt sein, seine Bücherei durch Anschaffung von Gesetzen, die er noch nicht besitzt, zu vervollständigen. Das ist schon deshalb notwendig, weil die Büchereien des Amtsgerichts, oder der Gemeindeverwaltung, die er sonst in Anspruch nehmen muß, sich meistens unter der Aufsicht vielbeschäftigter Beamten befinden, die eine zu häufige Inanspruchnahme schließlich als störend und lästig empfinden müssen. Es kann vorkommen, daß er ein Gesetz, welches er zur Bearbeitung einer Strafsache dringend braucht, tagelang nicht erhalten kann, weil der betreffende Beamte abwesend oder beschäftigt und die Bücherei verschlossen ist. Er muß daher den Besitz von Gesetzen, die er häufig braucht, wie Gewerbeordnung, Kinderschutz-, Automobil-, Personenstands-, Jagdpolizei- und Fleischbeschaugesetz, erstreben. In der Regel wird er dies auch durch entsprechende Anträge bei der ihn bestellenden Gemeindebehörde erreichen.

Es ist dringend wünschenswert, daß der Amtsanwalt auch eine gute Wandkarte des Amtsgerichtsbezirks und der anstoßenden Gebiete besitzt.

E. Führung der Generalakten, Listen und Register.

I. Generalakten.

Die Generalakten entstehen durch die Erlasse und Verfügungen der Aufsichtsbehörden, nachdem sie in die Nebenliste eingetragen sind. Auch sonstige Verfügungen, Mitteilungen und Schreiben anderer Behörden, Körperschaften und Personen, soweit sie nach Beantwortung nicht etwa wieder zurückgehen und eine einzelne Strafsache nicht betreffen, gelangen hierher. Die Stoffmenge macht eine Gliederung notwendig. Die Unterbringung aller Schriftstücke in einem Bande ist unpraktisch, weil sie diesen zu sehr anschwellen läßt. Es empfiehlt sich, drei Aktenbände anzulegen:

I. Anweisungen der vorgesetzten Behörden und ähnliches.

II. Persönliches. (Ernennung, Stellvertretung, Entschädigung, Beurlaubung des Amtsanwalts, die Schreiben des Oberstaatsanwalts oder Ersten Staatsanwalts über das Ergebnis einer örtlichen Prüfung der Geschäftsführung.)

III. Die jährlichen Geschäftsübersichten. Die Vorbereitungen zu denselben. Der die Geschäftsübersichten betreffende Schriftwechsel mit dem Ersten Staatsanwalt und Amtsgericht.

Jedes Aktenstück ist entsprechend zu bezeichnen und mit einem vorzuheftenden Inhaltsverzeichnis zu versehen. Alle Stücke müssen sofort nach ihrem Eingange geheftet, mit der entsprechenden Blattzahl versehen und in das Inhaltsverzeichnis aufgenommen werden. Ein Band darf nicht mehr wie 200 Blatt enthalten.

II. Strafprozeßliste.

Die genaue und richtige Führung der Strafprozeßliste ist sehr wichtig. In erster Linie der Ordnung halber, aber noch aus anderen praktischen Gründen. Die Höhe der Entschädigung eines Amtsanwalts wird höheren Orts ab und zu nachgeprüft. Bei dieser Prüfung fällt selbstverständlich nicht allein die Zahl der Sachen, sondern auch die Art ihrer Erledigung ins Gewicht. Daß z. B. eine Sache, die der Amtsanwalt ohne weiteres an den Ersten

Staatsanwalt abgibt (Spalte 5 b), anders bewertet wird, als eine andere, die er nach langen Ermittelungen einstellt (Spalte 5 a), ist klar. Deshalb ist es nicht gleichgültig, welche Spalte ausgefüllt wird.

Die Strafprozeßliste ist für jedes Jahr neu anzulegen. Das Kalenderjahr ist auch das Geschäftsjahr. Ihre Führung beginnt also am 1. Januar und endet am 31. Dezember. Bevor mit den Eintragungen des neuen Jahres begonnen wird, sind die unerledigten Sachen aus dem zurückliegenden vierten und den früheren Geschäftsjahren vorzutragen. (Art. 118 der Geschäftsanweisung.) Diese Sachen bilden einen Abschnitt für sich. Man läßt hinter ihnen einen Raum von einigen Zeilen frei und beginnt nun erst mit den neuen Eintragungen. Am 31. Dezember ist das Buch abzuschließen. Unter der Abschlußbescheinigung werden diejenigen Sachen vermerkt, die in den beiden letzten Jahren zuvor noch nicht erledigt worden sind. Die noch nicht vollständig erledigten Sachen aus dem Jahre selbst werden schwarz unterstrichen, d. h. die Spalten 1—3 a, und wenn die Spalte 3 b ausgefüllt ist, auch diese. Diese Vorschriften sollen bezwecken, daß der Amtsanwalt auch die alten noch unerledigten Sachen im Auge behält. Die Wirkung dieser etwas schwer verständlichen Bestimmungen mag durch nachstehendes Beispiel erläutert werden:

Man schreibt den 2. Januar 1918. Der Amtsanwalt ist beschäftigt, die Bücher für das neue Geschäftsjahr einzurichten. In welcher Weise hat er die am 31. Dezember 1917 noch unerledigten Sachen zu kontrollieren?

Die unerledigt gebliebenen Sachen aus dem Jahre 1917 werden in der Strafprozeßliste dieses Jahres schwarz unterstrichen.

Die unerledigt gebliebenen Sachen aus den Jahren 1916 und 1915 trägt er hinter den Abschluß in der Strafprozeßliste des Jahres 1917 jahrgangsweise geordnet nacheinander ein, z. B. 93/15, 732/15, 1250/15, 85/16, 315/16, 536/16, 1140/16.

Die unerledigten Sachen aus den Jahren 1914, 1913, 1912 und weiter zurück werden in der Strafprozeßliste für 1918 vorne regelrecht wie jede andere Strafsache der Zeitfolge nach eingetragen. Die sämtlichen unerledigten, über zahlreiche Bücher verstreuten Sachen sind somit in 2 Bänden in übersichtlicher Ordnung gesammelt.

In Spalte 4 muß auch stets die Bezeichnung des Forstdiebstahlsverzeichnisses (Aktenzeichen des Amtsgerichts) oder bei Verstößen gegen die Wehrordnung die Erklärung der militärischen Kontrollbehörde eingetragen werden, was häufig nicht beachtet wird.

Sofern der Amtsanwalt die Führung der Strafprozeßliste einer Hilfskraft anvertraut, ist es notwendig, sie von Zeit zu Zeit, vielleicht jede Woche, einer Prüfung zu unterziehen. Sauberkeit, deutliche Schrift, Richtigkeit der Eintragungen, Übertragung in das alphabetische Verzeichnis sind vor allem zu prüfen. Zugleich überzeugt man sich davon, ob volle Doppelseiten erledigt sind, d. h. ob hier alle Spalten, auch die Nr. 8 ausgefüllt sind. Ist das der Fall, dann soll diese Doppelseite mit dem Rotstift von links oben nach rechts unten durchstrichen werden. Dieser Strich zeigt die vollständige Erledigung aller dieser Sachen an. Das Ergebnis der Spalten 5, 6a, b, e, sowie 7 wird nunmehr zusammengezählt und das Ergebnis unten hingeschrieben. Die Quersumme dieser Zahlen muß mit der Zahl der Sachen der Blattseite übereinstimmen. Diese Tätigkeit bereitet den Geschäftsabschluß in wirksamer Weise vor, so daß sich dieser am Jahresschlusse in kürzester Zeit bewerkstelligen läßt.

Wird über polizeiliche Strafverfügungen, also in E-Sachen vor dem Schöffengericht verhandelt, so wird die Spalte 6e erst dann ausgefüllt, wenn es zur Verhandlung gekommen ist. Wird der Antrag auf gerichtliche Entscheidung vor Eintritt in die eigentliche Verhandlung, z. B. auf Anraten des Richters zurückgenommen, so ist nicht Spalte 6e, sondern 5b (auf andere Art) auszufüllen. Dies ist in der Spalte „B e m e r k u n g e n", etwa durch die Worte: „Antrag auf gerichtliche Entscheidung zurückgenommen", zu erläutern.

Es ist nichts Seltenes, daß die Spalten 3 oder 4 beim Eingang nicht ausgefüllt werden können, oder daß sich im Laufe der Bearbeitung herausstellt, daß die Eintragungen nicht richtig oder nicht vollständig sind. Kommt es zur Erhebung der Anklage, oder muß das Verfahren eingestellt werden, so sind nunmehr diese Eintragungen zu ergänzen oder richtigzustellen. Jede Richtigstellung (Korrektur) ist in der Spalte „B e m e r k u n g e n" zu erläutern.

Der nicht leicht verständliche Artikel 117 der Geschäftsanweisung muß genau durchgelesen werden. Da indes Beispiele verschiedener Eintragungen eine bessere Belehrung bieten dürften, als nüchterne Auseinandersetzungen, so folgen nachstehend einige:

Jährlich fortlaufende Nummer	Tag des Eingangs der ersten Schrift	Name und Vorname, Beruf, Wohnort oder Aufenthaltsort des Beschuldigten	Name und Vorname, Beruf, Wohnort oder Aufenthaltsort des Antragstellers, Anzeigenden oder Verletzten	Straftat	Beendigung im Vorverfahren ohne Anklage und ohne Antrag auf Strafbefehl durch Zurückweisung oder Einstellung am	Beendigung im Vorverfahren ohne Anklage und ohne Antrag auf Strafbefehl auf andere Art am
1	2	3 a	3 b	4	5 a	5 b
1	12. 3.					

Durch das Amtsgericht ging dem Amtsanwalt nachstehendes Schreiben zu: Gegen die Strafverfügung der Polizeiverwaltung zu Sonneberg Nr. 41 vom 27. Februar erhebe ich Einspruch und beantrage gerichtliche Entscheidung. Dr. P., Rechtsanwalt. Auch dieser Fall muß sofort in die Strafprozeßliste eingetragen werden, obwohl der Name des Bestraften nicht genannt ist, also nur

2	2. 4.		Müller, Karl, Landwirt, Gelnhausen	Diebstahl	2. 6.	

Es handelt sich um einen Wäschediebstahl von der Bleiche. Verdachtsgründe gegen eine bestimmte Person fehlen. Es muß daher der Name des Verletzten eingetragen werden. Wird

3	12. 4.	Jäger, Johannes, Arbeiter, Ambach		Jagdvergehen		
4	23. 5.	Bieber, August, Bauer, Marjoß		Sachbeschädigung	~~20. 6.~~	

Der Amtsanwalt hat das Verfahren am 20. Juni eingestellt, also Spalte 5a ausgefüllt. Der Verletzte legte Beschwerde ein. Der Erste Staatsanwalt wies den Amtsanwalt an, Anklage zu erheben. Er tat dies am 18. Juli, strich den Eintrag in Spalte 5a aus und erläuterte dies

5	4. 6.	Aron, Moses, Handelsmann, Burghaun		Betrug		4. 6.

Der Schaden betrug nach Ansicht des Amtsanwalts mehr als 150 Mark, oder es lag Rückfall vor. Die Sache mußte daher an den Ersten Staatsanwalt abgegeben werden. Kommen die Akten etwa vom Ersten Staatsanwalt zurück, weil dieser festgestellt hat, daß der Schaden unter 150 Mark beträgt oder daß Rückfall nicht vorliegt, so ist die Sache nicht unter einer

Öffentliche Klage — Tag					Verfahren gemäß § 463 StPO. oder auf verspäteten Widerspruch gegen Strafverfügungen oder Bescheide der Polizei oder der Verwaltungsbehörde erledigt am	Die Akten sind		Bemerkungen
des Antrags auf Erlaß des Strafbefehls	der Anklage	des Gerichtsbeschlusses: auf Erlaß des Strafbefehls oder Anordnung der Hauptverhandlung oder Eröffnung des Hauptverfahrens	des Gerichtsbeschlusses: auf rechtskräftige Ablehnung des Erlasses oder der Eröffnung	der sofortigen Hauptverhandlung in den Fällen der §§ 211, 456, 462 StPO.		weggelegt im Jahre	aufzubewahren bis zum Jahre	
6					7	8		9
a	b	c	d	e		a	b	

die Spalten 1 und 2 ausgefüllt werden können. Sobald durch die Ermittelungen der Fall aufgeklärt ist, sind natürlich auch die Spalten 3a und 4 auszufüllen. Die Sache ist dann nicht etwa unter einer neuen Nummer einzutragen.

						1917	1923	

der Täter später ermittelt, so wird Spalte 3a nachträglich ausgefüllt.

13. 5.		15. 5.				1917	1923	C 15—17.
	18. 7.		23. 7.			1917	1923	D 26—17. Das am 20. Juni eingestellte Verfahren war auf Verfügung des Ersten Staatsanwalts wieder aufgenommen worden.

in Spalte „Bemerkungen". Das Amtsgericht hat dann am 23. Juli die Eröffnung des Hauptverfahrens abgelehnt.

						—	—	Erster Staatsanwalt Hanau.

neuen Nummer einzutragen, sondern der Eintrag in Spalte 5b ist zu streichen und der Sachverhalt in Spalte „Bemerkungen" zu erläutern. Das nämliche geschieht, wenn die Sache mit Überweisungsanklage zurückkommt. Vorerst ist Spalte 8 mit Strichen auszufüllen, da nichts wegzulegen ist.

Jährlich fortlaufende Nummer	Tag des Eingangs der ersten Schrift	Name und Vorname, Beruf, Wohnort oder Aufenthaltsort des Beschuldigten	Name und Vorname, Beruf, Wohnort oder Aufenthaltsort des Antragstellers, Anzeigenden oder Verletzten	Straftat	Beendigung im Vorverfahren ohne Anklage und ohne Antrag auf Strafbefehl: durch Zurückweisung oder Einstellung am	Beendigung im Vorverfahren ohne Anklage und ohne Antrag auf Strafbefehl: auf andere Art am
1	2	3 a	3 b	4	5 a	5 b
6	6. 6.	Blümel, Johannes, Schmied, Hanau		Körperverletzung		16. 7.

Der Beschuldigte ist verstorben, oder geisteskrank geworden, oder ausgewandert, oder der

7	3. 7.	Hammer, Alois, Bauer, Marbach		Jagdvergehen		

Rechtskräftige Ablehnung der Eröffnung des Hauptverfahrens.

*) 8	4. 7.	Bergmann, Adolf, Pferdehändler, Offenbach		Beleidigung		

Die Sache ist vom Ersten Staatsanwalt angeklagt und vom Landgericht an das Schöffengericht überwiesen. Zur Erleichterung der Zählung nach Jahresschluß ist der Eintrag in Spalte 1 farbig zu unterstreichen und in Spalte 6c statt des Datums ein stehendes Kreuz einzutragen. Diese Vorschrift hat nur den Zweck, die Sache als solche kenntlich zu machen. Es empfiehlt sich,

*) 9	6. 7.	Duft, Johannes, Haarpfleger, Frankfurt a. M.		Betrug		

Auch diese Sache ist, obwohl zur Zuständigkeit des Amtsanwalts gehörig, wegen besonderer rechtlicher Schwierigkeiten vom Ersten Staatsanwalt bearbeitet und unmittelbar von diesem beim

10	16. 7.	Martin, Bernhard, Stellmacher, Speckswinkel		Ruhestörender Lärm		16. 7.

Der Amtsanwalt fand die Sache geeignet, durch polizeiliche Strafverfügung erledigt zu werden,

11	20. 7.	Süß, Hermann, Kuhwärter, Altendorf		Ungesetzliches Verlassen des Dienstes		

Süß hat gegen die polizeiliche Strafverfügung Antrag auf gerichtliche Entscheidung gestellt. Die Sache ist am 29. Juli vor dem Schöffengericht verhandelt worden. Hätte er den Antrag vor der Hauptverhandlung zurückgenommen, so hätte die Sache als „auf andere Art“ erledigt in Spalte 5 b

*) Aus technischen Gründen können die Zahlen 8, 9 sowie 13 und 18 auf den Seiten 88 und 90

Öffentliche Klage — Tag: des Antrags auf Erlaß des Strafbefehls	Öffentliche Klage — Tag: der Anklage	Öffentliche Klage — Tag: des Gerichtsbeschlusses auf Erlaß des Strafbefehls oder Anordnung der Hauptverhandlung oder Eröffnung des Hauptverfahrens	Öffentliche Klage — Tag: des Gerichtsbeschlusses auf rechtskräftige Ablehnung des Erlasses oder der Eröffnung	Öffentliche Klage — Tag: der sofortigen Hauptverhandlung in den Fällen der §§ 211, 456, 462 StPO.	Verfahren gemäß § 463 StPO. oder auf verspäteten Widerspruch gegen Strafverfügungen oder Bescheide der Polizei oder der Verwaltungsbehörde erledigt am	Die Akten sind weggelegt im Jahre	Die Akten sind aufzubewahren bis zum Jahre	Bemerkungen
6 a	6 b	6 c	6 d	6 e	7	8 a	8 b	9
						1917	1923	Beschuldigter tot.

Strafantrag ist zurückgenommen. Die Eintragung in Spalte 5b ist also in Spalte 9 zu erläutern.

	31. 7.		2. 8.			1917	1923	D 7—17.
	14. 7.	+				1917	1923	2 J 1513—17. D 43—17.

in Spalte „Bemerkungen" auch das Aktenzeichen der Staatsanwaltschaft einzutragen. Manchmal fordert diese die Akten, ohne nähere Bezeichnung und ohne den Namen des Beschuldigten zu wissen, zurück. Außerdem muß Spalte 9 das Aktenzeichen des Amtsgerichts enthalten.

	29. 6.	2. 7.				1917	1923	2 J 1469—17. D 49—17.

Amtsgericht angeklagt worden. Die Einträge sind die gleichen wie im vorigen Falle. Statt des stehenden Kreuzes ist aber in Spalte 6c das Datum eingetragen.

						—	—	Polizeibehörde Speckswinkel zum polizeilichen Einschreiten.

und gab sie an die Ortspolizeibehörde ab.

				29. 7.		1917	1923	(Bare Auslagen der Staatskasse.) E 15—17.

eingetragen werden müssen. Der Eintrag in Spalte 6e ist zu unterstreichen, weil es sich nicht um eine sofortige Hauptverhandlung aus § 211 StPO. handelt. Der Mann ist freigesprochen, seine baren Auslagen sind der Staatskasse auferlegt worden. Dies muß in Spalte „Bemerkungen" vermerkt werden.

nicht, wie es in Wirklichkeit geschehen muß, rot unterstrichen werden.

Jährlich fortlaufende Nummer	Tag des Eingangs der ersten Schrift	Name und Vorname, Beruf, Wohnort oder Aufenthaltsort des Beschuldigten	Name und Vorname, Beruf, Wohnort oder Aufenthaltsort des Antragstellers, Anzeigenden oder Verletzten	Straftat	Beendigung im Vorverfahren ohne Anklage und ohne Antrag auf Strafbefehl durch Zurückweisung oder Einstellung am	Beendigung im Vorverfahren ohne Anklage und ohne Antrag auf Strafbefehl auf andere Art am
1	2	3 a	3 b	4	5 a	5 b
12	24. 8.	Stromer, Johannes, Tagelöhner, Hanau		Betteln		

Die Polizeibehörde hat einen Bettler aus Hanau vorgeführt. Da seine persönlichen Verhältnisse und Vorstrafen genau bekannt waren, beantragte der Amtsanwalt seine sofortige Ab-

13	27. 8.	a Harny, Gustav, Bäcker, Cassel b Harny, Marie, Ehefrau, Cassel c Jansen, Hans, Bäckergeselle, Cassel		Vergehen gegen die Bundesratsverordnung vom 28. Juni 1915		

Die Frau ist gestorben, gegen den Gesellen ist das Verfahren eingestellt. Nur der Mann ist

14	~~29. 8.~~ 1. 9.	~~Sandgrube, August, Maler, Langenselbold~~ Hirt, Heinrich, Schäfer, Veltenborn		~~Sachbeschädigung~~ Diebstahl		

Der Stellvertreter des Amtsanwalts hat die Sache „Sandgrube" eingetragen, ohne zu wissen, daß die Eingabe des Verletzten sich auf die bereits eingestellte Sache Pr. L. 178—16 bezog. Der

15	11. 9.	Krug, Wilhelm, Schankwirt, Cassel		Übertretung der Branntweinsteuerordnung für Cassel		

Die durch rechtskräftigen Straf-Bescheid der Gemeindebehörde festgesetzte Geldstrafe von 10 Mark war nicht beizutreiben. Die Gemeindebehörde (Magistrat) übersandte die Akten an den

16	18. 9.	Moldenhauer, Gustav, Matrose, unbekannten Aufenthalts		Unerlaubtes Auswandern § 360 [8] StGB. Erklärung des Bezirkskommandos Hanau vom 15. 8. 17		

Zuständig ist der Amtsanwalt, in dessen Bezirk der Beschuldigte seinen letzten festen Wohnsitz

Öffentliche Klage — Tag — des Antrags auf Erlaß des Strafbefehls	der Anklage	des Gerichtsbeschlusses — auf Erlaß des Strafbefehls oder Anordnung der Hauptverhandlung oder Eröffnung des Hauptverfahrens	des Gerichtsbeschlusses — auf rechtskräftige Ablehnung des Erlasses oder der Eröffnung	der sofortigen Hauptverhandlung in den Fällen der §§ 211, 456, 462 StPO.	Verfahren gemäß § 463 StPO. oder auf verspäteten Widerspruch gegen Strafverfügungen oder Bescheide der Polizei oder der Verwaltungsbehörde erledigt am	Die Akten sind weggelegt im Jahre	Die Akten sind aufzubewahren bis zum Jahre	Bemerkungen
6					7	8		9
a	b	c	d	e		a	b	
				24. 8.		1917	1923	E 27—17.

urteilung ohne Schöffen (§ 211 StPO.). In diesem Falle ist der Eintrag in Spalte 6e nicht zu unterstreichen.

	20. 9.	+				1917	1923	2 J 1480—17. D 85—17.

angeklagt. Trotzdem sind Einträge in Spalte 5 nicht zu machen.

Eintrag ist daher gestrichen und die Nummer für Hirt anderweit benutzt.

					25. 9.	1917	1923	E 142—17.

Amtsanwalt, der sie dem Amtsgericht mit dem Antrage auf Umwandlung in eine Haftstrafe von 2 Tagen vorlegte.

	29. 9.	7. 10.				1917	1923	E 174—17.

hatte. Da in Abwesenheit des Angeklagten verhandelt werden muß, ist Anklage zu erheben.

Jährlich fortlaufende Nummer	Tag des Eingangs der ersten Schrift	Name und Vorname, Beruf, Wohnort oder Aufenthaltsort des Beschuldigten	Name und Vorname, Beruf, Wohnort oder Aufenthaltsort des Antragstellers, Anzeigenden oder Verletzten	Straftat	Beendigung im Vorverfahren ohne Anklage und ohne Antrag auf Strafbefehl durch Zurückweisung oder Einstellung am	Beendigung im Vorverfahren ohne Anklage und ohne Antrag auf Strafbefehl auf andere Art am
1	2	3 a	3 b	4	5 a	5 b
17	24. 9.	a Huth, Marie, Ehefrau, Windecken		Forstdiebstahl		
		b Huth, Klara, Schülerin, Windecken		"		
		c Kurz, Anna, Ehefrau, Ostheim		"		
		d Goebel, Wilhelmine, Witwe, Ostheim		"		
		e Biebler, Margarethe, Händlerin, Windecken		"		
		f Linn, Karl, Invalide, Roßdorf		A 15—17		
18	14. 10.	Pravitt, Hermann, Landwirt, Kalk		Körperverletzung		
19	15. 10.	Schäfer, Christian, Makler, Cassel		§ 263 StGB.		

In der Hauptverhandlung stellte sich heraus, daß Betrug in Tateinheit mit Urkundenfälschung aus § 267 StGB. vorlag. Auf Antrag des Amtsanwalts erklärte sich das Schöffengericht für

20	18. 10.	Schneider, Albert, Reisender, Cassel		§ 246 StGB.		

Eröffnung des Hauptverfahrens war zunächst am 31. 10. rechtskräftig abgelehnt. Auf Grund der

Öffentliche Klage — Tag: des Antrags auf Erlaß des Strafbefehls	der Anklage	des Gerichtsbeschlusses: auf Erlaß des Strafbefehls oder Anordnung der Hauptverhandlung oder Eröffnung des Hauptverfahrens	des Gerichtsbeschlusses: auf rechtskräftige Ablehnung des Erlasses oder der Eröffnung	der sofortigen Hauptverhandlung in den Fällen der §§ 211, 456, 462 StPO.	Verfahren gemäß § 463 StPO. oder auf verspäteten Widerspruch gegen Strafverfügungen oder Bescheide der Polizei oder der Verwaltungsbehörde erledigt am	Die Akten sind weggelegt im Jahre	Die Akten sind aufzubewahren bis zum Jahre	Bemerkungen
6					7	8		9
a	b	c	d	e		a	b	
28. 9.		2. 10.				1917	1923	
	6. 10.	+				1917	1923	Am 21. 11. in die Berufungsinstanz. Am 14. 12. zurück. 2 J 1514—17. D 180—17.
	31.10.	3. 11.				—	—	D 115—17. Sache an die Strafkammer verwiesen. (§ 267 StGB.) Akten ab an Staatsanwaltschaft 5. 11.

unzuständig und verwies die Sache vor die Strafkammer. Auch hier wird Spalte 8 mit Strichen ausgefüllt, da nichts wegzulegen ist. Die Handakten gehen mit an die Staatsanwaltschaft.

a	b	c	d	e	7	8 a	8 b	9
	24.10.	20. 11.	~~31. 10.~~			1917	1923	D 180—17.

vom Amtsanwalt angegebenen neuen Tatsachen und Beweise wurde das Verfahren am 20. 11. eröffnet.

Jährlich fortlaufende Nummer	Tag des Eingangs der ersten Schrift	Name und Vorname, Beruf, Wohnort oder Aufenthaltsort des Beschuldigten	Name und Vorname, Beruf, Wohnort oder Aufenthaltsort des Antragstellers, Anzeigenden oder Verletzten	Straftat	Beendigung im Vorverfahren ohne Anklage und ohne Antrag auf Strafbefehl durch Zurückweisung oder Einstellung am	Beendigung im Vorverfahren ohne Anklage und ohne Antrag auf Strafbefehl auf andere Art am
1	2	3 a	3 b	4	5 a	5 b
21	4. 11.	a Hubert, Karl, Fabrikarbeiter, Kesselstadt	b Kranz, Hermann, Fischer, Dietesheim c Klein, Albert, Fuhrmann, Kahl	Diebstahl		

Die Anzeige enthielt bei ihrem Eingange nichts, was auf die beiden Mittäter Kranz und Klein schließen ließ. Erst die von der Gendarmerie vorgenommenen Ermittelungen führten auch zur Feststellung ihrer Mitschuld. Ihre Namen mußten also nachträglich und zwar wegen Raum-

22	15. 11.	Woop, Christian, Landwirt, Böttchersdorf		Übertretung des Feld- und Forstpolizeigesetzes		28. 11.
23	8. 12.	Noll, Ferdinand, Metzger, Hanau		Übertretung der Radfahrordnung		24. 12.
24	13. 12.	Hannemann, Eduard, Kaufmann, Offenbach		Unterlassene Straßenreinigung		

Öffentliche Klage					Verfahren gemäß § 463 StPO. oder auf verspäteten Widerspruch gegen Strafverfügungen oder Bescheide der Polizei oder der Verwaltungsbehörde erledigt am	Die Akten sind		Bemerkungen
Tag								
des Antrags auf Erlaß des Strafbefehls	der Anklage	des Gerichtsbeschlusses auf Erlaß des Strafbefehls oder Anordnung der Hauptverhandlung oder Eröffnung des Hauptverfahrens	des Gerichtsbeschlusses auf rechtskräftige Ablehnung des Erlasses oder der Eröffnung	der sofortigen Hauptverhandlung in den Fällen der §§ 211, 456, 462 StPO.		weggelegt im Jahre	aufzubewahren bis zum Jahre	
6					7	8		9
a	b	c	d	e		a	b	

mangels — denn alle eingehenden Sachen sind lückenlos nacheinander einzutragen — in Spalte 3b eingetragen werden.

a	b	c	d	e	7	8a	8b	9
						1917	1923	Die Polizeiverwaltung zu Böttchersdorf hat die Strafverfügung zurückgezogen.
						1917	1923	Der Einspruch wurde zurückgezogen.
					28. 12.	1917	1923	Durch Beschluß des Königlichen Amtsgerichts vom 28. 12. ist der Antrag auf gerichtliche Entscheidung als verspätet zurückgewiesen. E 182—17.

III. Alphabetisches Namensverzeichnis der Beschuldigten und Anzeigenden.

Es kann für mehrere Jahre angelegt werden. Ein Band darf indes nicht länger als 5 Jahre im Gebrauche sein. (Art. 119 der Geschäftsanweisung.)

IV. Geschäftskalender.

Er darf gleichfalls nicht länger als 5 Jahre im Gebrauche sein. Fassen wir eine Doppelseite ins Auge, so ist die linke Seite mit der Überschrift „Termine", die rechte mit der Aufschrift „Fristen" versehen. Auf der Terminsseite sind die Schöffengerichtssitzungen einzutragen. Und zwar nicht nur die ordentlichen Sitzungen des Schöffengerichts, sondern auch die außerordentlichen, die gemäß § 211 der StPO. ohne Zuziehung von Schöffen stattfinden. Die Überschrift lautet z. B. 3. ordentliche Schöffengerichtssitzung am 18. Januar 1918, oder: 2. außerordentliche Sitzung am 17. März 1918 usw. In Spalte 5 ist zwischen den Verhandlungen vor dem Schöffengericht und dem ohne Schöffen urteilenden Amtsrichter zu unterscheiden. Forstsachen werden meistens vor dem Amtsrichter allein verhandelt. Dies muß daher auch in Spalte 5 entsprechend vermerkt werden. Spalte 6 ist für Vermerke wie „Ausgefallen", „Vertagung", „Niemand erschienen", „Einspruch wurde zurückgezogen" und dergleichen bestimmt. Sofort nach beendeter Gerichtssitzung sind die entsprechenden Eintragungen in Spalte 5 und 6 zu machen, die Zahl der verhandelten Termine ist zusammenzuzählen und der Abschluß vom Amtsanwalt durch Unterschrift zu bescheinigen. Die Spalten 1—4 werden ausgefüllt, wenn die Akten vom Amtsgericht mit dem Beschluß über die Eröffnung des Hauptverfahrens eingehen. Es ist nicht notwendig, daß in Spalte 3 sämtliche Angeklagte aufgeführt werden; es genügt, wenn nur der Name des ersten genannt wird.

Die Fristenseite ist für die Eintragung der langfristigen Sachen bestimmt. Kann der Amtsanwalt eine Sache zurzeit nicht weiter fördern, so bestimmt er einen Zeitpunkt, an dem er hofft sie wieder in Angriff nehmen zu können. Ist zu erwarten, daß das Hindernis binnen eines Monats beseitigt sein wird, so bedarf es des Eintrages nicht, vorausgesetzt, daß der Erste Staatsanwalt von der in Art. 120 der Geschäftsanweisung eingeräumten Befugnis Gebrauch gemacht hat. Es wird später davon die Rede sein, wie in solchen Fällen zu verfahren ist. Handelt es sich dagegen um längere Zeit, z. B. weil der Aufenthaltsort des Beschuldigten unbekannt ist, so verliert der Amtsanwalt die Sache leicht aus den Augen. Er muß sich darüber schlüssig machen, wann er sie wieder bearbeiten will, z. B. durch erneute Anfrage nach dem Aufenthaltsort. Entschließt er sich am 4. Januar, die Sache nach 3 Monaten, also am 4. April wieder in die Hand zu nehmen, so trägt er auf der „Fristenseite" des Geschäftskalenders folgendes ein: Spalte 8: 25/15. 9: 4. 1. 10: Hempelmann und Gen. 11: 4. 4. Auf die Handakten setzt er das Datum 4. 4. außen unten rechts gleichfalls hin und legt nun die ganze Blattsammlung zu den übrigen langfristigen Sachen, die im April zur Vorlage gelangen. Am 4. April wird die Sache nun vorgelegt und das Erforderliche verfügt.

V. Nebenliste.

In die Nebenliste werden die von den Aufsichtsbehörden eingehenden Verfügungen, Anweisungen und dergl. sowie die sonstigen Schriftstücke eingetragen, die von anderen Behörden oder Personen eingehen, die keine Anzeigen über strafbare Handlungen, sondern in der Regel Anfragen, die sich nicht auf eine bestimmte Strafsache beziehen, enthalten. Derartige Anfragen gehen meist mit der auf die Anfrage selbst gesetzten Antwort wieder zurück. Es bleibt also nichts bei den Akten des Amtsanwalts. Es könnte nun vorkommen, daß die Antwort verloren geht und ein Privatmann oder eine Behörde sich bei dem Ersten Staatsanwalt darüber beschwert, daß der Amtsanwalt seine Anfrage unbeantwortet gelassen habe. Da der Amtsanwalt die Anfrage und eine Abschrift der Antwort nicht mehr besitzt, befindet er sich nun in unangenehmer Lage. Diese ist aber sofort beseitigt, wenn er aus der Nebenliste nachweisen kann, daß und an welchem Tage die geforderte Auskunft erteilt worden ist. Das gleiche gilt bei Verfügungen der Aufsichtsbehörden. Befolgt der Amtsanwalt eine allgemeine Anweisung nicht, oder vermißt der Erste Staatsanwalt bei seiner Nachprüfung der Geschäftsführung eine dem

Amtsanwalt mitgeteilte allgemeine Verfügung in den Generalakten, so wird der Amtsanwalt mit der Entschuldigung, daß sie ihm nicht zugegangen sei, nicht immer durchdringen, vielmehr mindestens in den Verdacht der Unordnung kommen. Weist er aber in der sonst ordnungsmäßig und vollständig geführten Nebenliste nach, daß die Verfügung nicht eingetragen ist, so wird man seinen Angaben Glauben schenken.

Dies ist im wesentlichen der Zweck der von vielen Praktikern für überflüssig gehaltenen Nebenliste.

VI. Liste der Überführungsstücke.

(§ 125a der Geschäftsanweisung.)

Die mit den Akten eingehenden Überführungsstücke sind sofort bei Aufnahme der Sache in die Strafprozeßliste in der Liste der Überführungsstücke zu buchen. Die Nummer, die sie in letzterer Liste erhalten hat, ist beim Eingangsvermerk oder bei der ersten Verfügung des Amtsanwalts in die Akten einzutragen. Wertvolle Sachen wie Schmuck, Kunstgegenstände, größere Geldsummen usw. wird der Amtsanwalt selbst in sichere Verwahrung nehmen. Die übrigen Sachen werden in einem Pulte oder Schranke[1]), der Nummer nach geordnet, aufbewahrt. Sachen von besonders hohem Werte hat der Amtsanwalt der Gerichtskasse mit dem Ersuchen um Verwahrung in den eisernen Kassenschränken zu übergeben.

Bei der Behandlung der Überführungsstücke ist Vorsicht geboten. Werden die Überführungsstücke an das Amtsgericht gesandt, so ist dies in dem Übersendungsschreiben zu vermerken, also z. B. „mit beschlagnahmter Uhr". Kommen wertvolle Sachen in Betracht, so wird sich der Amtsanwalt eine Empfangsbescheinigung ausstellen lassen. In anderen Fällen wird er, wenn er die Akten wieder in die Hand bekommt, nachsehen, ob das Gericht einen Vermerk über den Eingang der Sachen gemacht hat. Ist das unterblieben, so muß er sich um ihren Verbleib kümmern. Endigt das Verfahren mit Urteil, so hat der Richter über die Überführungsstücke zu bestimmen. Wird dagegen das Verfahren eingestellt oder die Eröffnung des Hauptverfahrens abgelehnt, so

---

1) Siehe Einrichtung der Geschäftsräume S. 76.

muß der Amtsanwalt über die Überführungsstücke und etwaige in den Akten befindliche Papiere (Briefe, Versicherungskarten usw.) Entscheidung treffen. In der Regel muß er die ihm überlieferten Sachen derjenigen Person herausgeben, die sie eingereicht hat, oder bei der sie beschlagnahmt sind. Es ist stets eine Empfangsbescheinigung zu verlangen. Nicht selten entsteht die Streitfrage, ob der bisherige Beschuldigte sich die Sachen holen muß, oder ob er verlangen kann, daß sie ihm gebracht werden. Förster z. B. pflegen sich nicht selten zu weigern, einer der Wilddieberei verdächtigen, aber mangels Beweises nicht angeklagten Person das beschlagnahmte Gewehr zurückzubringen, während der Verdächtige sich weigert, es abzuholen. Läßt sich durch die vorgesetzte Behörde des Beamten keine Verständigung herbeiführen, und weigert sich auch die Polizeibehörde, so muß, falls Übersendung durch die Post nicht angängig ist, die Überbringung an den Beschuldigten durch eine zu entschädigende Privatperson bewirkt werden.

Manchmal würde die Rückgabe der Sache an die von der Beschlagnahme betroffene Person oder ihre Rechtsnachfolger zu einem unbefriedigenden Ergebnis führen. Z. B. wenn eine gestohlene Sache den Erben des vor Anklageerhebung verstorbenen Diebes herausgegeben würde. In solchen Fällen versucht der Amtsanwalt eine Einigung herbeizuführen. Mißlingt diese, so gibt er demjenigen, der auf die Sache Anspruch macht, anheim, binnen einer von ihm zu bestimmenden kurzen Frist Feststellungsklage gegen denjenigen zu erheben, bei dem die Sache beschlagnahmt ist. Er würde also ungefähr schreiben:

> In der Strafsache gegen den inzwischen verstorbenen Tagelöhner Johannes Müller ist bei diesem eine angeblich Ihnen gestohlene Uhr beschlagnahmt. Die Uhr müßte den Erben des Genannten herausgegeben werden. Ich stelle Ihnen anheim, mir nachzuweisen, daß Sie Klage gegen die Müllerschen Erben auf Feststellung des Rechtsverhältnisses an der Uhr erhoben haben. Weisen Sie dies nicht binnen eines Monats nach, so werde ich die Uhr den Müllerschen Erben herausgeben.

Oder:

> Bei dem Landwirt Ernst Klein ist ein Schwein beschlagnahmt, das Sie als bei Ihnen gestohlen ansprechen. Klein

behauptet, das Schwein mehrere Wochen — also längst vor dem Einbruch bei Ihnen — von einem ihm unbekannten, umherziehenden Händler gekauft zu haben. Das Tier befindet sich in Gewahrsam der Ortspolizeibehörde zu H. Ich stelle Ihnen anheim, binnen 3 Tagen eine einstweilige Verfügung des Amtsgerichts in T. herbeizuführen, die den Besitzstand regelt. Ergeht die Verfügung in der angegebenen Zeit nicht, so muß das Schwein dem Klein herausgegeben werden.

Gegebenenfalls ist bei solchen Sachen eine einstweilige Verfügung des Gerichts (§ 940 ZPO.) herbeizuführen. Überhaupt wird in vielen Fälle das Gericht auf Grund des § 111 StPO. Abhilfe schaffen können.

In dieser für den Nichtjuristen schwer zu entscheidenden Frage lassen sich allgemeine Ratschläge nicht gut erteilen. Vielmehr ist zu empfehlen, eine Anweisung des Ersten Staatsanwalts oder, wenn die Sache sehr eilig ist, den Rat des Richters zu erbitten. Macht der Amtsanwalt Fehler, so ist er persönlich haftbar. Vorsicht ist daher geboten. Besonders gilt dies für verderbliche Sachen, z. B. gestohlene Nahrungsmittel, oder solche, deren Aufbewahrung, z. B. Fütterung eines Tieres, Kosten erheischt. Werden solche Gegenstände dem Amtsanwalt überliefert, oder erfährt er, daß in einer an ihn abgegebenen Strafsache solche bei einer Polizeibehörde aufbewahrt werden, so darf er sich nicht auf diese verlassen, sondern muß selbst Verfügung treffen. Z. B. er muß die verderblichen Sachen, nachdem ihr Zustand durch einen Sachverständigen festgestellt und erforderlichenfalls eine Probe zurückbehalten ist, öffentlich meistbietend versteigern lassen. Am besten ist es stets, eine Einigung zwischen den Beteiligten herbeizuführen.

Sachen, deren Eigentümer sich nicht ermitteln läßt, sind der Polizeibehörde zu übergeben, mit dem Anheimgeben, sie wie verlorene Sachen zu behandeln.

VII. Stellvertretungsliste.

Sie enthält folgende 3 Spalten: Datum, Vertreter, Bemerkungen.

Die Stellvertretungsliste soll jederzeit darüber Auskunft geben, wie oft und wann der Amtsanwalt seinem Dienst entzogen war.

In dem Raume „Bemerkungen" ist anzugeben, warum der Amtsanwalt vertreten werden mußte: Krankheit, Urlaub, militärische Übungen usw.

VIII. Geschäftsübersicht.

Am 15. Januar jeden Jahres hat der Amtsanwalt über die Geschäfte des verflossenen Jahres dem Ersten Staatsanwalt eine Geschäftsübersicht in doppelter Ausfertigung einzureichen. Man bedient sich dazu am besten eines gedruckten Formulars.

Vielen Amtsanwälten fällt die Aufstellung der Geschäftsübersicht ungemein schwer. Sie arbeiten tage- und wochenlang daran, halten den Termin nicht inne, müssen erinnert werden und erhalten sie schließlich doch als falsch zur Richtigstellung, vielleicht sogar mehrmals, zurück. Das kommt in der Regel daher, daß sie ihre Geschäfte noch nicht gründlich kennen, nicht genau wissen, worauf es bei dieser Statistik ankommt, daß die Ordnung ihrer Bücher zu wünschen übrig läßt und sie den Abschluß auch nicht vorbereitet haben. Andernfalls würden sie für diese Arbeit nur einige Stunden brauchen.

Der Amtsanwalt muß auf den Geschäftsabschluß schon das ganze Jahr hinarbeiten und sich zu dem Zwecke ein mit Linien versehenes Heft mit demselben Kopf wie Geschäftsübersicht und Strafprozeßliste anlegen. So viel Seiten, wie die Strafprozeßliste hat, so viel Querlinien muß das Heft haben. Sobald eine Seite in der Strafprozeßliste vollständig erledigt und rot durchstrichen ist, wird ihr Ergebnis in dem Heft bei der der Strafprozeßlistenseite entsprechenden Nummer der Querlinien eingetragen.

Ist im Laufe des Jahres so vorgearbeitet worden, so sind am Jahresschlusse nur die letzten unerledigten Seiten der Strafprozeßliste zusammenzuzählen, die Zahlen in das Heft zu übertragen, dessen Inhalt zu summieren und der Abschluß ist fertig.

Die Geschäftsübersicht ist vor der Absendung mit den Zahlen des Amtsgerichts zu vergleichen und, daß dies geschehen, zu melden. Für diese Vergleichung kommen nur die Spalten 4 I und 5 in Frage. Die Zahlen der übrigen Spalten bauen sich auf ganz anderen Verhältnissen auf, so daß sie niemals miteinander übereinstimmen können.

Bei Spalte 4 I, Forstdiebstahlsverzeichnisse, entstehen die Unterschiede meistens, daß irrtümlicherweise auch die Forst-D-Sachen gezählt werden. In Spalte 4 I sind nur die A-Sachen zu zählen. Diejenigen Forstsachen, die zur Erhebung der Anklage aus § 6 des FDG. führen, werden als D-Sachen behandelt und sind in dieser Spalte nicht zu führen. Die Forstdiebstahlsverzeichnisse in Spalte 4 I dürfen nicht auch als Sammelanzeigen in Spalte 4 II gezählt werden.

Die Differenzen zwischen Amtsgericht und Amtsanwaltschaft hinsichtlich Spalte 5 entspringen meistens zwei Ursachen: Privatklagesachen und Vertagungen. Das Amtsgericht muß so viel Termine mehr wie der Amtsanwalt haben, als Privatklagesachen verhandelt worden sind.

Die Geschäftsübersicht soll auch ein Bild von der Arbeitsleistung des Amtsanwalts geben. Es wäre daher falsch, eine vielleicht mehrere Stunden währende Hauptverhandlung, die schließlich der Vertagung verfällt, als nicht vorhanden zu behandeln. Da aber eine Unterscheidung der Vertagungen in sich nicht gut möglich ist und nach festen Grundsätzen verfahren werden muß, sind alle Vertagungen, denen eine Verhandlung vorausging, als Termine zu zählen. Diejenigen Vertagungen, denen eine Verhandlung nicht vorausging, werden ebenso wie diejenigen Termine, die schon vor der Sitzung ausfielen, im Geschäftskalender als „Ausgefallen" geführt und nicht als Termine gezählt.

Endlich entstehen auch noch dadurch Abweichungen, daß vielfach die außerordentlichen Sitzungen, namentlich die ohne Schöffen, bei dieser oder jener Stelle unbeachtet bleiben. Die angeordnete Vergleichung muß sich daher auch auf diesen Punkt richten.

IX. Aktenvernichtung.

Die Blattsammlungen, Handakten, Geschäftskalender, Nebenlisten, Stellvertretungslisten und die Listen der Überführungsstücke sind nach Ablauf von 5 Jahren zu vernichten. In Spalte 8b der Strafprozeßliste ist das Jahr, bis zu dem die Blattsammlungen und Handakten aufbewahrt werden müssen, verzeichnet. Zwischen dem Weglegungs- und dem Vernichtungsjahre müssen volle 5 Jahre liegen. Die Blattsammlungen und Handakten z. B., die im Jahre 1918 als erledigt weggelegt wurden, dürfen also erst im Jahre 1924 vernichtet werden. Die Bücher haben nach ihrem Abschlusse gleichfalls 5 Jahre zu ruhen und dürfen dann erst vernichtet werden. Aktenvernichtungen werden nicht jährlich, sondern immer nach Ablauf mehrerer Jahre vorgenommen. Der Amtsanwalt ist vom Amtsgericht, das den Vernichtungstermin bestimmt, abhängig. Sobald eine Aktenvernichtung stattfinden soll, erhält er Nachricht, worauf er dem Amtsgericht ein Verzeichnis derjenigen Blattsammlungen, Handakten und Geschäftsbücher einreicht, die zur Vernichtung reif sind. Gleichzeitig legt er sie so zurecht, daß ihre Abgabe ohne Verzug erfolgen kann.

Die Strafprozeßlisten und alphabetischen Namensverzeichnisse der Beschuldigten und Anzeigenden dürfen nur mit Genehmigung des Oberstaatsanwalts vernichtet werden. Da diese Bücher 10 Jahre aufbewahrt werden müssen, wird die Erlaubnis erst immer, nachdem sie nach ihrem Abschlusse 10 Jahre gelegen haben, zu erbitten sein. Also auch dann, wenn sie so lange gelegen haben, ist immer noch die Erlaubnis des Oberstaatsanwalts zur Vernichtung nötig. Vor jeder Aktenvernichtung ist in einem öffentlichen Blatte eine Bekanntmachung zu erlassen, in der die zu vernichtenden Akten bezeichnet werden. Zugleich werden diejenigen, welche an ihrer längeren Aufbewahrung ein Interesse haben, aufgefordert, sich binnen 4 Wochen zu melden. Diese Bekanntmachung ist nicht Sache des Amtsanwalts, sondern des Amtsgerichts.

F. Die Tätigkeit des Amtsanwalts im vorbereitenden Verfahren.

I. Führung der Akten.

a) Eingangsvermerk.

Der Amtsanwalt muß jedes Schriftstück, das ihm übersandt oder übergeben wird, mit dem Tage des Eingangs versehen. Am einfachsten ist es, dazu einen Stempel, aber nicht einen solchen, den er etwa in einem anderen Amte führt, zu benutzen. Daneben vermerke er stets die Zahl der etwa miteingegangenen „Anlagen" (Urkunden). Das ist sehr wichtig. Behauptet der Anzeiger nach einiger Zeit, daß der Anzeige z. B. ein Wechsel beigelegen habe, so kann dies der Amtsanwalt dadurch widerlegen, daß eine Anlage nicht verzeichnet ist. Natürlich ist dieser Gegenbeweis nur dann stichhaltig, wenn er nachweisen kann, daß er die Anlagen stets sorgfältig vermerkt. Unter Umständen empfiehlt sich auch die Angabe der Stunde des Eingangs. Verfügt der Amtsanwalt in einer Haftsache, namentlich bei Haftbeschwerde erst am nächsten Tage, so macht dies leicht einen ungünstigen Eindruck. Ist aber bescheinigt, daß die Sache erst abends nach 8 Uhr bei ihm einging, so kann ihm ein Vorwurf daraus, daß er sie erst am nächsten Tage bearbeitet hat, nicht gemacht werden. Der Eingangsvermerk ist oft von größter Wichtigkeit, z. B. wenn es darauf ankommt, die Rechtzeitigkeit eines Strafantrages nachzuprüfen, oder nachzuweisen, daß der Amtsanwalt bei einer von ihm eingelegten sofortigen Beschwerde die einwöchige Beschwerdefrist gewahrt hat.

b) Übersichtlichkeit.

Es ist vielfach üblich, die Verfügungen unmittelbar unter dem Eingangsvermerk zu machen. Das ist nur bei ganz kurzen Verfügungen, wie „Vorstrafen einziehen", „Anklage fertigen" empfehlenswert. In weiterem Umfange angewandt, führt dieser Brauch zur Unübersichtlichkeit der Akten. Geht z. B. eine drei Seiten lange, auf halb gebrochenem Bogen geschriebene Anzeige von einem Gendarm ein, und verfügt der Amtsanwalt auf der linken Hälfte des ersten Blattes „Urschriftlich an die Königliche Gendarmeriestation in H. zurück mit dem Ersuchen noch aufzuklären usw.", so schreibt der Gendarm seinen Bericht meistens unter die Verfügung des Amtsanwalts, also neben seinen ersten Bericht, womöglich noch unter Beibehaltung der Linien desselben. Hieraus entsteht ein übler Wirrwarr. In einem solchen Falle schreibe der Amtsanwalt seine Verfügung unter den Gendarmeriebericht auf die dritte Seite. Dann wird dieser den Rest dieser Seite und erforderlichenfalls noch die vierte zu seinem Berichte benutzen. Befürchtet der Amtsanwalt, daß er auch mit der vierten Seite nicht auskommt, so nehme er von vornherein einen neuen ganzen oder halben Bogen.

Nicht selten sieht man, daß die Verfügung auf einem freien Plätzchen an irgendeiner Aktenstelle angebracht wird. Die ersuchte Behörde setzt ihre Antwort wieder auf ein freies Plätzchen, das sich oft weiter vorn in den Akten findet. Aus einem solchen Durcheinander findet sich vielleicht der Amtsanwalt selbst, der das Aktenstück entstehen sah, heraus, nicht aber ein Dritter. Es wird auf diese Weise mancher wichtige Vermerk übersehen.

Das Aktenstück muß sich lesen wie ein Buch, in dem man nicht zurückzublättern braucht.

c) Aufbewahrung.

Die Akten müssen so ordentlich aufbewahrt werden, daß der Stellvertreter oder ein zur Prüfung der Geschäftsführung erscheinender Vorgesetzter sich auch in Abwesenheit des Amtsanwalts unschwer zurechtfinden kann. Zur Aufrechterhaltung dieser Ordnung empfiehlt es sich, ein Gerüst, oder einen Schrank mit der genügenden Anzahl von Fächern zu verwenden, in welche die Schriftstücke und Akten nach ihren verschiedenen Bearbeitungsstadien gelegt werden.

Nachstehende Skizze veranschaulicht die zweckmäßige Gestaltung einer amtsanwaltschaftlichen Registratur. Die fette Linie zeigt die Wanderung der Stücke vom ersten bis zum letzten Fache, auf dem Wege vom Eingange bis zu ihrer endgültigen Erledigung, an. Bei größeren Amtsanwaltschaften werden für einzelne Sachenarten mehrere Fächer genommen werden müssen, bei kleinen können mehrere Sachenarten in einem Fache liegen. Hier kann das Gerüst also kleiner sein. — Um aber auch hier die erforderliche Übersicht und Ordnung zu besitzen, empfiehlt es sich, wie es in manchen Bezirken angeordnet ist, die Anklagen in roten, die Terminssachen in grünen und die der Rechtskraft harrenden Sachen in weißen Hüllen aufzubewahren.

1 Amtsanwalt	2 1. Gehilfe	3 2. Gehilfe	4 Kurze Fristen
8 Termine	7 Anklagen	6 Haftsachen	5 Lange Fristen
9 Vor der Rechtskraft	10 Blatt-sammlungen	11 Handakten	12 Geschäfts-bücher
16 Staatsanwalt-schaft	15 Amtsgericht	14 Postsachen	13 Generalakten

Nur wo die Registratur in dieser oder ähnlicher Art angelegt und geführt wird, ist es für den z. B. plötzlich einspringenden Stellvertreter möglich, sofort weiter zu arbeiten.

d) Unterscheidung zwischen Haupt- und Handakten.

Man unterscheidet Haupt- und Handakten. Die Hauptakten enthalten den gesamten Inhalt der Ermittelungen, sie sind für das

Gericht bestimmt und bleiben, falls es zur Eröffnung des Hauptverfahrens kommt, beim Gericht. Die Handakten sollen im Vorverfahren dem Amtsanwalt oder seinem Vertreter, sofern die Hauptakten versandt sind, jederzeit über ihren Verbleib und den Stand der Sache Auskunft geben. Ferner dienen sie zur Aufnahme von Anweisungen der Vorgesetzten, Schriftwechsel mit anderen Behörden über Einlegung eines Rechtsmittels usw. Geht eine Anzeige ein, so wird sie in der Regel vom Amtsanwalt zur Vornahme von Ermittelungen an eine Behörde versandt. Bevor sie zurückgelangt, geht zuweilen eine Nachtragsanzeige ein, oder der Strafantrag wird zurückgenommen, oder der Gendarm berichtet, daß der bis dahin unbekannte Täter ermittelt sei, ja sogar, daß er ein Geständnis abgelegt habe. Sind keine Handakten angelegt, so weiß wenigstens der vielbeschäftigte Amtsanwalt sich häufig nicht mehr genau zu entsinnen, was er in der Sache veranlaßt hat. In eine noch schlimmere Lage gerät sein Vertreter. Dieser ersieht zwar aus der Prozeßliste, daß eine solche Sache anhängig ist, er hat aber keine Ahnung, wo sich die Akten befinden. Er muß also in der Regel den Dingen ihren Lauf lassen und kann vielleicht nicht verhindern, daß durch Gericht oder Polizei ganz nutzlos Zeugen vernommen werden, oder gar eine Person, gegen die der Verdacht inzwischen beseitigt ist, in Haft genommen wird. Der Amtsanwalt muß also in den Handakten (auch Rückblatt, Retentum, Retentblatt genannt) kurz vermerken: wohin, wann und mit welcher Verfügung die Akten versandt sind, und bis wann er die Erledigung seines Ersuchens erwartet. (17. 5. Akten an Amtsgericht in X zur Vernehmung des Beschuldigten und der Zeugen. Wiedervorlage 31. 5.) Ist z. B. in der neuen Eingabe der Strafantrag zurückgenommen, so wird er — vorbehaltlich späterer Prüfung der Zulässigkeit der Rücknahme — das Ersuchen um Ermittelungen zurückziehen. Ist ihm über ein Geständnis eines Beschuldigten berichtet, so wird er mindestens das Ersuchen um Zeugenvernehmung zurückfordern. Enthält die Nachtragsanzeige neuen Beweisstoff, so wird er sie dem Gericht oder der Polizeibehörde zur Berücksichtigung übersenden und nun selbstverständlich in den Handakten vermerken, was er veranlaßt hat.

Alle Handakten sind insbesondere bei mittleren und größeren Amtsanwaltschaften wöchentlich daraufhin zu prüfen, ob die versandten Akten zurückgelangt sind. Andernfalls, besonders bei erheblicher Fristüberschreitung ist an die Rücksendung zu erinnern.

Im Vorverfahren wird nur dann in den Handakten verfügt, wenn die Hauptakten versandt sind, oder versandt werden sollen. Manche Amtsanwälte übertragen ihre Verfügungen überflüssigerweise auch dann in die Handakten, wenn die Hauptakten gar nicht weggesandt werden. Die Einstellungsverfügung gehört lediglich in die Hauptakten, die Urschrift (Konzept) der Anklage oder des Antrags auf Strafbefehl in die Handakten; die Reinschrift in die Hauptakten.

Die Handakten sollen ferner über das Ergebnis der Hauptverhandlung Aufschluß geben und sämtliche Verfügungen nach dem Urteil aufnehmen.

Es empfiehlt sich, zu den Handakten Formulare aus einer Druckerei zu beschaffen.

e) Akteneinsicht.

Es kommt vor, daß die Rechtsanwälte bereits im Vorverfahren Akteneinsicht verlangen. Ein Recht darauf hat der Verteidiger nicht, indes darf ihm das Protokoll über die richterliche Vernehmung des Beschuldigten nicht vorenthalten werden. (§ 147 StPO.) Im übrigen ist zu prüfen, ob die Untersuchung durch die Einsicht der Vernehmung, deren Ergebnis der Rechtsanwalt selbstverständlich dem Beschuldigten mitteilen darf, nicht gefährdet wird. Vorsicht ist geboten. In Zweifelsfällen ist die Entscheidung des Ersten Staatsanwalts einzuholen.

II. Formen des Geschäftsverkehrs.

a) Ersuchen.

Man unterscheidet zwischen „Aufträgen" (an untergeordnete Behörden), „Ersuchen" (an nebengeordnete Behörden), „Anträgen" (an das Gericht) und „Berichten" (an vorgesetzte Behörden).

„Aufträge" kann der Amtsanwalt überhaupt nicht erteilen, zumal die Hilfsbeamten der Staatsanwaltschaft nur dem Ersten Staatsanwalt, nicht aber dem Amtsanwalt unterstellt sind. Insbesondere darf der Amtsanwalt einen Gendarm, der übrigens gar nicht Hilfsbeamter der Staatsanwaltschaft ist, nicht „beauftragen", sondern er muß ihn „ersuchen". Ebenso werden Landratsämter, Polizeibehörden, Bürgermeister usw. um Auskunft, Ermittelungen usw. „ersucht".

Im Verkehr mit nebengeordneten Behörden sind die sogenannten Kurialien (offizielle Höflichkeitswendungen), die früher oft im Übermaße angewendet wurden, nicht mehr vorgeschrieben. Ob man also „ergebenst" ersucht oder das „ergebenst" wegläßt, ist jetzt jedem Einzelnen überlassen. Man richte sich nicht nach seiner persönlichen Geschmacksrichtung, sondern nach dem im Bezirke herrschenden Brauche und, wenn es sich um ein Antwortschreiben handelt, nach der Form des zu erledigenden Ersuchens. Es würde unhöflich sein, auf ein mit dem Zusatze „ergebenst" versehenes Ersuchen aus Prinzipienreiterei ohne einen solchen Zusatz zu antworten.

b) Anträge.

Im strafprozessualen Verkehr mit den Amtsgerichten werden an das Gericht nicht Ersuchen gerichtet, sondern „Anträge" gestellt. Also z. B.

Urschriftlich

an

das Königliche Amtsgericht

N. N.

mit dem Antrage, die Beschuldigten A. und B. wegen Diebstahls verantwortlich zu vernehmen und die Zeugen C. und D. zu hören. Letzteren bitte ich besonders zu befragen, ob er . . . . .

Handelt es sich nicht um streng prozessuale Akte, so wird das Gericht selbstverständlich „ersucht". Z. B.

> Königliches Amtsgericht ersuche ich, mir die Akten möglichst bald nach Rechtskraft vorlegen zu lassen, da der Angeklagte X gestellungspflichtig ist, und ich den Zivilvorsitzenden der Ersatzkommission schleunigst benachrichtigen muß.

c) Berichte.

Auch bei Berichten an vorgesetzte Behörden sind Kurialien nicht mehr vorgeschrieben. Jedenfalls ist es besser, gar keine als unrichtige anzuwenden. Unrichtig ist es beispielsweise, einer vorgesetzten Behörde gegenüber die Ausdrücke ergebenst oder höflichst zu verwenden. Stilwidrige Häufungen unterlasse man. Ganz gehorsamst ist ebenso stilwidrig wie ganz schönst.

Die frühere übliche Einleitung:

> Euerer Hochwohlgeboren
>
> beehre ich mich auf die hohe Verfügung vom . . . . . . gehorsamst zu berichten, wie folgt:

ist untersagt. Man gehe ohne jede Einleitung auf die Sache selbst ein. Z. B.

Der Amtsanwalt berichtet auf die Verfügung vom 2. Januar 1917.

Anlagen: 2 Schriftstücke
2 Aktenhefte.

An
Den Herrn Ersten Staatsanwalt
in
X.

N., den .... 1917.

Gegen das Urteil des Schöffengerichts habe ich Berufung eingelegt, verspreche mir von dem Rechtsmittel aber keinen Erfolg. Denn usw. (folgen die Gründe der Aussichtslosigkeit).

Euere Hochwohlgeboren bitte ich deshalb,

mich zur Rücknahme der Berufung zu ermächtigen.

Der Amtsanwalt berichtet
ohne Auftrag
betr. Urlaub.

Datum.

An
Den Herrn Oberstaatsanwalt
in
Cassel
zu Händen des Herrn Ersten Staatsanwalts
in
H.

Durch Verfügung der Königlichen Regierung vom .... bin ich in meinem Hauptamte als Bürgermeister vom .... bis .... beurlaubt. Mein ständiger Vertreter, Stadtsekretär H., ist bereit, mich ohne Entschädigung aus der Staatskasse zu vertreten.

Euere Hochwohlgeboren bitte ich, mir für die genannte Zeit Urlaub erteilen zu wollen.

Auf die Verfügung der vorgesetzten Behörde setze man die Antwort in der Regel nur dann, wenn dieselbe den Vermerk U. R. trägt, andernfalls empfiehlt sich ein auf einem halbgebrochenen Bogen geschriebener besonderer Bericht.

Berichte an den Oberstaatsanwalt müssen zu Händen des Ersten Staatsanwalts abgesandt werden.

d) Verkehr mit den Rechtsuchenden.

In den an Privatpersonen abzusendenden Schreiben vermeide man jede Schroffheit und bürokratische Überhebung. Bei Schreiben, die eine amtliche Entscheidung enthalten, vermeide man die im Privatverkehr üblichen Höflichkeitsformen. Dagegen ist es angezeigt, wenn der Amtsanwalt, der eine angesehene Privatperson seines Bezirks um eine Auskunft ersucht, das Wort „ergebenst" oder „gefälligst" hinzufügt.

Die Anrede „Herr, Frau, Fräulein" kann man nur bei Personen, die die bürgerlichen Ehrenrechte nicht besitzen, weglassen, obwohl auch hier Ausnahmen sehr wohl denkbar sind. Töricht wäre es selbstverständlich, Briefe an öffentliche Dirnen mit der Aufschrift „Fräulein" zu versehen (man schreibe an Therese H. in G.) oder einen Zuchthäusler mit „Herr" anzureden (man schreibe an den Strafgefangenen H. in Z.).

Die Anrede „Wohlgeboren" ist abgeschafft.

Im Vorverfahren ist der einer strafbaren Handlung bezichtigte „Beschuldigter" zu nennen. Nach der Anklageerhebung wird er „Angeschuldigter", nach der Eröffnung des Hauptverfahrens „Angeklagter" und nach Rechtskraft des Urteils „Verurteilter" genannt.

III. Zuständigkeit.

a) Sachliche.

Der Amtsanwalt muß jeden Eingang zunächst daraufhin prüfen, ob er zur Verfolgung der in Betracht kommenden Straftat sachlich und örtlich zuständig ist.

Sachlich zuständig ist der Amtsanwalt:

1. Für alle Übertretungen. Unter Übertretungen sind Handlungen zu verstehen, welche durch Reichsgesetz, Landesgesetz, oder rechtsgültige Polizei-Verordnung mit Haftstrafe, oder mit Geldstrafe bis zu einhundertundfünfzig Mark bedroht sind, ohne Unterschied, ob daneben noch die Strafe der Einziehung (Konfiskation) angedroht ist. (StGB. § 1 Abs. 3.)
2. Für alle Zuwiderhandlungen gegen das Forstdiebstahlsgesetz vom 15. April 1878, ohne Unterschied, ob sich dieselben als Übertretungen oder als Vergehen darstellen.
3. Für die Vergehen des Diebstahls, der Unterschlagung, des Betruges und der Sachbeschädigung in den Fällen der §§ 242, 246, 263 und 303 des StGB., sofern der Wert (des Gestohlenen oder Unterschlagenen oder der Schaden beim Betruge und bei der Sachbeschädigung) einhundertundfünfzig Mark nicht übersteigt.
4. Für die mit Gefängnis von höchstens drei Monaten, oder Geldstrafe von höchstens sechshundert Mark, allein oder neben Haft, oder in Verbindung miteinander, oder in Verbindung mit Einziehung bedrohten Vergehen,

   mit Ausnahme der Vergehen:

   a) gegen § 320 StGB.,

   b) gegen das Gesetz vom 25. Oktober 1867 betr. die Nationalität der Kauffahrteischiffe,

   c) gegen die Art. 206, 249 und 249a des Gesetzes vom 11. Juni 1870 betr. die Kommandit-Gesellschaften auf Aktien und Aktiengesellschaften,

d) gegen die §§ 1, 2 und 3 des Gesetzes vom 8. Juni 1871 betr. die Inhaberpapiere mit Prämien,

e) gegen die §§ 67 und 69 des Gesetzes vom 6. Februar 1875 betr. die Beurkundung des Personenstandes,

f) gegen § 59 des Bankgesetzes vom 14. März 1875.

5. Für die Vergehen der Begünstigung und der Hehlerei in den Fällen der §§ 258 Nr. 1 und 259 des StGB., wenn die Handlung, auf welche sich die Begünstigung oder Hehlerei bezieht, zur Zuständigkeit der Schöffengerichte gehört. GVG. § 27; FDG. § 19 Abs. 1.

6. Für alle Zuwiderhandlungen gegen das Feld- und Forstpolizeigesetz vom 1. April 1880, ohne Unterschied, ob sich dieselben als Übertretungen oder als Vergehen darstellen. Feld- und Forstpolizeigesetz § 53.

7. Für die nur auf Antrag zu verfolgenden Körperverletzungen.

8. Für das Vergehen des Hausfriedensbruchs im Falle des § 123 Abs. 1 StGB.

9. Für das Vergehen der Bedrohung mit der Begehung eines Verbrechens im Falle des § 241 StGB.

10. Für das Vergehen des strafbaren Eigennutzes in den Fällen des § 286 Abs. 2, §§ 290, 291, 298 StGB.; § 93 Abs. 3 der Seemannsordnung vom 2. Juni 1902, RGBl. S. 175.

Die Amtsanwälte sind ferner nach Eröffnung des Hauptverfahrens durch die Strafkammer sachlich zuständig:

für die von der letzteren nach Maßgabe des § 75 des GVG. dem Schöffengericht zur Verhandlung und Entscheidung zugewiesenen Vergehen.

Gehen Anzeigen gegen Militärpersonen ein, so sind dieselben der zuständigen Militärbehörde zur Strafverfolgung zu übersenden. Zwar sind die bürgerlichen Behörden gemäß § 2 der Militärstrafgerichtsordnung vom 1. Dezember 1898 ohne weiteres für die Verfolgung von Zuwiderhandlungen gegen Finanz-, Polizei-, Jagd- und Fischereigesetze zuständig. Aber schon um der Truppe Kenntnis zu geben, daß ein Mitglied derselben eine strafbare Handlung begangen hat, empfiehlt es sich, ihr zunächst die Akten zu übersenden. Wird die Strafverfolgung der Amtsanwaltschaft überlassen, so wird gegen die Militärperson wie gegen jeden anderen Beschuldigten vorgegangen. Die Bestimmungen, wonach auch andere Straftaten, die von Militärpersonen begangen sind, den Zivilbehörden zur Strafverfolgung überwiesen werden können, werden hiervon nicht berührt.

b) Örtliche.

Die örtliche Zuständigkeit ist sowohl dann begründet, wenn die Handlung im Bezirke des Amtsanwalts begangen ist, als wenn der Beschuldigte in diesem Bezirke seinen Wohnsitz hat. Der Tatort ist etwas Festes, Unveränderliches; der Wohnsitz ist der Veränderung unterworfen, dazu kommt, daß der Rechtsbegriff „Wohnsitz" (Gegensatz: Aufenthaltsort) nicht immer zweifelsfrei ist. Deshalb empfiehlt es sich in der Regel, daß die Sache in demjenigen Bezirke bearbeitet wird, in dem die Straftat begangen ist. Der Amtsanwalt kann daher einen Straffall, der in einem anderen Bezirk begangen ist, an den Nachbaramtsanwalt abgeben. Er unterlasse dies aber, wenn er die Strafverfolgung ohne Schwierigkeit und Erhöhung der Kosten behalten kann. Wenn z. B. 10 Burschen aus seinem Amtssitze sich in der Provinzialhauptstadt zusammenfinden und in Streit geraten, bei dem andere Zeugen nicht zugegen waren, so wäre es unsinnig, die Sache an die Amtsanwaltschaft der Provinzialhauptstadt abzugeben, weil hier die Tat begangen ist. Die Kosten würden sich erhöhen und die Angeklagten und Zeugen dem heimischen Gericht, das sie oft persönlich kennt, entzogen.

Erhält ein Amtsanwalt eine Sache von einem Amtsgenossen des Nachbarbezirks übersandt, weil der Tatort in seinem Bezirke liegt, so übernehme er sie, wenn es nicht gar zu unzweckmäßig erscheint. Es macht einen schlechten Eindruck, wenn zwei Behörden eine Sache zwischen sich hin und her schieben. Auch wenn die Beweggründe sachlich sind, geraten beide Teile leicht in den Verdacht der Drückebergerei.

Durch die Allg. Verf. vom 22. September 1909, JMBl. S. 335, soll in Strafsachen gegen Jugendliche die Anklage möglichst im Gerichtsstande des Wohnsitzes des jugendlichen Täters erhoben werden. Er wird hier eher bekannt sein, auch werden hierdurch die etwa erforderlichen vormundschaftsgerichtlichen Maßnahmen wesentlich gefördert.

Gemäß § 144 Abs. 2 des GVG. hat ein unzuständiger Amtsanwalt sich den innerhalb seines Bezirkes vorzunehmenden Amtshandlungen zu unterziehen, sofern Gefahr im Verzuge obwaltet.

IV. Vorbedingungen des Einschreitens.

a) Von Amts wegen.

In der Regel bildet eine Anzeige des Verletzten die Grundlage des Verfahrens. Zuweilen schreitet der Amtsanwalt aber auch von Amts wegen, d. h. aus eigenem Antriebe, ein. Erfährt er aus einer Strafsache, daß eine andere Person als der Beschuldigte eine strafbare Handlung begangen hat, so muß er einschreiten. Selbstverständlich genügt nicht jede hingeworfene Verdächtigung, wie etwa eine von einem Beschuldigten gegen einen Belastungszeugen ausgesprochene Bezichtigung. Viel erörtert ist die Frage, ob der Amtsanwalt verpflichtet ist, einzuschreiten, wenn er außeramtlich, z. B. auf einem Spaziergange, Zeuge einer strafbaren Handlung wird, oder in einem Privatgespräche von einer solchen erfährt. Eine Verpflichtung hierzu liegt nicht vor, nur in Ausnahmefällen, insbesondere in solchen Fällen, in denen er auch als Privatmann eine Anzeige erstatten würde (z. B. bei einer von ihm beobachteten besonders rohen Tierquälerei), wird er auf Grund privater Wahrnehmungen einschreiten.

b) Unterschriftslose Anzeigen.

Ebensoviel besprochen ist die Frage, ob auf unterschriftslose (anonyme) Anzeigen eingeschritten werden muß. Vorschriften bestehen nicht. Die vielverbreitete Ansicht, daß eine solche Anzeige ohne Unterschied wegzulegen ist, geht zu weit. Es kommt zuweilen vor, daß eine über eine Straftat entrüstete Person sie aus sittlicher Empörung und nicht aus Rachsucht anzeigt und doch Gründe zu haben glaubt, ihren Namen nicht zu nennen. Macht die Anzeige einen Vertrauen erweckenden Eindruck, sind zuverlässige Personen als Zeugen benannt, und, was die Hauptsache ist, handelt es sich um eine Verfehlung, deren Sühne dringend im öffentlichen Interesse liegt, so sende der Amtsanwalt die Sache an die zuständige Polizeibehörde oder Gendarmeriestation zur Aufklärung der Sachlage, oder veranlasse das sonst etwa Erforderliche. Von der Vernehmung des Beschuldigten, Durchsuchung, oder gar Haftanträgen ist selbstverständlich vorläufig Abstand zu nehmen.

c) Strafanträge.

In vielen Fällen verlangt das Gesetz einen Strafantrag, d. h. eine ausdrückliche Erklärung des Verletzten oder seines gesetzlichen Vertreters, Amtsvorgesetzten, daß er Bestrafung verlangt (z. B. einfache Körperverletzung, Hausfriedensbruch, Sachbeschädigung). Häufig läßt eine Anzeige eine solche Erklärung vermissen. In der Regel wird sie unterlassen, ohne daß der Anzeiger sich überhaupt etwas dabei denkt. Zuweilen unterbleibt der Antrag absichtlich, weil der Anzeiger glaubt, daß es eines solchen nicht bedürfe. Z. B. ist es vielfach noch unbekannt, daß die Entwendung kleiner Mengen geringwertiger Gegenstände des hauswirtschaftlichen Verbrauchs (Brennholz, Kohlen usw.) nach dem Gesetz vom 19. Juni 1912 betr. Änderung des Strafgesetzbuchs nicht mehr als Diebstahl, sondern als Übertretung des § 370[5] StGB. bestraft wird und die Strafverfolgung daher von der Stellung eines Strafantrages abhängig ist. Noch häufiger unterläßt die Polizeibehörde (Gendarmerie), bei der die Anzeige mündlich erstattet ist, einen schriftlichen Strafantrag des Verletzten beizufügen. In solchen Fällen ersucht der Amtsanwalt den schriftgewandten Verletzten um eine schriftliche Erklärung. Den nichtschriftgewandten läßt er befragen, ob er Bestrafung des X (z. B. wegen der am 13. Dezember usw. begangenen Entwendung, Sachbeschädigung, Körperverletzung usw.) verlangt, und bittet die ersuchte Behörde (Gendarm), die Erklärung von dem Verletzten unterschreiben zu lassen. Das Ersuchen muß erkennen lassen, daß es im freien Belieben des Befragten steht, wie er sich erklären will. Nicht selten liest man, daß der Gendarm ersucht wird, den K. gegen den G. Strafantrag „stellen zu lassen". Diese Form kann zu Mißdeutungen Anlaß geben. Ausnahmsweise wird man auch Personen, die nicht selbst Anzeige erstattet haben, befragen lassen, ob sie Strafantrag stellen wollen, z. B. wenn ermittelt wird, daß ein in anderer Sache abgefaßter Dieb mittels Einsteigens geringwertige Nahrungsmittel zum alsbaldigen Verbrauche bei einem Dritten gestohlen hat. Dagegen vermeide man es, beleidigende Äußerungen über einen Dritten, die gar nicht zu dessen Kenntnis gelangen sollten, diesem mitzuteilen, damit er Strafantrag stellen kann. Ausnahmefälle gibt es natürlich auch hier.

Zuweilen ist der Antragsberechtigte an der Ausübung seiner Rechte verhindert, z. B. wegen Abwesenheit, oder er ist selbst der Täter, oder er ist geisteskrank, ohne einen Vormund zu besitzen. Wenn in solchen Fällen eine Sühne der Tat im öffentlichen Interesse liegt, so wende sich der Amtsanwalt gemäß § 1909 BGB. an das Vormundschaftsgericht mit dem Antrage, dem Verletzten einen Pfleger zu bestellen. Ist die Bestellung erfolgt, so fragt er nunmehr bei ihm an, ob er Strafantrag stellen will.

Die einfachste und zugleich beste Formel jedes Strafantrages ist folgende: „Wegen des Vorfalles vom 1. Februar 1917 stelle ich Strafantrag." Nichts weiter, auch den Täter nicht nennen, da er nicht immer feststeht und manchmal auch ein anderer als der zurzeit Verdächtige als Täter ermittelt wird. Selbstverständlich muß klar ersichtlich sein, welcher tatsächliche Vorgang gemeint ist. Oft liegen mehrere strafbare Handlungen vor, die nur auf Antrag verfolgt werden können. Ist aus diesen verschiedenen Handlungen in dem Strafantrage eine einzelne Handlung ausdrücklich herausgehoben, so kann nur wegen dieser Straftat angeklagt und verurteilt werden. Ist dagegen wegen des ganzen Vorfalles Strafantrag gestellt, so können sämtliche Antragsvergehen, die nach Ansicht des Amtsanwalts begangen sind, zur Anklage gestellt werden. Hierauf wird auch die Bitte des Verletzten in der Regel gerichtet sein.

Den Antragstellern ist es meistens auch ganz gleichgültig, weshalb der Täter bestraft wird, wenn er nur überhaupt eine Strafe erhält.

Hat ein amtlicher Vorgesetzter den Strafantrag gestellt, so empfiehlt es sich zuweilen, auch den Verletzten selbst vorsorglich Strafantrag stellen zu lassen. Denn es ist manchmal fraglich, ob die Straftat gegen den Beamten als solchen begangen ist. (Z. B. wenn ein Nachtwächter nachts mißhandelt wird und die Möglichkeit vorliegt, daß der Streit, der hierzu Veranlassung gab, auf rein persönlichem Gebiete lag.) Nicht selten ist es zweifelhaft, wer zur Stellung des Strafantrages berechtigt ist, z. B. bei Hausfriedensbruch oder Sachbeschädigung in einem Schulgebäude. In einem solchen Falle lasse man vorsorglich von allen in Betracht kommenden Stellen — in dem gewählten Beispiel vom Hauptlehrer (Rektor) und dem Inhaber der Dienstwohnung — Strafantrag stellen.

V. Vorbereitung der Anklagen.

a) Ermittelung des Aufenthaltsortes des Beschuldigten.

Viele Wege führen hier zum Ziele. Welcher einzuschlagen ist, kann allgemein nicht gesagt werden. Sach- und Ortskenntnis, Gewandtheit und Beharrlichkeit entscheiden.

Nachstehend werden einige Anhaltspunkte für ein erfolgreiches Suchen gegeben. Dem kundigen Amtsanwalt bieten sich aber noch weitere Möglichkeiten.

Die wirksamste Suche erfolgt durch den Steckbrief. Indes darf man nur in besonders wichtigen Fällen zu diesem Suchmittel greifen, sonst werden die Steckbriefblätter überlastet und unübersichtlich. Von dem Steckbriefe wird in dem Abschnitt „Haftsachen" noch näher die Rede sein. Meistens wird man auf anderem Wege Nachforschungen anstellen. Haupthelfer dabei sind natürlich Polizei und Gendarmerie. Man fragt bei diesen in denjenigen Orten an, wo der oder die Gesuchte geboren ist, gearbeitet, gewohnt hat, wo die Person Verwandte, die Braut oder den Bräutigam besitzt, oder andere Beziehungen zu irgendeinem Menschen unterhält, wo der Betreffende geschäftlich zu tun hat, und dergleichen.

Handelt es sich um einen ausländischen Landarbeiter, so wird man bei der Feldarbeiterzentrale in Berlin, oder dem Konsulat des betreffenden Staates, dem der Gesuchte angehört, anfragen. Sucht man einen jungen Mann, der das 20. Lebensjahr erreicht hat, der also in die Rekrutierungsstammrolle aufgenommen ist, so wende man sich an den Zivilvorsitzenden der Ersatzkommission seines Geburtsorts, da dieser den Gesuchten in Kontrolle hat. Ist er schon Soldat gewesen, so kann vielleicht das zuständige Bezirkskommando, oder auch der Truppenteil, bei dem er gedient hat, Auskunft geben. Alle Personen der arbeitenden Klassen fallen unter das Alters- und Invaliditätsgesetz. Für jeden wird mit dem 16. Lebensjahre eine Quittungskarte ausgestellt und diese, wenn sie vollgeklebt ist, bei der heimischen Landesversicherungsanstalt aufbewahrt. Eine Anfrage bei ihr wird manchmal auch zum Ziele führen. Handelt es sich um einen Seemann, so werden die Polizeibehörden der großen Hafenstädte, die mit den Heuerbüros in Verbindung stehen, Auskunft geben können. Kommt ein Zigeuner in Betracht, so muß bei der, der Königlichen Polizeidirektion in München angegliederten Zigeunerzentrale angefragt werden. Handelt es sich um einen ehemaligen Beamten, Soldaten oder eine sonstige Person, die Pension oder Rente bezieht, so wird die die Gebühren zahlende Stelle vielleicht Auskunft geben können. Mit den Behörden des Auslands in Verkehr zu treten, ist dem Amtsanwalt verboten. Tritt die Notwendigkeit dafür ein, wird vielleicht eine Auslieferung nötig, so hat der Amtsanwalt unter Vorlage der Akten den vorgesetzten Ersten Staatsanwalt um die erforderlich werdenden Schritte zu bitten.

b) Sachliche Ermittelungen.

1. Beschleunigung.

Der Amtsanwalt hat mit allen Mitteln danach zu streben, den Täter so schnell wie möglich zur Aburteilung zu bringen. Die Strafe ist weit wirksamer, wenn sie der Tat schnell auf dem Fuße folgt. Die Beweisführung ist auch eine leichtere, da der Tatbestand noch frisch im Gedächtnis und Interesse der Zeugen haftet und sonstiger Beweisstoff schneller beschafft werden kann. Sind seit der Tat etwa Monate verstrichen, dann erinnern sich die Zeugen der Vorfälle nicht mehr genau, oder sie sind verzogen, gestorben, oder nicht mehr zu ermitteln. Der Beschuldigte ist vielleicht dann auch selbst nicht mehr anwesend — kurzum, je mehr Zeit nach der Tat verstrichen ist, um so schwieriger und aussichtsloser ist das Verfahren. Jede Verzögerung stärkt die Stellung des Angeklagten und verschlechtert die der Anklagebehörde. Zu diesem Zwecke empfiehlt es sich dringend, alle Ermittelungen, die vorzunehmen sind, nebeneinander und nicht hintereinander zu bewirken. Wenn z. B. der Beschuldigte in H., ein Zeuge in G. und ein anderer Zeuge in Z. wohnt, so wäre es verfehlt, die Akten zuerst an die Polizeibehörde (Gericht) in H., dann nach G. und schließlich nach Z. zu senden. Der Amtsanwalt schickt vielmehr die Akten selbst nach H. und, falls nicht kurz angegeben werden kann, wonach der Zeuge zu fragen ist, Abschrift der Anzeige nach G. und Z. Selbstverständlich werden auch sofort, wenn die Unterlagen (Personalien usw.) vorliegen, die Vorstrafen eingefordert und bei Jugendlichen der Fragebogen versandt, damit dies nicht erst dann geschehen muß, wenn die Akten nach längerer Zeit zurückgelangen. Daß bei diesem Verfahren mitunter eine überflüssige Vernehmung stattfindet, weil der Beschuldigte vielleicht inzwischen ein Geständnis abgelegt hat, ist ein geringerer Nachteil, als der Vorteil, der durch die Beschleunigung der Sache erzielt wird.

2. Vernehmung des Beschuldigten, der Zeugen und der Sachverständigen.

Nicht wenige Sachen gehen beim Amtsanwalt noch in Dunkel gehüllt ein. Die Sachlage muß also erst durch Vernehmung des Beschuldigten, der Zeugen und der Sachverständigen usw. aufgeklärt werden. Die Anklage (Antrag auf Strafbefehl) darf auch nicht erhoben werden, bevor nicht dem Beschuldigten Gelegenheit zur Rechtfertigung gegeben ist. In der Regel wird dies gleich zu Beginn des Verfahrens geschehen müssen. Häufig würde aber eine alsbaldige Vernehmung des Beschuldigten den Zweck der Untersuchung gefährden, denn es ist oft zu befürchten, daß er die noch nicht vernommenen Zeugen beeinflußt, oder daß er — zu einer Zeit, zu der ein Antrag auf Durchsuchung noch nicht gerechtfertigt ist — Spuren der Tat beseitigt.

Entschließt man sich gleich zu Beginn des Verfahrens dazu, den Beschuldigten zu hören, so berücksichtige man, ob schon erhebliche Verdachtsgründe gegen ihn vorliegen. Wollte man eine angesehene Persönlichkeit z. B. auf die Anzeige eines entlassenen Dienstboten hin gleich durch das Gericht als Beschuldigten vernehmen lassen, so würde dieser eine solche Maßnahme mit Recht als eine Kränkung seiner Ehre empfinden und sich mit Erfolg bei dem Vorgesetzten des Amtsanwalts beschweren. Gegenüber schriftgewandten Personen in angesehener Stellung wird es sehr häufig statthaft sein, ihnen eine Abschrift oder einen Auszug der

Anzeige zu übersenden mit dem Ersuchen, sich über dieselbe zu äußern.

Erscheint es angezeigt, die Vernehmung durch eine Behörde zu veranlassen, so vermeide man in ungenügend aufgeklärten Sachen, den Ausdruck „Beschuldigter" zu gebrauchen, sondern ersuche „den N. N. über die Anzeige zu hören".

Ist es dem Amtsanwalt bekannt, daß der in angesehener Lebensstellung befindliche Beschuldigte mit dem Vorstande der an sich zur Vernehmung am ehesten in Betracht kommenden Behörde „nicht gut steht", oder auch umgekehrt, daß er mit ihm besonders eng befreundet ist, so wähle man eine andere Behörde.

Auch die Gerichte gehen in der Regel auf den Antrag, „den Gutsbesitzer N. N. zur Sache zu vernehmen", ein; lehnt ein Gericht dies ab, so bleibt der Ausweg, die Sache mit „Anzeige des N. N." zu bezeichnen und den Angezeigten als Zeugen vernehmen zu lassen.

Abgesehen von dem Falle, daß besondere Verhältnisse die Auswahl beschränken, hat der Amtsanwalt die Wahl zwischen einem unmittelbar an die Auskunftsperson zu richtenden Schreiben oder einem Ersuchen an Polizeibehörde, Gendarmerie und Amtsgericht. Bedarf der Amtsanwalt der amtlichen Auskunft einer Behörde oder eines Beamten, so ersuche er stets um schriftliche Äußerung, falls erforderlich, unter Beifügung der Akten. Erscheint es nicht angemessen, sich unmittelbar an den Beamten zu wenden, so geht man seinen Vorgesetzten — z. B. in Forst- und Jagdsachen den Oberförster — an. Verlangt er von einer schriftgewandten Person Aufschluß über eine oder mehrere leicht zu beantwortenden Fragen, so wird er weder der Auskunftsperson die Mühe und den Zeitverlust bereiten, sich zu der in Betracht kommenden Polizeibehörde zu begeben, noch auch den Gendarm veranlassen, den vielleicht mehrere Kilometer weiten Weg zu ihr zu machen. Er stelle vielmehr seine Fragen schriftlich, und erst wenn dies Mittel versagt, nehme er behördliche Mitwirkung in Anspruch.

Als „Behörden" kommen in Betracht:

die Polizeibehörden,
die Gendarmerie,
das Gericht.

Die Wahl hängt von den Umständen des Einzelfalles ab.

Polizeibehörde. In größeren Städten wird er sich in der Regel an die Polizeibehörden wenden. Er unterscheide dabei zwischen Vernehmung und Befragung. Die Befragung über einfache Dinge, z. B. Wert des gestohlenen Gegenstandes, kann gelegentlich durch den Revierschutzmann stattfinden, ohne daß es einer Vorladung bedarf.

Die Vernehmung muß auf dem Büro erfolgen. In denjenigen Provinzen, wo die Polizeigewalt in den Händen von Amtsvorstehern (Ehrenamtmännern) liegt, kommen diese in erster Linie in Frage. In manchen Provinzen sind die Dorfbürgermeister die Träger der Polizeigewalt. Diese sind aber meistens nicht schriftgewandt genug, um Vernehmungen zu bewirken, auch arbeiten sie vielfach zu langsam. Der Amtsanwalt wird die Bürgermeister seines Bezirks stets kennen. Scheint ihm ein solcher für derartige Vernehmungen geeignet, so versuche er es mit ihm.

Gendarmerie. In geeigneten Fällen wende man sich an sie. Man bedenke aber, daß der Gendarm mit den in seinem Bezirke wohnenden Beamten in nahen — manchmal gespannten — amtlichen und persönlichen Beziehungen steht. Man vermeide es, z. B. zur Aufklärung von Sachen, in denen ein Bürgermeister einer strafbaren Handlung beschuldigt wird, sich der Mitwirkung des Bezirksgendarms zu bedienen. Bürgermeister und Gendarm sind amtlich aufeinander angewiesen. Das dienstliche Verhältnis würde gefährdet werden, wenn der Gendarm sozusagen eine Untersuchung gegen den Bürgermeister führen dürfte. Auch bei anderen Einwohnern des Gendarmeriebezirks, die der Gendarm sonst als „Respektspersonen" zu betrachten hat, überlege man, ob man ihn zur Befragung für geeignet hält, und lasse dabei nicht außer acht, daß manche, namentlich jüngere Gendarmen sich eines mehr oder weniger militärischen Tones zu bedienen geneigt sind.

Will man die Gendarmerie in Anspruch nehmen, so empfiehlt es sich, an die „Gendarmeriestation", nicht an Herrn „Gendarmwachtmeister X" zu schreiben, sonst werden die Akten unter Umständen dem beurlaubten Gendarm in seinen Urlaubsort nachgesandt. Die Gendarmen sollen aber ihr Haupttätigkeitsfeld im Außendienste, im Abstreifen der Straßen suchen und daher nicht zu viel mit schriftlichen Arbeiten belastet werden. Es ist Vorschrift, daß sie zu protokollarischen Vernehmungen überhaupt nicht herangezogen werden. Man darf sie also nicht um Vernehmung, sondern nur um Befragung der Zeugen und des Beschuldigten und die Beifügung der Personalien des letzteren ersuchen. Der Gendarm braucht sich dann bei der Befragung der Zeugen, die er vielleicht auf dem Acker oder auf der Landstraße antrifft, nur kurze Notizen zu machen, die er zu Hause zu einem Berichte verarbeitet. Hat der Gendarm die Sache nicht in gewünschter Weise erledigt, so gibt der Amtsanwalt sie ihm geeignetenfalls zurück mit der Bitte, das Fehlende nachzuholen. Er vermeide jedes Wort, das wie eine Rüge, zu der er nicht berechtigt ist, klingen kann. Er ersuche vielleicht nebenbei, „künftig stets die persönlichen Verhältnisse, insbesondere Geburtsort und Geburtstag des Beschuldigten anzugeben und über die Aussagen der einzelnen Zeugen getrennt, nicht in Bausch und Bogen zu berichten".

Amtsgericht. Die Amtsgerichte sind erst recht mit anderen Arbeiten überhäuft und daher nur in wichtigen oder rechtlich schwierigen Fällen anzugehen. Es empfiehlt sich bei allen Inanspruchnahmen, möglichst genau anzugeben, was aufgeklärt werden soll. Auch die Amtsgerichte verlangen vielfach ausdrücklich die Nennung des Beweissatzes. Allgemein gehaltene Ersuchen um Aufklärung und Ermittelungen wird man daher wohl nur an die Kriminalpolizei größerer Städte richten können. Im übrigen wird man stets sagen müssen, worüber die betreffende Person gehört und was ermittelt werden soll. Häufig wird es gut sein, ganz bestimmte Fragen zu stellen.

Z. B.: Hat der Mißhandelte den Angezeigten ganz bestimmt erkannt? War die Nacht dunkel? Hat er ihn nur nach dem Aussehen (Figur) oder auch an der Sprache erkannt? Haben die beiden Beschuldigten gleichzeitig oder einer nach dem anderen geschlagen? Ist der Beschuldigte stärker als der Verletzte? Ist Beschuldigter als gewalttätig bekannt?

Oder: Hat der betrogene Wirt dem Beschuldigten nur deshalb Speisen und Getränke auf Borg verabfolgt, weil dieser ihm sagte, „sein Arbeitgeber habe ihn geschickt"? Oder würde er ihm auch ohne diese falsche Angabe geborgt haben, weil er ihn kannte?

Manchmal gelingt es einem minder gewandten ländlichen Bürgermeister oder Gendarm nicht, Klarheit in die Sache zu bringen. Ist die Sache nicht wichtig genug, den Antrag auf richterliche Vernehmung zu rechtfertigen, so ist es oft am besten, daß der Amtsanwalt den Beschuldigten und die Zeugen, insbesondere den Verletzten vorladet und sie selbst vernimmt. Gebühren kann der Beschuldigte nicht verlangen, und der Verletzte wird sie selten fordern. Werden Zeugengebühren gefordert, so weist sie das Amtsgericht an. Wenn es auf die Örtlichkeit so sehr ankommt, daß der Amtsanwalt ohne ihre Besichtigung kein klares Bild von der Sache bekommt, so empfiehlt sich ihre gelegentliche Besichtigung. Reisekosten und Tagegelder kann er aber nicht verlangen.

3. Durchsuchung.

Durchsuchungen sind gemäß § 105 StPO. vom Beschlusse des Richters abhängig. Sie dürfen ohne einen solchen Beschluß nur, wenn *Gefahr im Verzuge* obwaltet, vorgenommen werden. Diese Bestimmung wird von vielen Amtsanwälten nicht genügend beachtet. Es ist stets zu prüfen, ob wirklich *Gefahr im Verzuge* liegt, d. h. ob die wenigen Stunden, die auf dem Umwege über das Gericht verloren gehen, wirklich die Aussicht auf Erfolg ernstlich gefährden. Wenn dies nicht der Fall ist, muß der Richter um die Anordnung der Durchsuchung angegangen werden. (Siehe auch Art. 26 der Geschäftsanweisung, namentlich was die Beschlagnahmen anlangt.)

4. Vorstrafen.

Ist der Fall endlich klar, so werden, sofern es nicht schon vorher geschehen sein sollte, die Vorstrafen eingezogen, erforderlichenfalls auch noch ein Fragebogen über die persönlichen Verhältnisse an die Ortspolizeibehörde gesandt und dann die Anklage erhoben. Ist der Beschuldigte erst vor kurzer Zeit von dem Amtsgericht am Sitze des Amtsanwalts bestraft, so bedarf es der Einziehung der Vorstrafen nicht, vielmehr genügt das Heranziehen des letzten Aktenstücks. Sobald der Amtsanwalt die Vorstrafen kennt, muß er erneut seine Zuständigkeit prüfen, d. h. feststellen, ob etwa ein Rückfall (Diebstahl, Betrug, Hehlerei) in Frage kommt. Bestehen Zweifel, so sind die Vorakten einzuziehen. Der Amtsanwalt hat die Akten nicht schon auf Grund des Strafregisters der Staatsanwaltschaft einzusenden, weil in dieser vielleicht 2 oder 3 Diebstahlsstrafen aufgezeichnet sind. Er hat sich, falls die Sache nicht besonders eilig ist, erst durch Einforderung der bezüglichen Akten die zweifelsfreie Gewißheit zu verschaffen, ob auch wirklich Rückfall vorliegt, d. h. ob die zweite Tat nach Verbüßung der ersten Strafe begangen ist, und ob nicht mehr als 10 Jahre nach Verbüßung der letzten Strafe verstrichen sind. Dann erst sind die Akten an die Staatsanwaltschaft weiterzugeben. Notdiebstahl und Betrug §§ 248a und 264a StGB. begründen Rückfall nicht.

Man hüte sich, zugereiste Personen ohne weiteres anzuklagen, ohne festzustellen, ob sie wirklich den Namen, unter dem sie sich polizeilich gemeldet haben, zu führen berechtigt sind. Hält sich z. B. bei einem hessischen Bauern ein Knecht oder Arbeiter auf, der behauptet, Jurgis Dikumeit aus Heydekrug in Ostpreußen zu sein, so begnüge man sich weder damit, daß er Papiere hat, die auf diesen Namen lauten, noch damit, daß ein Jurgis Dikumeit in den Strafregistern für Heydekrug als bestraft geführt wird und daß Beschuldigter die dort verzeichneten Strafen als von ihm verbüßt zugibt. Denn die Papiere kann er dem wahren Dikumeit gestohlen haben und die Vorstrafen dieses kann er auf sich nehmen, weil sein eigenes Register noch schwerer belastet ist. Man sende vielmehr die von ihm angegebenen Personalien mit einer möglichst genauen Personalbeschreibung an den Bürgermeister seines angeblichen Heimatsortes. Nicht selten wird man erfahren, daß die Sache nicht stimmt, daß man es vielmehr mit einem auf falschen Namen reisenden flüchtigen Verbrecher zu tun hat.

5. Vorakten.

Nützlich ist oft die Einziehung etwaiger Vorakten. Wenn jemand einschlägig vorbestraft ist, so läßt sich der nur knappe Beweis vielfach dadurch ergänzen, daß der Beschuldigte in einer früheren Sache ebenso zu Werke gegangen, oder die nämliche Ausrede gebraucht hat wie in der neuen Sache. Bei der Überführung von Zechprellern, Kostschwindlern, Personen, die Schamlosigkeiten begangen haben, usw. bieten solche Vorakten oft eine wertvolle Beweisunterstützung.

6. Jugendliche.

Bei Jugendlichen muß der Richter gemäß §§ 56, 57 StGB. prüfen, ob er die zur Erkenntnis der Strafbarkeit seines Handelns erforderliche Einsicht besaß. Hierzu müssen ihm die Unterlagen beschafft werden. Es genügt nicht, wenn die Polizei erklärt, der Beschuldigte habe die erforderliche Einsicht besessen. Wohl aber wird die Äußerung eines langjährigen Lehrers, oder des Pfarrers, der ihn konfirmiert hat, ins Gewicht fallen. Zuweilen wird schon das Alter, z. B. 17 Jahre, der Besuch einer oberen Klasse einer höheren Lehranstalt, in Verbindung mit der Einfachheit der Straftat, z. B. Felddiebstahl, oder eine gleichartige Vorbestrafung jeden Zweifel ausschließen. In solchen Fällen kann auch gegen Jugendliche im Wege des Strafbefehls vorgegangen werden. Es muß dann aber ein entsprechender Zusatz gemacht werden, wie: „**Aus dem Alter des Beschuldigten, seiner Erziehung, der Einfachheit der Straftat und der Äußerung seines Lehrers ist zu schließen, daß er die zur Erkenntnis der Strafbarkeit seines Tuns erforderliche Einsicht besessen hat.**“ (§ 57 StGB.)

Bei Jugendlichen kann bekanntlich die Vollstreckung der Strafe auf 2—3 Jahre ausgesetzt werden mit der Aussicht, daß sie nach Ablauf dieser Bewährungsfrist im Gnadenwege erlassen wird. Über diese Frage muß sich das Schöffengericht schon in der Sitzung schlüssig machen. Sache des Amtsanwalts ist es, die Grundlagen für diese Entschließung vorher zu beschaffen. Er muß also vor der Anklage Ermittelungen über Vorleben, Charakter, Familienverhältnisse und Besserungsfähigkeit des Beschuldigten einziehen. Bei jeder Staatsanwaltschaft bestehen zu diesen Erkundigungen Formulare. Der Amtsanwalt erbitte sich ein solches, um sich dann Abdrücke fertigen zu lassen.

7. Sachverständige.

Manchmal ist es notwendig, das Gutachten eines Fachmannes einzuholen (Nahrungsmittelchemiker, Schriftsachverständiger, Kaufmann, Ingenieur usw.). Ist der Amtsanwalt im Zweifel, wen er als besonders zuverlässig mit der Aufgabe betrauen soll, so wird ihm die Handelskammer des Bezirks die geeignetste Beratungsstelle sein. Die entstehenden Kosten trägt die Gerichtskasse. Unter Vorlage der Akten beantragt er ihre Zahlung beim Amtsgericht.

VI. Anklageerhebung (Antrag auf Strafbefehl).

Wenn irgend zulässig, soll im Wege des Strafbefehls vorgegangen werden. Der Strafbefehl stellt das schnellere, einfachere und billigere Strafverfahren dar. Der Richter darf den Strafbefehl nur dann erlassen, wenn er auch dem Antrage des Amtsanwalts bezüglich des Strafmaßes zustimmt. Manchmal hält er die beantragte Strafe für zu hoch oder für zu niedrig und schlägt vor, den Antrag entsprechend zu ändern. Der Amtsanwalt lehne eine solche Verständigung nur beim Vorliegen ganz zwingender Gründe ab. Ein Beharren ist in den meisten Fällen zwecklos, da der Richter wohl seinen Standpunkt nicht ändern wird und die Schöffen in der Regel geneigt sind, ihm beizutreten.

Die Anklagen und Strafbefehle soll der Amtsanwalt nie entwerfen, ohne das betreffende Strafgesetz vor sich zu haben. Er muß den genauen Wortlaut des Gesetzes in die Anklageformel aufnehmen. Verläßt er sich auf sein Gedächtnis, so sind Irrtümer unvermeidlich.

Es ist notwendig, auch gewisse Nebendinge in den Anklagen und Strafbefehlen zum Ausdruck zu bringen. Es muß gesagt werden, ob eine oder mehrere selbständige Handlungen, eine fortgesetzte Handlung, oder gemeinschaftliches Handeln in Frage kommt. Der in Betracht kommende Wert oder die Höhe des Schadens muß stets angegeben, bei Antragsvergehen auch immer am Schlusse vermerkt werden, daß der Strafantrag sich auf Blatt . . . befindet.

Der Amtsanwalt muß in der Anklage oder dem Antrag auf Strafbefehl, sofern der Angeklagte in einem größeren Orte wohnt, Straße und Hausnummer hinzufügen. Er arbeitet dadurch der Gerichtsschreiberei in die Hände, nützt sich damit aber auch selbst, da er im späteren Verlauf des Verfahrens manchmal die genaue Adresse gleichfalls braucht und sie dann nicht lange suchen muß. Aus gleichem Grunde ist es notwendig, nicht nur die verletzten Gesetze, sondern auch die Paragraphen und, wenn es sich um weniger bekannte Gesetze und Polizeiverordnungen handelt, auch die Seite des Buches, in dem sie abgedruckt sind, zu nennen. Das in Betracht kommende Gesetz und die verletzte Stelle aufzusuchen, ist manchmal recht mühsam und zeitraubend. Wenn der Amtsanwalt sie nun einmal ermittelt hat, so soll er in der Anklage auch möglichst gründlich sein, damit er später, zumal in der Schöffengerichtssitzung, wenn er nicht viel Zeit hat, auf Verlangen die verletzte Gesetzesstelle sofort bezeichnen und das Gesetz herbeischaffen kann. Befleißigt er sich stets dieser Sorgfalt, so macht er in dieser Beziehung auch dem Richter die Arbeit leicht, indem er ihn der nochmaligen zeitraubenden Suche überhebt. Gehen die Akten durch mehrere Instanzen, so erleichtert er damit auch allen diesen Stellen die Arbeit. Also nicht nur sagen, wie man es so häufig gewahrt:

> Übertretung der Bezirkspolizeiverordnung vom 12. April 1910, oder des Gesetzes vom 15. Juni 1885, sondern: Übertretung der §§ 8 und 14 der Bezirkspolizeiverordnung betr. die Regelung des Verkehrs mit Arzneimitteln außerhalb der Apotheken vom 12. April 1910, ABl. S. 361 (Goldschmidt, „Die Polizeivorschriften des Regierungsbezirks Cassel", S. 510), und Übertretung der §§ 18 und 30 des Gesetzes betr. wegepolizeiliche Vorschriften für die Provinz Schleswig-Holstein vom 15. Juni 1885 (GS. S. 289).

Die Anklagen müssen nicht nur allgemein den genauen Wortlaut des verletzten Gesetzes enthalten, sondern auch stets erkennen lassen, wodurch die Tatbestandsmerkmale der strafbaren Handlung in dem vorliegenden Falle verwirklicht werden. Es darf also nicht gesagt werden: „A. wird angeklagt, zu X. am . . . einem andern eine fremde bewegliche Sache in der Absicht rechtswidriger Zueignung weggenommen zu haben, sondern:

> A. wird angeklagt, zu X am . . . . dem Gutsbesitzer B. einen Pflug, eine fremde, bewegliche Sache im Werte von etwa 100 Mark, in der Absicht rechtswidriger Zueignung weggenommen zu haben.

Bei Körperverletzung muß gesagt werden:

> A. wird angeklagt, am . . . den B. *durch einen Faustschlag* vorsätzlich körperlich mißhandelt zu haben.

Durch diese Fassung wird gegebenenfalls auch zum Ausdruck gebracht, daß der Amtsanwalt eine andere vom Anzeiger behauptete Mißhandlung, z. B. einen Fußtritt, nicht für erwiesen erachtet.

Bei allen Betrugsanklagen muß die Irrtumserregung im einzelnen beschrieben werden. Macht sich der Amtsanwalt dies zum Grundsatze, so schützt er sich zugleich vor nicht genügend begründeten Anklagen. Er muß dann stets genau prüfen, ob das wesentlichste Merkmal des Betrugs, die Irrtumserregung, auch tatsächlich erwiesen ist, während er sonst über die Prüfung vielleicht sorglos hinweggleitet und dies erst im Gerichtssaale erkennt, wenn der Angeklagte freigesprochen wird.

Nachstehend 2 Musterbeispiele zu Anklagen wegen versuchten Betrugs:

„am 3. Dezember 1914 zu Friedenberg in der Absicht, sich einen rechtswidrigen Vermögensvorteil zu verschaffen, das Vermögen des N. N. durch Vorspiegelung falscher Tatsachen zum Zwecke der Erregung eines Irrtums um einen Geldbetrag von 100 Mark zu beschädigen versucht, und diesen Entschluß durch Handlungen, welche einen Anfang der Ausführung des beabsichtigten, aber nicht zur Vollendung gekommenen Vergehens des Betrugs enthalten, betätigt zu haben, indem er sich für einen Kriegskameraden des Sohnes des N. N. ausgab."

oder:

„am 3. Dezember 1912 zu Hochstadt in der Absicht, einem Dritten, nämlich dem N. N. einen rechtswidrigen Vermögensvorteil zu verschaffen, das Vermögen des B. durch Unterdrückung wahrer Tatsachen zum Zwecke der Erregung eines Irrtums um Waren im Werte von 50 Mark zu beschädigen versucht, und diesen Entschluß durch Handlungen, welche einen Anfang der Ausführung des beabsichtigten, aber nicht zur Vollendung gekommenen Vergehens des Betruges enthalten, betätigt zu haben, indem er seine gänzliche Mittellosigkeit verschwieg."

Die notwendigen näheren Angaben können leicht am Schlusse angefügt werden. Weitere Beispiele für Anklagen:

Falsch:

Der Tagelöhner Müller zu N. usw. wird angeklagt, am 15. Juni 1914 zu H. den Tagelöhner Philipp Schröder zu G. vorsätzlich körperlich mißhandelt zu haben.

Richtig:

Der Tagelöhner Johann Müller zu N. usw. wird angeklagt, am 15. Juni 1914 zu H. den Tagelöhner Philipp Schröder durch mehrere Faustschläge auf den Kopf und einen Stoß in den Rücken vorsätzlich körperlich mißhandelt zu haben.

Strafantrag Blatt 5.

Falsch:

Der Arbeiter Jakob Becker, zur Zeit in Haft, geb. usw., wird angeklagt, am 16. Mai 1916 in B. gebettelt zu haben.

Übertretung § 361^{4} StGB.

Richtig:

Der Arbeiter Jakob Becker, zur Zeit im Amtsgerichtsgefängnis zu N., seit dem 16. Mai 1916 in Untersuchungshaft, geb. usw., wird angeklagt, am 15. Mai 1916 in B. gebettelt zu haben, und zwar nachdem er in den letzten drei Jahren wegen dieser Übertretung mehrmals rechtskräftig verurteilt worden ist.

Übertretung: §§ 361^{4}, 362 StGB.

Falsch:

Die Ehefrau X zu F. wird beschuldigt, am 17. April 1916 zu H. Nahrungsmittel in geringer Menge und von unbedeutendem Werte zum alsbaldigen Verbrauche entwendet zu haben.

Richtig:

Die Ehefrau X zu F. usw. wird beschuldigt, am 17. April 1916 zu H. eine Wurst im Werte von 2 Mark, sowie ein halbes Brot im Werte von 30 Pfennigen, Nahrungsmittel in geringer Menge und von unbedeutendem Werte dem Handelsmann X zum alsbaldigen Verbrauche entwendet zu haben.

Strafantrag Blatt 2.

Falsch:	Richtig:
Der pp. wird angeklagt, am 12. Mai 1914 zu N. in der Absicht, sich einen rechtswidrigen Vermögensvorteil zu verschaffen, das Vermögen des Kaufmanns X dadurch um 60 Mark beschädigt zu haben, daß er durch Vorspiegelung falscher Tatsachen einen Irrtum erregte.	Der pp. wird angeklagt, am 12. Mai 1914 zu N. in der Absicht, sich einen rechtswidrigen Vermögensvorteil zu verschaffen, das Vermögen des Kaufmanns X dadurch um 60 Mark beschädigt zu haben, daß er bei dem Genannten durch die Vorspiegelung der falschen Tatsache, das Pferd sei gesund, klar und fehlerfrei, es habe auch gesunde Beine, einen Irrtum erregte.
Der pp. zu X wird angeklagt, am 12. Dezember 1915 zu F. in der Absicht, sich einen rechtswidrigen Vermögensvorteil zu verschaffen, das Vermögen der Schankwirtsehefrau Margarethe Dobler und des Wirts Göbel dadurch beschädigt zu haben, daß er bei den Genannten durch Vorspiegelung falscher Tatsachen einen Irrtum erregte.	Der pp. zu X wird angeklagt, am 12. Dezember 1915 zu F. durch eine fortgesetzte Handlung in der Absicht, sich einen rechtswidrigen Vermögensvorteil zu verschaffen, das Vermögen der Schankwirtsehefrau Margarethe Dobler um 9,60 Mark und das des Wirts Karl Göbel um 10,50 Mark dadurch beschädigt zu haben, daß er bei den Genannten durch die Unterdrückung der wahren Tatsache seiner Mittellosigkeit einen Irrtum erregte.

Gleichzeitig mit der Anklage sind die in der oben abgedruckten Allg. Verf. vom 29. April 1907 angeordneten Mitteilungen an Zivil- und Militärbehörden abzusenden. Von diesen Mitteilungen wird später (S. 196) noch näher die Rede sein.

VII. Beschwerde.

Wird der Antrag auf Eröffnung des Hauptverfahrens oder Erlaß eines Strafantrages abgelehnt, so steht dem Amtsanwalt nach Zustellung des Beschlusses an ihn binnen einer Woche das Recht der sofortigen Beschwerde zu. Die Zustellung erfolgt durch Vorlegung der Akten. In minder wichtigen Sachen wird es empfehlenswert sein, von diesem Rechtsmittel Abstand zu nehmen. Gehört die Sache zu den wichtigeren, oder ist eine Behörde am Ausgange der Sache interessiert, so lege man Beschwerde ein und überlasse es dem Ersten Staatsanwalte, ob er sie aufrechterhalten will. Ist eine Behörde beteiligt, so empfiehlt es sich, unter Übersendung der Akten schleunigst bei ihr anzufragen, ob sie auf Einlegung der Beschwerde Wert legt. Auf den Tag, an dem die Beschwerdefrist abläuft, muß man dabei ausdrücklich aufmerksam machen. Das Schreiben an die Behörde und ihre Antwort bleibt bei den Handakten des Amtsanwalts.

Die Form der Beschwerde ist folgende:

„Gegen den Beschluß des Königlichen Amtsgerichts vom . . . lege ich Beschwerde ein, mit dem Antrage, das Hauptverfahren der Anklage gemäß zu eröffnen. Der Ansicht des Amtsgerichts, daß die Verdachtsgründe nicht für hinreichend zu erachten seien, kann nicht beigepflichtet werden. Allerdings ist außer dem Verletzten ein Zeuge der Tat nicht vorhanden. Allein dieser ist ein völlig unbescholtener Mensch, dem seitens des Bürgermeisters das Zeugnis vollster Glaubwürdigkeit erteilt wird, während der Angeschuldigte wiederholt und auch einschlägig bestraft ist. Es muß dem erkennenden Gericht überlassen werden, ob es dem zu beeidigenden Zeugnis des Verletzten auf Grund seines persönlichen Eindrucks Glauben schenken wird.“

Die Beschwerde wird in den Handakten aufgesetzt, dann die Reinschrift angefertigt. Nun heftet man letztere in die Hauptakten und sendet diese an das Amtsgericht. Hat der Amtsrichter Kenntnis genommen, so gehen sie dem Amtsanwalt wieder zu. Er fügt die Handakten bei und sendet beide Akten an die Staatsanwaltschaft. Wird die Beschwerde von der Strafkammer abgewiesen, oder gelangt sie gar nicht dahin, weil die Staatsanwaltschaft den Amtsanwalt anweist, sie zurückzuziehen, so ist die Sache erledigt.

Wird die Beschwerde als begründet angesehen, so hat der Richter Hauptverhandlungstermin anzuberaumen.

VIII. Forstdiebstahlssachen.

Die A- oder Forstsachen beschäftigen den Amtsanwalt, wenn er nicht Forstamtsanwalt ist, nur in geringem Maße. Der Forstamtsanwalt hat ein Strafverzeichnis der wegen Forstdiebstahls bestraften Personen, sonst keinerlei Bücher zu führen.

Die Forstdiebstahlsverzeichnisse werden von den Forstrevierbeamten in dreifacher Ausfertigung aufgestellt, und zwei davon dem Amtsanwalt oder Forstamtsanwalt eingereicht. Die Spalten 1, 2, 3, 5 und 6 müssen ausgefüllt sein. Auf Grund seines Strafverzeichnisses füllt der Forstamtsanwalt (Amtsanwalt) die Spalte 4, alsdann die Spalte 7 in der einen Ausfertigung aus und gibt die andere, nachdem sie mit der ersten als Reinschrift in Einklang gebracht worden ist, an das Amtsgericht weiter. Das eine Stück behält er als Handakte zurück. Nachdem der Amtsrichter durch Ausfüllung der Spalte 8 die Strafbefehle und einen Einspruchstermin festgesetzt hat, gehen die Akten dem Forstamtsanwalt (Amtsanwalt) zur Kenntnisnahme zu. Er versieht seine Handakten mit dem Aktenzeichen des Amtsgerichts, vermerkt dies auch in Spalte 4 der Strafprozeßliste und notiert den Termin im Geschäftskalender. Erscheint niemand im Termine, sind die Strafen rechtskräftig, so bucht er sie in dem Strafverzeichnis und sendet die Handakten mit der Bescheinigung der Rechtskraft dem Forstrevierbeamten zur Kenntnisnahme zu. Dieser trägt die Strafen in die von ihm zurückbehaltene 3. Ausfertigung ein. Mitteilungen an die Polizeibehörden werden von diesen Strafen nicht gemacht. Bei Ausfüllung der Spalte 7 ist zu beachten, daß, sofern der § 6 des Forstdiebstahlsverzeichnisses verletzt ist, von diesem Teil der Anzeige eine Abschrift zu fertigen und durch Erhebung einer Anklageschrift zu erledigen ist. Diese Sachen werden als D-Sachen behandelt. Zu ihrer Erledigung ist das Schöffengericht zuständig, während in A-Sachen das Amtsgericht urteilt. Die Verurteilungen in D-Sachen sind den Polizeibehörden mitzuteilen. Selbstverständlich sind sie auch in dem Strafverzeichnis des Forstamtsanwalts zu buchen. Die Axt ist kein schneidendes Werkzeug im Sinne des § 3[4], wohl aber das Beil, da seine Verwendung weniger Geräusch verursacht. Übersehen wird häufig, daß § 3[8] Anwendung zu finden hat, da Haupt- und Mitteltriebe von stehenden Bäumen entwendet worden sind. Das Bürgerliche Gesetzbuch hat die Frau in rechtlicher Beziehung der Gewalt des Mannes entrückt. Sie ist selbständig. Eine Haftbarkeit für ihre Handlungen kann dem Manne daher nicht auferlegt werden.

Sind nach Eingang der Forstdiebstahlsverzeichnisse noch weitere Feststellungen erforderlich, so geschehen diese unter Versendung der Ausfertigung, die an das Amtsgericht gelangt, damit die Hauptakten das gesamte Material enthalten.

Ist der Amtsanwalt zugleich auch Forstamtsanwalt, so werden auch die Forstdiebstahlsanzeigen in die Strafprozeßliste eingetragen und hier wie jede andere Sache behandelt. Alle Namen sind hier, nicht aber in das Namensverzeichnis aufzunehmen.

IX. Verfahren nach vorausgegangener polizeilicher Strafverfügung.

Durch das Gesetz betr. den Erlaß polizeilicher Strafverfügungen wegen Übertretungen vom 23. April 1883 ist den Polizeibehörden die Strafgewalt wegen Übertretungen in beschränktem Umfange eingeräumt. Den Bestraften steht der Antrag auf gerichtliche Entscheidung zu. Um Sachen dieser Art mit Erfolg bearbeiten zu können, muß der Amtsanwalt mit dem Polizeirechte innig vertraut sein und namentlich die in seinem Bezirke geltenden Polizeiverordnungen genau kennen. Besondere Vorsicht ist hier deshalb geboten, weil die polizeilichen Strafverfügungen auch von manchmal recht unerfahrenen Bürgermeistern kleiner Städte und Landgemeinden erlassen werden. Diese lassen sich häufig Fehlgriffe zuschulden kommen, die dann zur Freisprechung führen. Die vielen Freisprechungen bei manchen Schöffengerichten beziehen sich zu einem sehr erheblichen Teil auf diese Sachen.

Aus dem Wortlaute des Art. 68 der Geschäftsanweisung:

> Die Polizeibehörde übersendet, falls sie nicht die Strafverfügung zurücknimmt, die Akten an den Amtsanwalt, welcher sie dem Amtsrichter mit dem Antrage überreicht, einen Termin zur Hauptverhandlung anzuberaumen,

ist nicht, wie es tatsächlich vielfach geschieht, zu schließen, daß der Amtsanwalt sich jeder Tätigkeit außer der Aktenüberreichung zu entschlagen hat.

Im Gegenteil, gerade diesen häufig ganz unzureichend aufgeklärten Sachen hat der Amtsanwalt besonderes Interesse zu widmen, und zwar auch dann, wenn die Akten von der Polizeibehörde nicht an ihn, sondern gleich an das Gericht gesandt sind und dieses alsbald Termin anberaumt und den Amtsanwalt hiervon unter Vorlage der Akten in Kenntnis setzt.

Der Amtsanwalt hat zu prüfen:

Sind alle Vorstücke eingegangen?

Kann der Fall überhaupt durch eine polizeiliche Strafverfügung geahndet werden? Kommt nicht etwa ein Vergehen in Frage?

Wird der Fall von dem angewandten Gesetze wirklich getroffen?

Sind die Beweismittel benannt?

War die Straftat bei Erlaß der Strafverfügung schon verjährt, oder ist dies etwa jetzt der Fall?

Ist der Strafende zur Ausübung der Strafgewalt befugt? (§ 1 des Gesetzes vom 23. April 1883.)

Ist der Polizeiverwalter bei Ausmessung der Strafe in den ihm gesteckten Grenzen geblieben? (30 Mark oder 3 Tage Haft, § 1 des Gesetzes vom 23. April 1883.)

Es kommt häufig vor, daß zwar die Geldstrafe innerhalb der gezogenen Grenze steht, die angedrohte Haftstrafe aber das statthafte Höchstmaß überschreitet. (20 Mark oder 4 Tage Haft; 30 Mark oder 10 Tage Haft.)

Wann ist der Antrag auf gerichtliche Entscheidung eingelegt? Ist dies rechtzeitig, also innerhalb einer Woche, geschehen?

Wie notwendig eine sorgfältige Prüfung dieser Sachen ist, mögen nachstehende tatsächlich vorgekommenen Fälle beweisen:

Ein Polizeibeamter war in Ausübung seines Dienstes angegriffen und mißhandelt worden. Es lag also Widerstand gegen die Staatsgewalt in Tateinheit mit Körperverletzung vor. Der Bürgermeister bestrafte den Täter mit 5 Mark oder 1 Tag Haft.

In Abwesenheit des Bürgermeisters war eine Polizeiverfügung von einem anderen in der Verwaltung tätigen Beamten unterschrieben worden, der zu ihrem Erlasse nicht befugt war.

Ein Polizeiverwalter bestrafte einen Bettler mit 1 Woche Haft, obgleich er höchstens 3 Tage verhängen durfte.

Die ländlichen Polizeiverwalter bekunden häufig einen großen Eifer bei Verfolgung von Wege- und Grundstücksstreitigkeiten. Sie stützen dieselben meistens auf den § 368 9 StGB. oder § 9 des Feld- und Forstpolizeigesetzes. In diesen Sachen handelt es sich meistens um Fragen zivilrechtlicher Natur. Aber man will die Kosten des Zivilprozesses sparen. In solchen Fällen empfiehlt es sich, in der Hauptverhandlung die Vertagung des Termins und Auflage an einen der Beteiligten, und zwar je nach Lage der Sache den Verletzten oder den Angeklagten, innerhalb der nächsten 3 Monate eine Entscheidung des Zivilrichters über den Charakter des Weges oder Grundstückes herbeizuführen. Das Schöffengericht ist nicht dazu da, Fragen zivilprozessualer Art zu entscheiden. In der Regel wird das Gericht sich gar nicht darauf einlassen, die streitige Rechtsfrage zu entscheiden, vielmehr den Angeklagten freisprechen mit der Begründung, daß er — wie nicht zu widerlegen, — an sein Recht geglaubt hat. Der Anzeiger ist dann keinen Schritt weiter gekommen. Manche Polizeiverwalter begehen auch den Fehler, Zuwiderhandlungen gegen Zwangsmaßnahmen, die sie auf Grund des § 132 des Landesverwaltungsgesetzes vom 30. August 1883 erlassen, als strafrechtliche Übertretungen zu betrachten und die Einsprüche dagegen den Amtsanwälten zuzusenden.

Zahlreiche polizeiliche Strafverfügungen enden bei Gericht mit Einstellung des Verfahrens, weil der erforderliche Strafantrag fehlt. (§ 370 5 StGB.; § 9, 18 des Feld- und Forstpolizeigesetzes; Verstöße gegen die Gesindeordnung usw.)

Wird einer der erörterten Mängel rechtzeitig entdeckt, so stellt der Amtsanwalt der Polizeibehörde anheim, die Strafverfügung zurückzunehmen. Er hat aber dann die Pflicht, für die Verfolgung einer tatsächlich begangenen Straftat, falls eine solche noch möglich ist, Sorge zu tragen, und darf dies nicht der Polizeibehörde überlassen, denn diese wird oft annehmen, daß er das Weitere, z. B. Abgabe an den Ersten Staatsanwalt, veranlassen werde. Weigert sich die Polizeibehörde, die Strafverfügung zurückzunehmen, so berichtet der Amtsanwalt dem Ersten Staatsanwalt, der dann mit der vorgesetzten Behörde der Polizeiverwaltung in Verbindung treten wird.

Noch häufiger scheitert die Hauptverhandlung an der Beweisfrage. Nicht selten erklärt der einzige in der Strafverfügung genannte Zeuge, z. B. ein Feldhüter, daß er die Tat gar nicht selbst wahrgenommen habe, sondern daß andere Zeugen sie gesehen hätten. Es kommt dann günstigstenfalls zur Vertagung. Die Kosten des ersten Termins waren umsonst. Der Amtsanwalt muß also auch in solchen Sachen Ermittelungen anstellen und den Beschuldigten, sowie die Zeugen polizeilich oder durch den Gendarm befragen lassen. Nicht selten führt dies zu dem Ergebnis, daß der Bestrafte seinen Einspruch zurückzieht. Noch häufiger wird aber der Amtsanwalt erkennen, daß die Aussagen der Zeugen zur Verurteilung nicht ausreichen. Er wird also der Polizeibehörde auch in diesem Falle anheimgeben, die Strafverfügung zurückzunehmen. Hierdurch werden manchmal hohe Kosten gespart. Vor allem aber werden Freisprechungen, die stets geeignet sind, das Vertrauen in die Rechtspflege zu erschüttern, vermieden.

Hierbei darf nicht unerwähnt bleiben, daß der Amtsanwalt befugt ist, bei ihm eingehende Anzeigen, die sich zur Erledigung durch polizeiliche Strafverfügungen eignen, an die Polizeibehörde abzugeben. Er muß sich dann aber nach einiger Zeit auch erkundigen, ob sie eine Strafverfügung wirklich erlassen hat. Ist das nicht geschehen, so muß er die Sache wieder an sich ziehen und sie wie jede andere behandeln. Dies Verfahren muß indessen die Ausnahme bleiben. Wer sich an den Amtsanwalt statt an die Polizeibehörde wendet, hat in der Regel seine Gründe dazu.

Wird ein Einspruch gegen eine polizeiliche Strafverfügung zurückgezogen, so ist die Strafverfügung oder, wenn diese sich nicht bei den Akten befindet, der Strafaktenbogen der Behörde, welche die Verfügung erlassen hat, zurückzugeben, damit sie für die Einziehung der Strafe eine Unterlage besitzt.

Wird dagegen die polizeiliche Strafverfügung, vielleicht nach den vom Amtsanwalt angestellten Ermittelungen, zurückgenommen, so bleiben die Akten nicht, wie viele Polizeiverwaltungen annehmen, in ihrem Besitz, sondern sie müssen dem Amtsanwalt zurückgegeben werden, der sie zu den Blattsammlungen legt.

X. Privatklagesachen.

Die Privatklagesachen werden dem Amtsanwalt vom Amtsgericht zur Kenntnisnahme von der Terminsanberaumung übersandt. Einer Prüfung, ob durch eine Beleidigung z. B. auch der Verdacht einer strafbaren Handlung begründet ist, bedarf es nicht. Das Amtsgericht sendet nämlich die Privatklageakten, oder eine Abschrift stets auch dem Ersten Staatsanwalt zur Kenntnisnahme und Prüfung zu. Immerhin darf der Amtsanwalt das Lesen dieser Akten nicht versäumen. Es kommt nicht selten vor, daß nebenher noch ein Strafverfahren läuft und es von Interesse ist, festzustellen, was die Personen im Privatklageverfahren ausgesagt haben. Manchmal wird auch mit einem Privatklageverfahren bis zur Beendigung eines damit zusammenhängenden Strafverfahrens oder umgekehrt gewartet. Außerdem ist für den Amtsanwalt eines kleinen Bezirkes alles, was sich in demselben auf strafrechtlichem Gebiete ereignet, von Interesse.

XI. Haftsachen.

a) Behandlung der Haftsachen im Allgemeinen.

Haftsachen sind streng genommen nur solche Sachen, in denen sich der Beschuldigte oder Angeklagte in Untersuchungshaft befindet. In diesem Abschnitte sollen aber auch diejenigen Sachen behandelt werden, in denen angestrebt wird, den Beschuldigten in Untersuchungshaft zu bringen. Verhaftung ist bekanntlich nur bei dringenden Verdachtsgründen gesetzlich zulässig. Aber wenn der Verdacht anfänglich noch so dringend schien, so stellt sich doch nicht allzu selten später heraus, daß er völlig unbegründet und der Verhaftete unschuldig war. Die Verhaftung ist eine einschneidende Maßnahme. Ihre Wirkung ist auf keine Weise, auch nicht mit Geld, wieder gutzumachen. Dies soll sich der Amtsanwalt stets vor Augen halten. Er muß, soweit dies an ihm liegt, dafür Sorge tragen, daß ein Verhafteter seine Freiheit keine Stunde länger entbehrt, als zur Vorbereitung der Aburteilung unbedingt nötig ist. Alle anderen Sachen muß er stehen und liegen lassen, wenn er eine Haftsache zu bearbeiten hat. Das ganze Verfahren, die möglichst gleichzeitig vorzunehmende Sammlung des Beweismaterials und der notwendigen Unterlagen, Erhebung der Anklage usw. hat so schnell wie irgend möglich zu erfolgen. Damit man stets an die Eile dieser Sachen erinnert wird, müssen die Akten den Vermerk „Haftsache" tragen. Auch alle Schreiben, die in solchen Sachen ergehen, sind mit diesem Vermerk zu versehen. Es empfiehlt sich, sämtliche Haftsachen in einem besonderen Fache oder einer besonderen Aktenhülle (rote Mappe) aufzubewahren. Um nichts zu versäumen, ist es notwendig, sie jeden Morgen durchzusehen.

Haftsachen entstehen manchmal erst im Laufe des Verfahrens. In einem zu bearbeitenden Straffalle hat man erst durch die eingeholten Vorstrafen ersehen, daß der Beschuldigte häufig und auch einschlägig vorbestraft ist. Er hat also eine erhebliche Strafe zu erwarten. Vielleicht gewahrt der Amtsanwalt nun, daß der Angeklagte bestrebt ist, sich der Aburteilung zu entziehen. Soll diese ermöglicht werden, so ist es notwendig, sich seiner zu versichern. Es bleibt also nichts übrig, als ihn verhaften zu lassen. Man stellt daher beim Amtsrichter unter Übersendung der Akten den Antrag auf Erlaß eines Haftbefehls. Ist dies geschehen, so werden die Akten der Polizeibehörde oder Gendarmerie des Aufenthaltsortes des Beschuldigten übersandt mit dem Ersuchen, ihn zu verhaften und unter Übersendung der Akten dem nächsten Amtsrichter vorzuführen. In minder eiligen Fällen kann der Amtsanwalt die Akten dem Amtsgericht des Aufenthaltsortes — wenn dieser nicht in seinem eigenen Bezirk liegt — übersenden, mit dem Ersuchen, die Verhaftung zu veranlassen.

Befindet sich der Festgenommene in einem auswärtigen Gefängnis, so ist erst recht Aufmerksamkeit und Vorsicht geboten. Unter Umständen wird der Verkehr zwischen dem Amtsanwalt und dem betreffenden Amtsgericht telegraphisch erfolgen müssen.

b) Haftfristverlängerung.

Auf Grund eines Haftbefehls darf der Beschuldigte vor der Eröffnung des Hauptverfahrens zunächst nur eine Woche in Haft behalten werden (§ 126 StPO.). Überzeugt sich der Amtsanwalt, daß er bei aller Beschleunigung mehr als eine Woche braucht, um die Sache zur Anklage bringen zu können, so beantragt er auf einem Formular Verlängerung der Haftfrist um eine

Woche. Der Antrag ist stets an das Gericht zu richten, das den Haftbefehl erlassen hat. Ist er z. B. vom Amtsgericht in Hanau erlassen und der Beschuldigte in Frankfurt am Main verhaftet, so reicht das Formular nicht aus, vielmehr muß der Amtsanwalt an das Amtsgericht in Hanau etwa, wie folgt, schreiben:

„Der Arbeiter X, gegen den das Königliche Amtsgericht in Hanau am 1. Dezember 1916 Haftbefehl wegen Diebstahls erlassen hat, ist am 29. Dezember 1916 in Frankfurt am Main verhaftet worden und befindet sich im Gerichtsgefängnis daselbst. Da mehrere in verschiedenen Gerichtsbezirken wohnende Zeugen vernommen werden müssen, beantrage ich, die Haftfrist um eine Woche zu verlängern und das Amtsgericht in Frankfurt am Main Abteilung 16 von diesem Beschlusse zu benachrichtigen."

Ist seit Erlaß des Haftbefehls schon längere Zeit verstrichen, so empfiehlt es sich, eine Abschrift desselben beizufügen, weil das Amtsgericht den Haftbefehl oft nicht mehr besitzt und sich der Sache auch nicht mehr erinnert. Selbstverständlich erübrigen sich diese Weiterungen, wenn die Akten dem Amtsgericht, das den Haftbefehl erlassen hat, aus anderen Gründen übersandt werden. Dann genügt der bloße Antrag. Reicht auch die zweite Woche zur Aufklärung nicht aus, so wird die Verlängerung der Haftfrist um zwei weitere Wochen beantragt. Diese nochmalige Verlängerung ist nur bei Vergehen statthaft. Mit dem Antrage auf Haftverlängerung darf nie bis zum letzten Tage der Haftfrist gewartet werden. Man mache es sich auch hier zum Grundsatz, diese Anträge nie ohne Einsicht in den Wortlaut des Gesetzes zu stellen.

c) Aufhebung des Haftbefehls.

Wird die Schuld des Verhafteten durch die Ermittelungen zweifelhafter, als bei Erlaß des Haftbefehls angenommen wurde, so hat der Amtsanwalt die Pflicht, seine Aufhebung zu beantragen. Er darf dies nicht dem Gericht überlassen, zumal dieses über das Ergebnis der neuen Ermittelungen häufig nicht unterrichtet sein kann.

Reicht das Beweismaterial zu einer Überführung nicht aus, so stellt der Amtsanwalt das Verfahren ein und stellt unter Übersendung der Akten beim Amtsrichter gleichfalls den Antrag auf Haftentlassung. Handelt es sich um ein auswärtiges Amtsgericht, so ist der Antrag telegraphisch zu stellen. Da das Gericht dem Antrage stattgeben muß, so ist nichts dagegen einzuwenden, wenn der Amtsanwalt die Entlassung des Beschuldigten schon vor der förmlichen Aufhebung des Haftbefehls veranlaßt.

d) Haftbeschwerde.

Bei der erstmaligen Vernehmung hat der Amtsrichter den Festgenommenen auch auf sein Beschwerderecht aufmerksam zu machen. Beschwert sich der Festgenommene über die Verhaftung, so muß der Amtsanwalt, sofern er nicht selbst die Aufhebung des Haftbefehls beantragt, die Akten sofort an die Staatsanwaltschaft weitergeben, welche sie der Strafkammer als der Beschwerdeinstanz übermittelt. **Wichtig hierbei ist, daß der Amtsanwalt vor Übersendung der Akten einen Antrag auf Haftverlängerung stellt und dies bei Übersendung der Akten ausdrücklich erwähnt.** Es könnte sonst vorkommen, daß Staatsanwaltschaft und Amtsanwaltschaft sich aufeinander verlassen, beide den Antrag auf Haftverlängerung nicht stellen und der Beschuldigte inzwischen auf freien Fuß gesetzt wird, weil die einwöchige Haftfrist abgelaufen ist. Der Antrag auf Haftverlängerung ist, wie schon vorhin gesagt, immer bei dem Amtsgericht zu stellen, das den Haftbefehl erlassen hat, und zwar sowohl dann, wenn das Landgericht die Beschwerde des Beschuldigten abgewiesen hat, als auch dann, wenn das Landgericht auf Beschwerde des Amtsanwalts Haftbefehl erlassen hat. Wird die Haftbeschwerde abgewiesen, so erhält der Amtsanwalt die Akten zur weiteren Bearbeitung zurück. Wird ihr stattgegeben, so wird die Haftentlassung durch das Beschwerdegericht bewirkt.

e) Steckbriefe.

Sehr häufig sind die Fälle, in denen der Aufenthalt des Beschuldigten nicht bekannt ist — er also gesucht werden muß. Das wirksamste Suchmittel ist, wie bereits erwähnt, der Steckbrief. Von einem solchen darf indessen, wie bereits oben — S. 116 — betont, nur in besonders wichtigen Sachen Gebrauch gemacht werden. Bei der begrenzten Zuständigkeit des Amtsanwalts kommen solche Sachen nur selten vor. Die Voraussetzung des Steckbriefs ist der Haftbefehl. Ohne ihn gibt es keinen Steckbrief, sondern höchstens eine öffentliche Umfrage nach dem Beschuldigten. Will der Amtsanwalt daher einen Beschuldigten steckbrieflich suchen, so muß er zunächst einen Haftbefehl erwirken. Ist ein solcher erlassen, so läßt nunmehr der Amtsanwalt einen Steckbrief ergehen. Er setzt die betreffende Verfügung in den Akten, unter Nennung der Blätter, in denen der Steckbrief veröffentlicht werden soll, auf. Jeder Steckbrief muß die nähere Bezeichnung der Tat, den Tag und den Ort derselben enthalten. Enthält der Steckbrief die Angabe „wegen Diebstahls einer goldenen Uhr", begangen am 2. Februar 1917 in Hanau, so wird der verhaftende Beamte sofort nach einer goldenen Uhr bei ihm suchen. Der Beschuldigte kann auch vielleicht sofort mit Sicherheit nachweisen, daß er am 2. Februar 1917 sich gar nicht in Hanau befand, sondern längst an dem Orte in Arbeit stand, an dem er verhaftet wurde. Dann ist die den Haftbefehl vollstreckende Behörde — geeignetenfalls nach Einholung telegraphischen oder telephonischen Einverständnisses des Amtsanwalts — in der Lage, den Beschuldigten sofort wieder in Freiheit zu setzen.

Die Fassung der Steckbriefformel in den amtlichen Blättern geschieht von den Schriftleitungen, die dabei nach bestehender Vorschrift oder Übung verfahren. Zum Erlasse von Steckbriefen werden dem Amtsanwalt Formulare geliefert. Er hat also nur den betreffenden Vordruck auszufüllen und zu versenden. Zur Aufnahme der Steckbriefe in die Regierungsamtsblätter (Öffentlichen Anzeiger) Preußens ist in jeder Provinz nur eines bestimmt. Das Verzeichnis derselben hat der Amtsanwalt in seinen Generalakten[1]). Die übrigen Steckbriefblätter und Zeitungen in Deutschland, die zur Aufnahme von Steckbriefen dienen, werden nachstehend aufgeführt:

Deutsches Fahndungsblatt in Berlin, das aber Steckbriefe wegen Vergehen nur in besonders wichtigen Fällen aufnimmt;

Königlich Preußisches Zentral-Polizei-Blatt in Berlin;

1) JMErl. vom 30. November 1912.

Süddeutscher Polizei-Telegraph in Mainz;
Königlich Sächsisches Gendarmerieblatt in Dresden;
Königlich Bayrisches Polizei-Blatt in München;
Fahndungsblatt des Königlich Württembergischen Landjäger-Korps in Stuttgart;
Fahndungsblatt des Großherzoglich Badischen Korpskommandos der Gendarmerie in Karlsruhe;
„Der Wächter", Polizei-Blatt für Mecklenburg in Schwerin;
Eberhardt'scher Polizei-Anzeiger in Coburg;
Elsaß-Lothringischer Polizei-Anzeiger in Straßburg;
Oldenburgischer Anzeiger in Oldenburg.

Je nach der Sachlage wird der Amtsanwalt die Blätter wählen. Im allgemeinen werden zwei genügen. Einmal nimmt er das Blatt, welches in der Gegend erscheint, in der der Beschuldigte geboren ist, und als zweites das, welches in der Provinz erscheint, in der sein Aufenthalt vermutet wird. Das Amtsblatt der Provinz, in der der Beschuldigte zuletzt gesehen worden, ist nur dann zu benutzen, wenn anzunehmen ist, daß er sich noch in der Provinz aufhält. Bei Landstreichern ist hiermit nicht zu rechnen. Um die Aufnahme in das Zentralsteckbriefregister der Polizeibeamten, von dem später noch die Rede sein wird, zu erwirken, genügt ein Blatt. Aber da der Steckbrief auch in Personenkreise getragen werden soll, die nicht im Besitze des Zentralsteckbriefregisters sind, empfiehlt es sich, mindestens zwei Zeitungen zu wählen. Nehmen wir an, der Gesuchte ist in Swinemünde geboren, er hat sich aber zuletzt in der Nähe von Darmstadt aufgehalten, so wird man den Steckbrief dem Regierungsamtsblatt zu Stettin und dem „Süddeutschen Polizeitelegraphen zu Mainz" zur Veröffentlichung übersenden. Es ist also stets zu prüfen, in welche Kreise man die Steckbriefnachricht tragen will. Mehr als drei Blätter werden sehr selten erforderlich sein. Auch der Kosten wegen nehme man nicht mehr. Die Aufnahme der Steckbriefe in das Fahndungsblatt, Zentralpolizeiblatt und in die Regierungsamtsblätter (Öffentlichen Anzeiger) Preußens erfolgt kostenlos, bei den übrigen Blättern muß sie bezahlt werden. Mit den Belagsblättern gehen auch die Rechnungen ein. Unter Übersendung der Akten an das Amtsgericht ersucht der Amtsanwalt um ihre Bezahlung.

Polizeiliche Mitwirkung. Alle Steckbriefe, die in den S. 140 genannten Blättern erscheinen, werden 14-tägig zu je einem „Zentralsteckbriefregister" in Buchform zusammengestellt. Diese Bücher befinden sich leider nicht im Besitze aller, aber doch sehr vieler Polizeibehörden, Polizeibeamten und Gendarmen. Stoßen diese auf eine verdächtige Person, so sehen sie in dem Buche nach, ob sie steckbrieflich verfolgt wird, und nehmen sie dann fest. Was diese steckbriefliche Suche bedeutet, führe man sich nur einmal vor Augen. Bisher suchte der Amtsanwalt allein, jetzt suchen 20—30000 Polizeibeamte mit.

Ist es gelungen, den steckbrieflich Verfolgten zu ermitteln und festzunehmen, so wird er dem nächsten Amtsrichter vorgeführt und gleich wie jeder andere Verhaftete behandelt.

Ist das halbe Jahr oder die Frist verstrichen, in der man den Steckbrief wirken lassen wollte, und der steckbrieflich Verfolgte nicht ermittelt, so muß wieder an den betreffenden Orten, wo sein Aufenthalt vermutet wird, nachgefragt werden. Es ist nichts Seltenes, daß ein steckbrieflich verfolgter Mensch unter den Augen der Polizei unter falschem, entstelltem, vielleicht sogar unter seinem richtigen Namen ruhig weiterlebt und seinen Geschäften nachgeht. Sind diese Nachfragen erfolglos, so legt man die Akten wieder auf längere Zeit zurück, um schließlich eine Steckbrieferneuerung oder die Einstellung des Verfahrens zu erwägen.

f) Steckbrieferneuerung.

Hat ein Steckbrief nicht gewirkt, hat man 1—2 Jahre umsonst auf die Ergreifung gewartet, so kann der Steckbrief in besonders wichtigen Fällen erneuert werden. Zu Steckbrieferneuerungen werden dem Amtsanwalt die entsprechenden Formulare gleichfalls umsonst geliefert. Er hat den Vordruck desselben wiederum nur auszufüllen und an die gleichen Blätter wie früher zu senden. Unter Umständen wählt man jetzt auch ein anderes Blatt. Im übrigen ist das Verfahren dasselbe wie beim erstmaligen Erlasse des Steckbriefes.

g) Steckbriefzurücknahme.

Sehr wichtig ist die Zurücknahme des erledigten Steckbriefes. Sie ist nicht, wie mancher Amtsanwalt annimmt, Sache des

Amtsrichters. Hat die Staatsanwaltschaft ein Aktenstück, in dem ein Steckbrief erlassen ist, an den Amtsanwalt abgegeben, so muß dieser den Steckbrief zurückziehen. Die Staatsanwaltschaft führt in diesem Falle keine weitere Kontrolle, der Amtsanwalt ist allein verantwortlich. Auch für die Zurücknahme des Steckbriefes werden ihm Formulare (Postkarten) geliefert. Diese Mitteilung hat er natürlich an dieselben Blätter ergehen zu lassen, die den Steckbrief gebracht haben. Diese bringen den bezüglichen Vermerk, die Verfasser des polizeilichen Zentralsteckbriefregisters übernehmen die Nachricht, wodurch der Tätigkeit der Polizei gegen die betreffende Person Halt geboten wird. Andernfalls kann es vorkommen, daß der Beschuldigte später, nachdem er bereits abgeurteilt ist und die Strafe verbüßt hat, oder die Sache verjährt ist, nochmals verhaftet wird. Der Amtsanwalt hat dann die entstandenen Kosten persönlich zu tragen und ist auch zivilrechtlich dem Betroffenen haftbar.

h) Suchvermerk.

Billiger, gefahrloser, zum Teil auch wirksamer als der Steckbrief in den öffentlichen Blättern ist die sogenannte Steckbriefnachricht, auch Suchvermerk genannt.

Jede Strafe wegen eines Vergehens wird bekanntlich der Staatsanwaltschaft des Geburtsortes des Bestraften mitgeteilt. Hier liegen die Strafzettel, genau nach dem Alphabet geordnet, in großen Schränken. Sucht der Amtsanwalt einen Beschuldigten, so sendet er eine Steckbriefnachricht (Suchvermerk) an die Staatsanwaltschaft des Geburtsortes. Hier wird der Suchvermerk unter die schon vorhandenen Strafzettel des Beschuldigten gelegt, oder, wenn er noch unbestraft ist, an die Stelle, wo die Strafzettel liegen würden, wenn er vorbestraft wäre. Da man es meistens mit Gewohnheitsverbrechern zu tun hat, so wird es selten lange dauern, bis der Verfolgte wiederum eine Straftat begeht. Das erste, was die für die neue Straftat zuständige Staatsanwaltschaft veranlaßt, ist, daß sie bei der Staatsanwaltschaft des Geburtsortes nach den Vorstrafen fragt. Der Registerführer sieht im Schranke nach und findet außer dem Strafzettel über die Vorbestrafungen auch den Suchvermerk des Amtsanwalts. Er sendet diesen sofort dem Amtsanwalt zurück mit der Benachrichtigung, daß der Gesuchte jetzt von der Staatsanwaltschaft in X unter dem Aktenzeichen J 12/17 verfolgt wird. Nun wendet sich der Amtsanwalt an die Staatsanwaltschaft in X und wird jetzt meistens erfahren, wo sich der Gesuchte aufhält. Andernfalls fragt er von Zeit zu Zeit bei der Staatsanwaltschaft in X an.

Der Suchvermerk kann in wichtigen Fällen auch zur Ermittelung von Zeugen benutzt werden, falls diese dem Kreise der gewohnheitsmäßigen Missetäter angehören.

Es besteht für den Suchvermerk ein Formular (rot). Wenn der Amtsanwalt es nicht besitzt, kann er es stets vom Amtsgericht erhalten. Der Suchvermerk muß, sobald der Beschuldigte ergriffen, oder die Sache auf andere Art erledigt ist, zurückgenommen werden.

XII. Einschreiten gegen Bettler, Landstreicher, Dirnen und Zigeuner.

Ein besonders wichtiger Zweig der Tätigkeit des Amtsanwalts besteht in der nachdrücklichen Verfolgung der Bettler, Landstreicher, öffentlichen Dirnen und Zigeuner. Bei größeren Amtsanwaltschaften, deren Bezirk von großen historischen Landstraßen durchzogen wird, liegen, besonders im Winter, fast stets solche Fälle zur Bearbeitung vor. Allerdings nur dann, wenn der Amtsanwalt nicht zur Erledigung dieser Fälle durch sofortige Hauptverhandlung gemäß § 211 StPO. die Hand bietet. Es ist bei vielen Amtsgerichten, im Interesse der Beschleunigung des Verfahrens üblich, Personen, die auf Grund des § 361 3–8 StGB. festgenommen und eingeliefert werden, sofort abzuurteilen. Die Beschuldigten sind in der Regel geständig, so daß ihrer Aburteilung ohne Schöffen nichts im Wege steht. Meistens sind es vorbestrafte Personen, die sehr wohl wissen, daß das Dunkel, in das sie sich mit Vorliebe hüllen, bei diesem Verfahren nicht gelichtet wird, sie also bei ihm weit besser als sonst fortkommen. Sie gestehen daher gerne alles ein, nur um ihre sofortige Aburteilung, die meistens nur zu ganz kurzen Strafen führt und eine Überweisung ausschließt, zu ermöglichen. Da viele Amtsanwälte sich über die Tragweite dieses Verfahrens nicht klar sind, dadurch auch Zeit und Arbeit sparen, so widersprechen sie dieser Erledigung meistens nicht. Im Einzelfalle, wenn der Amtsanwalt imstande ist, mündlich oder telephonisch von der Registerbehörde oder auf andere Weise zu erfahren, daß der Eingelieferte nicht einschlägig vorbestraft ist, oder gesucht wird — aber auch nur dann — ist gegen die sofortige Hauptverhandlung nichts einzuwenden. In allen anderen Fällen ist sie vom Übel, und der Amtsanwalt, der, ohne das Vorleben des Vorgeführten zu kennen, in die sofortige Hauptverhandlung willigt, handelt unzweckmäßig. Ergibt sich nach Einziehung der Vorstrafen, daß Überweisung an die Landespolizeibehörde nicht in Betracht kommt, so kann die Sache auch im Wege des Strafbefehls erledigt und eine außerordentliche Schöffensitzung vermieden werden.

Die Bevölkerung leidet überall unter der Plage des fahrenden Volkes (Bettler, Landstreicher, Zigeuner, Dirnen, zweifelhafte, namentlich ausländische Hausierer u. a.). Schätzungsweise bezifferte sich seine Zahl vor dem Kriege auf 5 Millionen. Die Klagen über sie, namentlich aus ländlichen Gebieten, sind unaufhörliche und dringende. Aber auch die Vorstände mancher Arbeitshäuser klagen über die geringe Zahl ihrer Insassen. Also leere Korrektionsanstalten bei vorhandener Bettler- und Landstreicherfülle. — Umgekehrt müßte es sein! — Die Polizeibehörden können des Übelstandes aber allein nicht Herr werden, wenn sie nicht, namentlich durch die Amtsanwälte, tatkräftig unterstützt werden.

Man bedenke dabei folgendes: Die Zahl der Diebstähle, bei denen es nicht gelang, den Täter zu ermitteln, ist sehr groß. Ein beträchtlicher Teil von ihnen fällt den Bettlern, Landstreichern und Hausierern zur Last. Durch ihr Vorhaben, zu betteln und zu hausieren, sind sie sozusagen legitimiert, in die Wohnungen zu dringen, wo sie zum Stehlen günstige Gelegenheit finden. Die beste Zeit dazu ist der Vormittag, wo die Kinder in der Schule sind, der Mann zur Arbeit und die Frau zeitweilig in Waschküche, Keller, Garten, Hof, oder beim Krämer abwesend ist. Wenn die Wohnung nicht offen ist, wie es häufig vorkommt, so steckt der Schlüssel vielleicht in der Tür, er hängt am Pfosten oder liegt unter der Matte. Die Geldtasche mit dem Wirtschaftsgelde liegt in der Regel in der obersten Schieblade der Kommode oder Anrichte, die Taschenuhr unter dem Kopfkissen, oder sie hängt an der Wand. Schuhzeug, Kleidungsstücke und andere Gegenstände, die zum Diebstahl reizen, liegen umher. So sind die Verhältnisse fast in allen Arbeiter- und kleinbürgerlichen Kreisen, die in der Hauptsache von diesen Diebstählen betroffen werden. Diese Verhältnisse sind den erfahrenen Bettlern usw. wohlbekannt. Kommen sie in eine solche Wohnung, so stehlen sie meistens auch. Werden sie unverhofft darin betroffen, so reden sie sich damit heraus, sie hätten jemand suchen wollen, um eine Gabe zu erbitten oder Waren anzubieten. Selbst wenn gleich festgestellt wird, daß ein Diebstahl begangen ist, so erfolgt in der Regel eine Anzeige nicht sofort. Es handelt sich meistens um Frauen, die nicht den Mut haben, diesen Personen entgegenzutreten, sie zu verfolgen, auch sind sie oft nicht zum Ausgehen angezogen und haben vielleicht die Zeit nicht, um, wie es nötig wäre, sofort Anzeige zu erstatten. Wenn die Polizei diese erhält, ist es meistens zu spät, der Täter fort, seine Ergreifung nicht mehr möglich. Will man daher die Diebstähle verringern, so muß dem fahrenden Volke weit schärfer, als bisher, entgegengetreten werden.

Die beste und fühlbarste Strafe für den Bettler ist die Überweisung an die Landespolizeibehörde. Haftstrafen werden von ihm höchstens im Sommer als unangenehm, im Winter immer als eine Wohltat empfunden. Kann die Überweisung nicht erwirkt werden, so mag man im Sommer möglichst lange und im Winter recht kurze Haftstrafen in Antrag bringen.

Vielfach sind Schöffengericht und Strafkammer für die Verurteilung zur Überweisung an die Landespolizeibehörde nicht oder nur schwer zu haben. Der Amtsanwalt darf sich dadurch nicht abschrecken lassen. Mündlich bei der Antragstellung und schriftlich bei den stets einzulegenden Berufungen muß er immer wieder auf die Gefährlichkeit des fahrenden Volkes hinweisen.

Leider erörtern die Polizeibehörden meistens bei den Bettlern das Landstreichen nicht. Man beschränkt sich in der Regel darauf, das Geständnis, gebettelt zu haben, entgegenzunehmen, und gibt dann die Sache, ohne weitere Fragen zu stellen, an das Amtsgericht ab. Das ist nicht richtig. Die Personen sollten auch stets eingehend an der Hand ihrer Papiere über ihre Arbeitsverhältnisse im letzten Jahre und namentlich in den letzten 3 Monaten vernommen werden. Vielfach wird sich dann neben dem Betteln auch Landstreichen nachweisen lassen. Der Verdacht des Landstreichens ist fast bei jedem Bettler begründet. Landstreichen fällt schwerer ins Gewicht, als Betteln, und verfehlt auch seine Wirkung auf den Richter nicht. Der Landstreicher ist aber immer ein Bettler und meistens auch ein Dieb. Die Ausdehnung der Anklage auf den Tatbestand der Landstreicherei gewährt zudem dem Amtsanwalt eine weit günstigere Stellung, da ein Landstreicher auch dann der Landespolizeibehörde überwiesen werden kann, wenn er noch nicht einschlägig vorbestraft ist. Die Angaben, die der Festgenommene bei seiner Vernehmung gemacht hat, müssen vom Amtsanwalt nachgeprüft werden, wozu er sich am besten entsprechender Formulare bedient. Geschieht das nicht, so wird es nicht ausbleiben, daß der Angeklagte in der Schöffengerichtssitzung, wenn ihm das Arbeitshaus droht, mit allen möglichen Behauptungen über seine Beschäftigung in den letzten 3 Monaten hervortritt, die der Amtsanwalt nun nicht zu widerlegen vermag.

Das gefährlichste Element des fahrenden Volkes verkörpert sich im Zigeuner. Was über die Behandlung der Bettler und Landstreicher gesagt wurde, gilt ganz besonders für ihn. Die Gefährlichkeit der Zigeuner besteht darin, daß sie mehr noch als jene ihre Existenz nur durch strafbare Handlungen fristen, dabei aber horden- und bandenweise das Land durchziehen, dadurch der schwachen Polizei auf dem Lande große Schwierigkeiten bereiten und vor Mord und Totschlag nicht zurückschrecken. Würden die Anordnungen[1]), die die Aufsichtsbehörden zu ihrer Bekämpfung erlassen haben, streng befolgt, so wäre das Zigeunerunwesen längst ausgerottet. Die Schwierigkeiten sind nicht zu verkennen, aber sie können überwunden werden. Es ist richtig, daß die Polizei- und Gerichtsgefängnisse an kleinen Orten zur Aufnahme ganzer Banden nicht ausreichen. Aber in solchen Fällen können, wie der Herr Justizminister angeordnet hat, die Zigeuner auch als Polizeigefangene in größeren Gerichtsgefängnissen Aufnahme finden. Schwierig und kostspielig ist natürlich auch die Sorge für die mitgeführten Tiere, Kinder u. a. Aber das berechtigt keines-

1) Anweisung des Ministers des Innern vom 17. Februar 1906 (MBl. S. 53); Bekanntmachung des Reichskanzlers vom 27. November 1896 (RGBl. S. 745); Anweisung des Justizministers vom 5. Juli 1906 (MBl. S. 238).

wegs zu der jetzigen Gepflogenheit zahlreicher Behörden, die Banden nun stets dem Nachbar zuzuschieben und für ihre Beseitigung nichts zu unternehmen. Zu dieser gehört die Festnahme, Ausweisung der Ausländer, Bestrafung der Inländer, wobei vor allen Dingen stets die Überweisung an die Landespolizeibehörde zu erstreben ist. In jedem Falle, wenn Zigeuner aufgegriffen werden, ist der bei der Königlichen Polizeidirektion zu München eingerichteten Zigeunerzentrale Mitteilung zu machen, welche dem Amtsanwalt in den meisten Fällen auch Beweismaterial liefern und bei der Feststellung der Persönlichkeiten mithelfen wird.

XIII. Einschreiten wegen Vergehen gegen die Gewerbeordnung und die Gewerbesteuergesetze.

Viele Amtsanwälte kennen die Wandergewerbescheine und Gewerbelegitimationskarten nicht genügend, was zur ungerechtfertigten Einstellung von Verfahren oder zu Freisprechungen führt.

Beide Ausweise gelten für das Kalenderjahr. Manche umherziehende Geschäftsleute oder Hausierer benutzen die ihnen am Jahresanfange zugehenden Mitteilungen, daß für sie ein Wandergewerbeschein zum Abholen gegen Zahlung der Jahressteuer bereitliegt, das ganze Jahr hindurch zu ihrer Legitimation. Werden sie von der Polizei betroffen, so legitimieren sie sich mit ihr, und die ungeschulte Landpolizei und wohl auch mancher Amtsanwalt läßt sich daran genügen. So kann es vorkommen, daß sie ihr Gewerbe das ganze Jahr hindurch betreiben, ohne den Wandergewerbeschein einzulösen und die Steuer zu zahlen.

Andere Hausierer wiederum, die einen Wandergewerbeschein haben müßten, lassen sich nur eine Legitimationskarte ausstellen, üben mit dieser das Gewerbe aus und entziehen sich so ebenfalls der Steuer. Es kommt auch vor, daß z. B. zwei Geschäfte auf einen Wandergewerbeschein betrieben werden. Da ist z. B. der Gewerbeschein auf den Namen der Frau ausgestellt und der Ehemann als Begleiter eingetragen. Nun ist es nichts Seltenes, daß z. B. zu Ostern oder Pfingsten erst die Frau bei der Polizeibehörde des einen Ortes sich die Erlaubnis erwirbt, etwa mit einem Karussell aufzutreten, der Mann aber geht mit demselben Gewerbeschein nach einem anderen Ort und läßt sich dort von der Polizei, die vielfach die Feinheiten des Wandergewerbescheines gleichfalls nicht kennt, die Erlaubnis zum Aufstellen einer Schießbude oder einer Schiffschaukel erteilen. Diese und ähnliche Schiebungen kommen häufig vor. Sie zu kennen, ist auch für den Amtsanwalt nötig. Es ist auch wichtig, bei diesen Hausiersteuervergehen zu beachten, daß stets der doppelte Jahressteuersatz als Strafe in Antrag gebracht werden muß. In einem Falle hatte der Amtsanwalt dies versäumt und nur die einfache Jahressteuer als Strafe beantragt. Der Amtsrichter hatte die Nachprüfung unterlassen, und so war der Angeklagte mit der Hälfte der Strafe davongekommen. Die Oberrechnungskammer entdeckte den Fehler und veranlaßte, daß Amtsrichter und Amtsanwalt den fehlenden Betrag aus eigenen Mitteln zahlten. Allerdings wurde er ihnen später auf die Beschwerde des Amtsrichters hin zurückerstattet.

Vielfach werden, wenn unbefugtes Hausieren festgestellt wird, die mitgeführten Waren beschlagnahmt. Der Amtsanwalt muß sich darum kümmern, daß sie sichergestellt oder gleich mit dem Antrage auf Erlaß eines Strafbefehls dem Amtsgericht übersandt werden. Sie sollen als Deckung für die hinterzogenen Steuern sowie der Strafe und Kosten dienen.

Diese Verstöße bergen zwei Handlungen in sich: eine gewerbepolizeiliche, die versäumte Anmeldung, die eine Übertretung, und eine gewerbesteuerliche, die ein Vergehen darstellt. Verjährung tritt also erst in 5 Jahren ein.

XIV. Einstellung des Verfahrens.

a) Voraussetzungen.

Nach § 201 der StPO. hat das Gericht das Hauptverfahren nur dann zu eröffnen, wenn gegen den Angeschuldigten „hinreichender Verdacht" vorliegt. Die Sache muß also so liegen, daß, wenn die Zeugen ihre bisherigen Aussagen aufrechterhalten und keine neuen entlastenden Tatsachen ermittelt werden, mit Wahrscheinlichkeit auf die Verurteilung des Angeschuldigten gerechnet werden darf. Liegt eine solche Wahrscheinlichkeit nicht vor, so klagt der Amtsanwalt nicht an, sondern stellt das Verfahren ein. Wahrscheinlichkeit ist weniger als Gewißheit und mehr als Möglichkeit. Soll ein hoher, an Gewißheit grenzender, Grad von Wahrscheinlichkeit verlangt werden? Bei leichten Fällen, die das öffentliche Interesse wenig berühren, wird man diese Frage bejahen dürfen. Bei schwereren Fällen, namentlich gegenüber vielfach vorbestraften Personen, wird man zu ihrer Verneinung neigen. Auch die Frage, ob die Verhandlung unverhältnismäßig hohe Kosten fordern werde, wird im Zweifelsfalle nicht unberücksichtigt bleiben dürfen. Endlich wird der Charakter der Straftat in Erwägung zu ziehen sein. — Wird ein unbescholtener Mann wegen Körperverletzung, Beleidigung, Gewerbevergehen u. dgl. angeklagt und demnächst freigesprochen, so hat ihm zwar das gerichtliche Verfahren Kosten und Sorgen gemacht, aber sein Ansehen bei seinen Mitbürgern ist kaum geschädigt. Muß er sich dagegen in öffentlicher Gerichtssitzung wegen Diebstahls oder Betrugs oder eines anderen von unehrlicher Gesinnung zeugenden Vergehens verantworten, so erleidet sein Ansehen eine dauernde Einbuße. Im ersteren Falle ist es also minder bedenklich, eine zweifelhafte Entscheidung dem erkennenden Gerichte zu überlassen, im letzteren dagegen größte Vorsicht geboten.

Bei den landgerichtlichen Staatsanwaltschaften werden jährlich mehr als 40 vom Hundert (im Jahre 1914 sogar 49,5 vom Hundert) Sachen eingestellt.

Abgesehen davon, daß die staatsanwaltschaftlichen Sachen mit anderem Maßstabe gemessen werden müssen, als die amtsanwaltschaftlichen, wäre das Streben, möglichst viele Sachen einzustellen, nur um die Freisprechungsziffer niedrig zu halten, verfehlt. Einstellungs- und Freisprechungsziffern müssen in richtigem Verhältnis zueinander stehen. Zweifelhafte Sachen einzustellen ist leicht, sie zur Bestrafung zu bringen aber sehr schwer. Ein Amtsanwalt mit niedriger Einstellungs- und Freisprechungsziffer hat selbstverständlich besser gearbeitet, als ein anderer, dessen Geschäftsführung hohe Einstellungs- und Freisprechungszahlen aufweist. Zum mindesten muß verlangt werden, daß einer hohen Einstellungsziffer eine niedrige Freisprechungsziffer gegenübersteht.

Gemäß § 169 der StPO. hat der Amtsanwalt bei Einstellung des Verfahrens den Antragsteller unter Angabe der Gründe zu bescheiden. Dieser hat also ein gesetzliches Recht, diese Gründe zu erfahren, und braucht sich nicht mit nichtssagenden, allgemeinen Redensarten abspeisen zu lassen. So manche Beschwerde würde vermieden werden, wenn der Amtsanwalt sich über die Gründe, aus denen er die Anklageerhebung für aussichtslos hält, genauer ausgesprochen hätte.

b) Der Bescheid.

Bescheide, die nichts enthalten als allgemeine Wendungen, z. B.:

> Ich muß Einschreiten ablehnen, weil die angestellten Ermittelungen keinen genügenden Anlaß zur Erhebung der öffentlichen Anklage gegeben haben,

oder:

> weil nach Lage der Sache mit der Überführung des Beschuldigten nicht zu rechnen ist,

oder:

> weil genügender Verdacht einer strafbaren Handlung nicht vorliegt,

oder:

> weil die Angaben des Beschuldigten nicht widerlegt werden konnten,

geben sich nur den Schein einer Begründung; tatsächlich sind sie völlig inhaltlos. Sie passen ohne Unterschied auf jede Sache, und der Amtsanwalt könnte sich einfach ein Formular beschaffen, das er unterschiedslos verwendet! Tatsächlich ist ein Formular im Handel, das nur die Worte des zuerst angeführten Beispiels eines sogenannten Bescheides enthält. Zugunsten des Verfassers ist aber anzunehmen, daß diese Worte nur die Einleitung des Bescheides darstellen, der eine dem Einzelfalle angepaßte nähere Begründung folgen soll.

Eine so kurze Begründung ist höchstens bei Sachen statthaft bei denen überhaupt kein Anhalt gegen eine bestimmte Person vorlag, wie z. B. in dem schon erwähnten Beispiel des nächtlichen Wäschediebstahls von der Bleiche.

In anderen Sachen muß der Bescheid sich darüber aussprechen, ob die Einstellung des Verfahrens aus tatsächlichen Gründen (Mangel an Beweis) oder aus Rechtsgründen (die Tat fällt nicht unter ein Strafgesetz, sie ist verjährt usw.) erfolgt.

Man sei in diesen Zuschriften möglichst klar, berücksichtige den Bildungsgrad des Antragstellers und drücke sich in kurzen Sätzen, unter Vermeidung von Fremdwörtern und dem Laien nicht geläufigen Fachausdrücken, volkstümlich aus.

c) Beispiele.

1. Tatsächliche Gründe.

Auf Ihre Anzeige gegen den Arbeiter S. wegen Diebstahls ist das Verfahren eingestellt worden. Allerdings ist er, wie er einräumt, am 3. Januar 1917 in Ihrem Hause gewesen, und die Gründe, die er für seine Anwesenheit angibt, klingen nicht allzu wahrscheinlich. Allein Sie können nicht mit voller Sicherheit behaupten, daß das fehlende Geld am 3. Januar noch vorhanden war. In Ihrem Hause verkehren zahlreiche Personen, die in Ihrer Wohnung nicht weniger als der Beschuldigte Bescheid wußten und den Diebstahl ausgeführt haben können. Bei der Haussuchung sind 23 Mark beim Beschuldigten gefunden worden, indessen sind seine Angaben, wie er zu diesem Gelde gekommen sein will, nicht widerlegt.

Oder:

Auf Ihre Anzeige gegen den Tagelöhner P. wegen Körperverletzung muß ich Anklageerhebung ablehnen. Er bestreitet, derjenige zu sein, der Sie in der Nacht zum 15. Februar 1917 auf der Dorfstraße überfallen hat. Sie behaupten zwar, daß Sie ihn bestimmt erkannt hätten; allein da es in der fraglichen Nacht sehr dunkel war, ist ein Irrtum Ihrerseits nicht völlig ausgeschlossen. Auch der Umstand, daß er einige Wochen vorher gegen Sie eine Drohung ausgestoßen hat, ist nicht ausschlaggebend.

Oder:

Auf Ihre Anzeige gegen Frau Z. wegen Hausfriedensbruchs lehne ich Einschreiten ab. Sie behaupten zwar, sie mehrmals zum Verlassen Ihrer Wohnung aufgefordert zu haben. Die Beschuldigte bestreitet dies aber, und Ihr durch andere Beweismittel nicht unterstütztes Zeugnis ist zu ihrer Überführung um so weniger geeignet, als Sie mit ihr seit Jahren in bitterer Feindschaft leben.

2. Rechtsgründe.

Auf Ihre Anzeige vom 19. August 1917 gegen den Landwirt F. wegen Hausfriedensbruchs teile ich Ihnen mit, daß das Verfahren eingestellt worden ist. Der Beschuldigte bestreitet nicht, trotz Ihres Verbotes Ihre Hofraite betreten zu haben. Allein er behauptet, auf Grund von Ersitzung hierzu berechtigt zu sein. Es mag dahingestellt bleiben, ob eine solche Ersitzung tatsächlich stattgefunden hat, denn jedenfalls kann dem Beschuldigten nicht nachgewiesen werden, daß er nicht tatsächlich an dies Recht geglaubt hat. Es muß Ihnen überlassen bleiben, Zivilklage zu erheben.

Oder:

Auf Ihre Anzeige vom 14. Januar 1917 wegen Betrugs habe ich das Verfahren eingestellt. Allerdings hat der Beschuldigte am Morgen des 6. Januar 1917 das von Ihnen gemietete Zimmer unter Mitnahme seiner Sachen heimlich verlassen, ohne den Rest seiner Mietschuld zu begleichen. Allein er behauptet, diesen Entschluß erst an diesem Morgen auf Zureden des M. gefaßt zu haben, weil ihm die Arbeit in dem N.schen Steinbruche zu schwer war. Dies ist nicht zu widerlegen und also nicht zu beweisen, daß er schon zu einer Zeit, als er noch bei Ihnen borgte, gar nicht die Absicht hatte, seine Schuld zu berichtigen. Betrug im Sinne des § 263 StGB. ist deshalb nicht nachweisbar.

Oder (tatsächliche und Rechtsgründe gemischt):

Auf Ihre Anzeige vom 16. Juni 1917 gegen den Kaufmann L. wegen Mißhandlung erhalten Sie den Bescheid, daß das Verfahren eingestellt worden ist. Der Beschuldigte bestreitet nicht, Sie geschlagen zu haben. Allein er behauptet, daß Sie mit erhobenem Stocke auf ihn zugekommen seien, und daß er lediglich Ihrem Angriffe zuvorgekommen sei, also in Notwehr gehandelt habe. Zwar hat der von Ihnen genannte Zeuge A. nichts davon gesehen, daß Sie auf den Beschuldigten eingedrungen sind. Allein anscheinend hat er den Anfang des Streites gar nicht wahrgenommen. Ihr eigenes Zeugnis ist zur Widerlegung der Behauptungen des Beschuldigten um so weniger geeignet, als seine Angaben von seiner Frau und Schwiegermutter bestätigt werden.

Oder:

Auf Ihre Anzeige gegen H. wegen Sachbeschädigung benachrichtige ich Sie von der Einstellung des Verfahrens. Sachbeschädigung ist nur strafbar, wenn sie vorsätzlich begangen ist (§ 303 StGB.). Der Beschuldigte behauptet aber, daß er nur deshalb so stark mit dem Stocke an Ihre verschlossene Haustür geschlagen habe, weil er seine Frau veranlassen wollte, ihm Einlaß zu gewähren. Er mag in seiner Trunkenheit stärker als nötig geschlagen haben, und hat wohl auch nicht bedacht, daß das Holz der Tür schon morsch war. Fahrlässige Sachbeschädigung ist, wie gesagt, nicht strafbar.

Oder:

Auf Ihre Anzeige vom 19. Mai 1917 gegen den Schlosser F. wegen Sachbeschädigung gebe ich Ihnen dahin Bescheid, daß das Verfahren eingestellt worden ist. Sachbeschädigung ist nur auf Antrag strafbar. Der Antrag muß binnen 3 Monaten, nachdem der Verletzte von der Straftat und der Person des Täters Kenntnis erlangt hat, gestellt werden. Die Tat ist am 3. Januar 1917 begangen. Sie haben aber erst am 17. Mai Strafantrag gestellt. Ihre Behauptung, daß Ihre Frau Ihnen erst am 19. Februar Mitteilung von der Sache gemacht hat, ist nicht glaubhaft. Sie haben zwar damals auswärts gearbeitet, waren aber im Januar und in der ersten Hälfte Februar wiederholt Sonntags zu Hause, und es ist durchaus unwahrscheinlich, daß Ihre Frau Ihnen den Vorgang verschwiegen haben sollte.

Oder:

Auf Ihre Anzeige gegen die Ehefrau F. wegen Übertretung des § 18 des Feld- und Forstpolizeigesetzes lehne ich Einschreiten ab. Übertretungen verjähren binnen 3 Monaten. Die Sache ist zwar vor Ablauf dieser Frist angezeigt worden, und es wäre möglich gewesen, die Unterbrechung der Verjährung durch Herbeiführung einer richterlichen Handlung zu bewirken. Eine solche ist aber nicht erfolgt, und es lag auch kein Anlaß zu ihrer Herbeiführung vor. Sie hatten nämlich unterlassen, den Tag der Tat in Ihrer 2 Monate nachher erstatteten Anzeige anzugeben, und es mußte angenommen werden, daß die Tat erst kurz vor der Anzeige begangen sei.

Oder:

Auf Ihre Anzeige gegen den Weichensteller F. wegen Körperverletzung lehne ich ein Einschreiten ab. Der Beschuldigte hat Sie mit einem dünnen Stocke geschlagen. Es liegt daher nur „leichte" (einfache) Körperverletzung vor. Wegen dieses Vergehens schreitet die Amtsanwaltschaft nur dann ein, wenn die strafrechtliche Verfolgung im öffentlichen Interesse liegt (§ 416 StPO.). Ein solches vermag ich im vorliegenden Falle um so weniger anzuerkennen, als Sie den Beschuldigten durch Schimpfworte gereizt haben. Es steht Ihnen frei, Privatklage zu erheben.

d) Formen der Mitteilungen an Anzeiger und Beschuldigte.

Der Anzeiger erhält Nachricht von Einstellung des Verfahrens nicht nur dann, wenn er die Anzeige selbst geschrieben, sondern auch dann, wenn er sich mündlich an den Gendarm oder einen Polizeibeamten gewandt und dieser die Anzeige erstattet hat.

Er erhält auch dann Bescheid, wenn weder er selbst noch seine Angehörigen durch die Straftat verletzt sind, also auch, wenn er den Beschuldigten nur aus Feindschaft angezeigt hat, z. B. daß er einen Hausgenossen bestohlen habe. In diesem Falle genügt ein einfaches Schreiben. Ist dagegen der Antragsteller zugleich der durch die strafbare Handlung Verletzte, so muß der Amtsanwalt den Bescheid durch den Gerichtsschreiber des Amtsgerichts zustellen lassen und die Zustellungsurkunde zu den Akten nehmen. Der Grund zu dieser Unterscheidung liegt darin, daß wohl der Verletzte, nicht aber ein beliebiger Dritter nach § 170 StPO. binnen 14 Tagen nach Zustellung des Bescheides das Recht der Beschwerde an den Ersten Staatsanwalt hat und, wenn dieser ihr nicht abhilft, binnen Monatsfrist die Entscheidung des Oberlandesgerichts herbeiführen kann. Um prüfen zu können, ob diese Fristen eingehalten sind, muß der Tag festgestellt werden, an dem der Verletzte den Bescheid erhalten hat. Diesen Beweis erbringt nur eine amtliche Zustellungsurkunde.

Einer Zustellung bedarf es nicht, wenn der Amtsanwalt bei Körperverletzung das Vorliegen eines öffentlichen Interesses verneint hat. In diesem Falle hat der Verletzte nämlich nur das Recht der Aufsichtsbeschwerde an den Ersten Staatsanwalt, die an keine Frist gebunden ist. Er hat insbesondere nicht das Recht, die Entscheidung des Oberlandesgerichts anzurufen.

Es ist unzulässig, daß der Amtsanwalt den Anzeiger mündlich bescheidet, wie dies vielfach geschieht. Dagegen ist es statthaft, wenn er ihm mündlich auseinandersetzt, daß und weshalb er nicht einzuschreiten beabsichtigt, und daß der Verletzte dann eine kurze Erklärung unterschreibt, in der er auf schriftlichen Bescheid verzichtet. Der Amtsanwalt muß aber in diesem Falle die Gründe, aus denen er nicht einschreitet, in den Akten vermerken.

Es ist auch nichts dagegen einzuwenden, daß der Amtsanwalt den Gendarm usw. ersucht, dem Verletzten klar zu machen, daß und weshalb die Sache aussichtslos sei, und ihn zu fragen, ob er dies einsieht und auf Bescheid verzichtet. Selbstverständlich darf kein Druck auf den Anzeiger ausgeübt werden.

Ist die Anzeige von einer Behörde erstattet, so ist Zustellung des Bescheides nicht erforderlich. Der Amtsanwalt schreibt dann auf ein besonderes Blatt:

Verfügung.

1. Das Verfahren wird eingestellt, weil usw.
2. Urschr. u. R. an das Königliche Landratsamt

zu

F.

zur gefl. Kenntnisnahme.

In manchen Fällen wird es sich auch empfehlen, daß der Amtsanwalt das auf Betreiben einer Behörde eingeleitete Verfahren nicht alsbald einstellt, sondern ihr zunächst Gelegenheit zu einer Äußerung gibt. Er schreibt z. B.:

Die Akten werden

Der Königlichen Regierung, Abteilung für Kirchen und Schulen,

zu

Merseburg

ergebenst übersandt.

„Der Beschuldigte behauptet, die mehrmalige Aufforderung des Lehrers X, das Schulhaus zu verlassen, nicht gehört zu haben. Da Beschuldigter bei dem Wortwechsel mit dem Lehrer offenbar auf das höchste erregt war, auch nach Angaben des Bürgermeisters F. in nicht geringem Grade schwerhörig ist, so ist seine Angabe nicht mit Sicherheit zu widerlegen, und ich beabsichtige deshalb das Verfahren einzustellen." —

Man bedenke — auch wenn es sich nicht um eine Behörde handelt — stets, daß der Anzeiger meist von der Schuld des Angezeigten überzeugt ist, und daß diese Überzeugung häufig auch begründet ist, sowie daß der Amtsanwalt oft nur die Beweise nicht für genügend hält, die Verurteilung zu sichern, oder wenigstens wahrscheinlich zu machen. Der Anzeiger hat meist Verständnis dafür, daß man sein alleiniges Zeugnis nicht für ausreichend erachtet. Oft hört man, daß ein Verletzter von Erstattung einer Anzeige von selbst absieht, weil „niemand dabei gewesen ist". Man vermeide es daher, zum Ausdruck zu bringen, daß man persönlich den Angaben des Verletzten mißtraut, um ihn nicht hierdurch — manchmal ganz unverdientermaßen — zu kränken.

Aber auch wenn ein solches Mißtrauen voll begründet ist, soll dies in dem Bescheide an den Anzeiger nicht zum Ausdrucke kommen, selbst dann nicht, wenn man gleichzeitig gemäß § 501 StPO. bei Gericht den Antrag stellt, dem Anzeiger die Kosten des Verfahrens aufzuerlegen, weil die Anzeige wider besseres Wissen oder aus grober Fahrlässigkeit erstattet ist.

Der Beschuldigte erhält von der Einstellung des Verfahrens nur dann Nachricht, wenn er richterlich vernommen oder verhaftet war. Ein einfaches Schreiben durch die Post genügt. Gründe sind nur ausnahmsweise anzugeben, z. B. wenn die Einstellung infolge Rücknahme des Strafantrages oder infolge Verjährung erfolgt. Aber auch dann, wenn der Beschuldigte nur polizeilich vernommen ist, empfiehlt sich manchmal die Rücksicht, ihn von der Einstellung des Verfahrens in Kenntnis zu setzen, z. B. wenn ein Beamter oder angesehener Bürger wegen Diebstahls polizeilich als Beschuldigter vernommen ist, oder gar Haussuchung bei ihm stattgefunden hat.

Lehnt der Richter Eröffnung des Hauptverfahrens ab, so erhält der Beschuldigte den Beschluß zugestellt, eine Benachrichtigung des Anzeigers ist in diesem Falle nicht vorgeschrieben. In den meisten Fällen wird es sich aber empfehlen, daß der Amtsanwalt ihn etwa, wie folgt, benachrichtigt:

„In der Strafsache gegen pp. werden Sie benachrichtigt, daß das Königliche Amtsgericht Eröffnung des Hauptverfahrens abgelehnt hat."

Man kann ihm auch eine Abschrift des gerichtlichen Beschlusses übersenden. Verfehlt ist es, die Gründe im Auszuge mitzuteilen oder gar sich dieselben anzueignen.

Zuweilen gibt der Richter — manchmal auf Grund neuer Ermittelungen — dem Amtsanwalt anheim, die Anklage zurückzunehmen. Folgt er dieser Anregung, oder nimmt er sie aus eigenem Antriebe zurück, was nur vor Eröffnung des Hauptverfahrens zulässig ist, so hat er genau wie sonst das Verfahren einzustellen und den Antragsteller unter Angabe der Gründe zu bescheiden. Selbstverständlich darf er nicht erwähnen, daß er Anklage erhoben und diese demnächst zurückgezogen hat.

Daß der Amtsanwalt unter allen Umständen berechtigt und, falls sich die Sachlage oder seine Ansicht über dieselbe geändert hat, verpflichtet ist, ein von ihm eingestelltes Verfahren wiederaufzunehmen, ist selbstverständlich. Insbesondere ist diese Wiederaufnahme an die Voraussetzung der Wiederaufnahme eines durch Urteil abgeschlossenen Verfahrens nicht gebunden.

XV. Postsachen [1]).

Die eingehenden Postsachen gelangen auf verschiedene Weise in die Hände der Amtsanwälte. Hier durch den Briefträger, dort durch den Gerichtsdiener. Ein anderer holt sie vielleicht selbst von der Post. Jeder Amtsanwalt muß darfür Sorge tragen, daß ihn die Postsachen unverzüglich erreichen und nicht etwa bei der Post oder an anderen Orten tagelang umherliegen. Dadurch können die größten Nachteile entstehen.

---

1) Siehe auch die Allg. Verf. des Herrn Justizministers vom 4. März 1894 betr. die Behandlung der Postsendungen im Staatsdienst.

Der Amtsanwalt hat, insoweit nicht höheren Ortes für das Amtsgericht und den Amtsanwalt die Führung eines gemeinschaftlichen Portostundungsbuches angeordnet ist, ein Portostundungsbuch, eine Liste zu führen, die allmonatlich erneuert wird. Die Formulare hat ihm das Amtsgericht zu stellen. In diese Liste wird das auf den eingehenden Sendungen haftende Porto, das bei ihm etwas Häufiges ist, eingetragen. Die von ihm ersuchten Behörden sind wohl verpflichtet, seinen Ansuchen um Auskünfte, Personalien, Ermittelungen usw. zu entsprechen, sie brauchen diese Briefe aber nicht freizumachen. Da er ihnen zur Rückantwort keine Freimarken beifügen kann, so werden diese Briefe unfrankiert mit dem Vermerk „Portopflichtige Dienstsache" an ihn abgesandt. Das Porto trägt dann die Staatskasse. Am Monatsschlusse wird die Summe des Gesamtportos ermittelt, der Vordruck der Bescheinigung auf der ersten Seite des Portostundungsbuches ausgefüllt und dies an das Amtsgericht zur Zahlung des Gesamtbetrages an die Post übersandt. Unterläßt der Absender den Vermerk „Portopflichtige Dienstsache", so müßte an sich Strafporto gezahlt werden. Der Amtsanwalt gibt den Umschlag an die Post mit dem Bemerken, daß die Sache eine „Portopflichtige Dienstsache" war und daß das Strafporto nur dadurch entstanden ist, daß der Absender dies nicht ersichtlich gemacht hat. Er bäte, nur das einfache Porto einzuziehen.

Läßt eine Privatperson einen nicht freigemachten Brief an den Amtsanwalt abgehen, so schreibt dieser auf den Umschlag: „Absender, Tagelöhner K. in H., ist zur Tragung des Portos verpflichtet, es wird daher ersucht, das Porto von ihm einzuziehen."

..... Pfennige durch Absetzung des Betrages im Portostundungsbuche erhalten.

N. . . . den 191

Der Amtsanwalt.

Diesen Briefumschlag gibt er ohne Anschreiben der Postanstalt zur Einziehung des Portos zurück.

Hat eine Behörde versehentlich den Vermerk: „Frei durch Ablösung" unterlassen, so wird der Briefumschlag der Postanstalt gleichfalls mit der Aufschrift zurückgegeben:

„Der Inhalt der Sendung unterliegt der Ablösung. Es wird daher ersucht, von Einziehung des Portos abzusehen. . . . Pfennige durch Absetzung des Betrages im Portostundungsbuche erhalten.“

N. . . . . den 191

Der Amtsanwalt.

Ein bestimmtes Fach seiner Registratur dient zur Aufnahme der im Laufe des Tages versandfertig werdenden Akten und Schriftstücke. Kurz vor Beendigung der Tagestätigkeit hat die Versendung der Postsachen zu erfolgen. Jedes einzelne im Laufe des Tages fertig werdende Schriftstück sofort in einen Umschlag zu stecken und wegzuschicken, ist unpraktisch. Das wäre Zeit-, Material- und Portovergeudung, würde auch eine unnötige Behelligung der Post bedeuten. Im Laufe des Tages kommen meistens mehrere an eine Behörde gehende Sachen zusammen, für die nun nur ein Umschlag zu verwenden, nur eine Adresse zu schreiben ist und woraus für die Post nur ein Brief entsteht. Bei kleinen und mittleren Amtsanwaltschaften brauchen die Postsachen sogar nur alle zwei Tage, also wöchentlich dreimal abgesandt zu werden. Das gilt natürlich für Eil- und Haftsachen nicht, die stets sofort zu versenden sind.

Hat der Amtsanwalt Telegramme zu versenden, oder benutzt er den Fernsprecher, so wird dies in das vom Amtsgericht geführte Stundungsbuch für Telegrammgebühren eingetragen. In Spalte 5 ist das Aktenzeichen der betreffenden Sache zu vermerken und in Spalte 8 zu bescheinigen, daß dies auch in den Akten geschehen ist. Das ist notwendig, damit diese Kosten später zu den Gesamtkosten gezählt und dem Verurteilten mitauferlegt werden können.

Alle Sendungen, auch die Pakete und Wertpakete gehen frei, wenn sie zwei Stempelaufdrücke tragen, bei Paketen auch die Paketkarte: auf der Vorderseite den Ablösungsvermerk, auf der Rückseite (Paketkarte beide Stempel auf der Vorderseite) den runden Amtsstempel. Nur wenn diese beiden Stempel vorhanden sind, geht die Sendung frei.

Ein Brief darf höchstens 250 g wiegen. Wiegt er mehr, dann muß er als Paket versandt werden.

G. Hauptverfahren.

I. Der Anzug in der Sitzung.

Auf Grund des § 89 des Ausführungsgesetzes zum Gerichtsverfassungsgesetz in der Fassung des Art. 1 Nr. 3 des Gesetzes vom 24. Februar 1913 hat der Herr Justizminister unter dem 17. März 1913 über die neu eingeführte Amtstracht der Amtsanwälte genauere Bestimmung erlassen. Danach hat sie aus einer schwarzen Robe, weißen Halsbinde und einem schwarzen Barett zu bestehen.

Die Einführung der Amtstracht hat nicht unwesentlich zur Hebung der Stellung des Amtsanwalts im öffentlichen Gerichtsverfahren beigetragen. Bis dahin erschien der Amtsanwalt neben dem in Amtstracht befindlichen Richter und Gerichtsschreiber wie eine nebensächliche Figur. Die Amtsanwälte haben daher alle Veranlassung, für die Einführung der Amtstracht dankbar zu sein. Ihre Anlegung ist nicht vorgeschrieben, sondern in das Belieben des Einzelnen gestellt. Indes sollte sie jeder Amtsanwalt, besonders bei den größeren Amtsgerichten, tragen.

Über das Tragen des Baretts in der Sitzung bestimmt der oben erwähnte Erlaß folgendes:

„Ein Amtsanwalt, welcher das Wort ergreifen will, hat das Barett aufzusetzen, kann es während des Vortrages jedoch wieder ablegen. Während einer Eidesleistung oder Urteilsverkündigung ist stets das Barett zu tragen.“

Erscheint der Amtsanwalt in bürgerlicher Kleidung, so muß er der Würde des Gerichts entsprechend angezogen sein. Es empfiehlt sich ein schwarzer oder doch dunkler Rock und eine schwarze Halsbinde.

II. Pünktliches Erscheinen.

Der Amtsanwalt muß zu den Sitzungen pünktlich erscheinen. Unter dieser Pünktlichkeit ist nicht nur zu verstehen, daß er mit dem Glockenschlage, wenn die Sitzung beginnt, den Saal betritt, sondern er muß etwa 10 Minuten früher da sein. Fast jede Sitzung bringt Überraschungen. Diese oder jene Sache ist neu hinzugekommen, eine andere ausgefallen. Er muß sich darüber unterrichten, um noch Akten einsehen und fehlende Hilfsakten herbeischaffen zu können. Auf jeden Fall ist es nötig, daß er sich vor dem Beginne der Verhandlung überzeugt, welche Sachen wirklich zur Verhandlung kommen, um sich zu vergewissern, daß er alle Handakten, Gesetze und Unterlagen hat, deren er bedarf. Auch davon wird er sich überzeugen müssen, ob die Überführungsstücke und sonstigen Beweismittel zur Stelle sind.

Hat der Amtsanwalt diese Pflichten erfüllt, und ist der Gerichtshof noch nicht zur Stelle, so nimmt er entweder seinen Platz im Sitzungszimmer ein, oder er hält sich einstweilen in einem anderen Geschäftszimmer des Amtsgerichts — selbstverständlich nur mit Erlaubnis des Inhabers — auf. Unpassend ist es, sich im Warteraum zu den Angeklagten und Zeugen zu setzen und wohl gar mit ihnen Gespräche anzuknüpfen.

III. Die Platzfrage.

Welchen Platz der Amtsanwalt am Gerichtstische einzunehmen hat, ist nicht vorgeschrieben. Daher kommt es wohl, daß er verschieden untergebracht wird. Bald sieht man ihn am rechten, bald am linken Flügel, vom Schöffenrichter aus betrachtet, sitzen. Bei seinem Auftreten und Wirken spielt aber auch die Platzfrage eine wichtige Rolle. Es ist gleichgültig, ob er rechts oder links sitzt, ausschlaggebend ist die Anklagebank, neben der er nicht sitzen darf.

Sitzt der Amtsanwalt neben dem Angeklagten, so kann er ihn nicht gut beobachten. Das ist aber nötig. Aus dem Verhalten des Angeklagten, seinem Aussehen, seinen Gebärden und Reden lassen sich wertvolle Schlüsse ziehen. Nicht selten wird auch versucht, besonders wenn der Angeklagte aus der Haft vorgeführt wird, ihm durch Vermittelung der zwischen der Anklagebank und dem Zuhörerraum befindlichen Zeugen Mitteilungen zu machen, Zettel zuzustecken und dergleichen. Das soll der Amtsanwalt sehen und verhindern. Er kann das aber nur dann, wenn er ihm gegenübersitzt.

Die Anordnung hinsichtlich der Plätze der beteiligten Gerichtspersonen ist selbstverständlich Sache des Gerichtsvorsitzenden. Indessen wird dieser auf etwaige Wünsche des Amtsanwalts, die in angemessener Form vorgebracht und begründet werden, gewiß Rücksicht nehmen. Im übrigen mische er sich nicht in diese Anordnungen des Richters, schweige insbesondere dazu, wenn ein Angeklagter mit ausdrücklicher oder stillschweigender Genehmigung des Vorsitzenden einen anderen Platz, als den auf der Anklagebank, einnimmt.

IV. Vorbereitung zur Hauptverhandlung.

Handelt es sich um eine Sache, in der der Amtsanwalt das Ermittelungsverfahren selbst geleitet hat, so wird eine kurze Auffrischung des Gedächtnisses genügen. Ist dagegen das Ermittelungsverfahren von dem Ersten Staatsanwalt geleitet worden, so sollte zwar der Amtsanwalt die Akten vor ihrer Weitergabe an das Gericht genau gelesen haben, indessen wird der Eindruck, namentlich wenn einige Wochen verstrichen sind, mehr oder minder verwischt sein. Der Amtsanwalt lese also die Akten einige Tage vor der Sitzung nochmals sorgfältig durch und mache sich mit den in Betracht kommenden gesetzlichen Bestimmungen vertraut. Es ist sehr zu empfehlen, daß er sich Aufzeichnungen macht. In verwickelten Sachen lege er sich ein „Verhandlungsblatt", ein Verzeichnis sämtlicher Angeklagten mit ihren Straftaten nach nachstehendem Muster an:

Auf diesem Blatte sind 3 Angeklagte mit zusammen 9 strafbaren Handlungen, die ihnen zur Last gelegt werden, verzeichnet. Ihre etwaigen Vorstrafen sind oben rechts neben dem Namen zu finden. Fehlt hier der Vermerk, so ist der Angeklagte unbestraft. Neben jeder Straftat steht schräg gestellt in der Regel wenigstens ein Name, und zwar ist dies der des Zeugen, der nach den Akten den Beweis der strafbaren Handlung erbringt. Auch das Aktenblatt, wo seine Aussage steht, ist genannt. Da, wo kein Name

Verhandlungsblatt.

Pferdehändler und Kesselflicker Joseph Maronelli oder Böhmer — 7 × Bl. 41 der Beiakten wegen Diebstahls, Betrugs, Körperverletzung, Bannbruchs, Bettelns, Gewerbevergehen.	Ehefrau Joseph Maronelli, Franziska, geb. Weiß oder Mendel — 9 × Bl. 17 wegen Diebstahls, Gewerbevergehen, Bannbruchs, Bettelns, Gewerbevergehen.	Hermine Danieli oder Weinich — 5 × Bl. 12 wegen Betrugs, Beleidigung, Diebstahls, Bettelns und Landstreichens.
1. Landstreichen 2. Diebstahl — Frau Dietrich Bl. 21, Schutzmann Friedel Bl. 17 3. Widerstand — Pol.-Serg. Hartmann Bl. 6, Feldhüter Nolte Bl. 7 4. Beamtenbeleidigung — Nolte Bl. 7	1. Landstreichen 2. Diebstahl — Frau Dietrich Bl. 21, Schutzmann Friedel Bl. 17 3. Widerstand — Pol.-Serg. Hartmann Bl. 6, Feldhüter Nolte Bl. 7	1. Landstreichen 2. Widerstand — Pol.-Serg. Hartmann Bl. 6, Feldhüter Nolte Bl. 7
1. 6 Wochen Haft 2. 6 Monat Gefängnis 3. 3 " " 4. 2 " "	1. 6 Wochen Haft 2. 6 Monat Gefängnis 3. 6 Wochen "	1. 6 Wochen Haft 2. 6 " Gefängnis
Gesamtstrafe 10 Monat Gefängnis 6 Wochen Haft Überweisung an die Landespolizeibehörde und Publikations-Befugnis	Gesamtstrafe 7 Monat Gefängnis 6 Wochen Haft und Überweisung an die Landespolizeibehörde	Gesamtstrafe 6 Wochen Haft 6 " Gefängnis und Überweisung an die Landespolizeibehörde

steht, fehlt es an dem die Straftat sicher bekundenden Zeugen. An der Hand dieser Aufstellung verfolgt und kontrolliert der Amtsanwalt die Aussagen der Zeugen in der Hauptverhandlung. Bei jeder strafbaren Handlung, die erwiesen ist, setzt er auch noch den Namen des Zeugen hin, der den Beweis in der Sitzung erbrachte, und streicht einen Zeugen, der versagte, aus. Diejenigen Handlungen, die nicht erwiesen sind, werden durchstrichen. Mit diesem Blatt in der Hand kann der Amtsanwalt am Schlusse der Verhandlung sich sofort erheben und die nötigen Anträge stellen. Weiteres hierüber ist beim Abschnitte „Verhalten in der Hauptverhandlung" gesagt.

Gestatten es die Akten, ist der Fall klar und zur Anklage reif, so legt sich der Amtsanwalt dies Verhandlungsblatt schon beim ersten Eingange der Akten an und vervollständigt es nach und nach. Handelt es sich etwa nur um einen Angeklagten, der auch nur eine strafbare Handlung begangen hat, so ist die Anlage des Blattes natürlich nicht nötig. Kommt aber eine Mehrheit von Angeklagten mit zahlreichen strafbaren Handlungen in Betracht, so ist sie eine Notwendigkeit. Denn nur dann vermag er am Schlusse schnell und sicher seine Anträge zu stellen und zu begründen.

Der Amtsanwalt muß Strafgesetzbuch und Strafprozeßordnung, und wenn Anklagen wegen Übertretungen anderer Gesetze zur Verhandlung kommen, auch den Text dieser Gesetze mit in die Sitzung nehmen. Auf sein Gedächtnis darf er sich nicht verlassen, da es häufig auf den genauen Wortlaut des Gesetzes ankommt.

Es empfiehlt sich, für den Sitzungsdienst einen Aktendeckelbogen einzurichten, den er stets mitnimmt und zunächst als Hülle für die Handakten benutzt. Auf der Innenseite macht er sich Vermerke für oft und plötzlich an ihn herantretende Fälle, die sein Eingreifen mit Anträgen nötig machen. Z. B. bei Strafen, die gegen Schöffen, Sachverständige und Zeugen wegen Nicht- oder Zuspäterscheinens zu verhängen sind (§ 56 GVG., § 50 StPO.); die Fälle, in denen Zeugen unbeeidigt zu vernehmen sind (§ 56 StPO.); Einziehung von Gegenständen bei Vergehen (§ 40 StGB.); Ausschließung der Öffentlichkeit (§ 173 GVG.); ein abwesender Angeklagter darf nicht mehr als 6 Wochen Freiheitsstrafe erhalten (§ 232 StPO.) u. a. Diese Fragen spielen häufig und plötzlich eine Rolle, und der Amtsanwalt muß ohne Verzug dazu Stellung nehmen können, er darf dann nicht lange nach den gesetzlichen Bestimmungen suchen.

Ist die Verhandlung vorüber und überdenkt der Amtsanwalt das Urteil und die vom Angeklagten und Verteidiger gemachten Einwände, so kommt ihm häufig zum Bewußtsein, daß er es versäumt hat, manches Treffende zu sagen oder zu erwidern. Das liegt hauptsächlich daran, daß er sich mit dem Gegenstande zuvor nicht eingehend befaßte. Darum sollte er stets wenigstens die wichtigeren Sachen nicht nur durch Aktenlesen kennen lernen, sondern sie vor allem gründlich durchdenken.

In größeren Sachen ist es zu empfehlen, sich bezüglich der Hauptpunkte schriftlich auf die Anklagerede vorzubereiten. Er darf dann aber bei seinem Vortrage nicht am Niedergeschriebenen haften. Namentlich hat er stets zu prüfen, ob die Sachlage sich nicht in der Verhandlung so geändert hat, daß das, was er sich zu sagen vornahm, nicht mehr paßt. Auch darf die löbliche Gewohnheit sorgfältiger Vorbereitung nicht dahin führen, daß er nicht frei zu sprechen vermag, wenn die Vorbereitung aus irgendeinem Grunde unterblieben ist.

Beabsichtigt der Richter, den Angeklagten wegen weiter Entfernung seines Aufenthaltsortes vom Erscheinen in der Hauptverhandlung zu entbinden, so werden die Akten zuvor dem Amtsanwalt zur Äußerung vorgelegt. Gemäß § 232 der StPO. darf dann in der Hauptverhandlung gegen den Angeklagten keine höhere Strafe als 6 Wochen Freiheitsstrafe verhängt werden. Der Amtsanwalt muß daher die Sachlage genau prüfen, ob diese Strafe genügt. Hält er sie nicht für genügend, so muß er sein Einverständnis versagen.

V. Verhalten in der Hauptverhandlung.

a) Gegen den Gerichtshof.

Der engere Gerichtshof besteht aus dem Richter und zwei Schöffen. Mit den Schöffen hat der Amtsanwalt eigentlich keine Berührungspunkte. — Die Hauptsache ist seine Stellung zu der Hauptperson, zum Richter, namentlich da er auch sonst mit ihm zusammen arbeitet. — Mit allen Dienststellen, ganz besonders aber mit dem Richter soll der Amtsanwalt in gutem amtlichen Einvernehmen stehen. Ist das nicht der Fall, so entstehen leicht Meinungsverschiedenheiten und Schwierigkeiten auch auf sachlichem Gebiete, die das Zusammenarbeiten erschweren und unerfreulich machen. Der Amtsanwalt muß sowohl im schriftlichen, als im mündlichen Verkehr mit dem Gericht jede Schärfe und Schroffheit vermeiden und sich vor kleinlicher Empfindlichkeit hüten.

Auch in der Schöffengerichtssitzung ist der Amtsanwalt dem Richter nicht unter-, sondern nebengeordnet. Er ist aber insofern von ihm abhängig, als dem Richter die Aufrechterhaltung der Ordnung in der Sitzung übertragen ist (§ 177 GVG.).

Niemals spreche der Amtsanwalt leise mit dem Vorsitzenden oder den Schöffen, auch nicht über Dinge, die gar nicht den Straffall betreffen. Auch vermeide er, falls er die Gerichtspersonen im Sitzungszimmer in Gegenwart des Publikums begrüßt, tunlichst Händedrücke und längere Gespräche. Alles dies erweckt leicht das Mißtrauen des Angeklagten gegen die Unparteilichkeit der Gerichtspersonen.

Für die gute Gestaltung des amtlichen Verhältnisses zwischen Amtsrichter und Amtsanwalt ist es notwendig, daß sich der Amtsanwalt stets vor Augen hält, daß er auf rechtlichem Gebiete mehr oder minder Laie ist. Bei aller Bestimmtheit, die er auch dem Richter gegenüber zeigen soll, muß er dessen stets eingedenk sein und es an der erforderlichen Achtung vor dem wissenschaftlich gebildeten Fachmanne nicht fehlen lassen. Andererseits muß er aber auch dem Richter gegenüber seinen Standpunkt wahren, da auch ihm ein wichtiges Amt anvertraut ist.

b) Gegen den Angeklagten.

Der Angeklagte ist der unmittelbaren Einwirkung des Amtsanwalts entrückt. Er darf ihn auch nicht befragen (§§ 237, 239 StPO.). Hat er eine Frage an ihn, so muß er den Vorsitzenden bitten, sie zu stellen. Handelt es sich um einen gebildeten Mann, dem nichts Ehrenrühriges zur Last gelegt wird, so vergibt er sich nichts, wenn er von ihm als dem „Herrn Angeklagten" spricht. Bei der Gesetzesflut, die in den letzten Jahrzehnten sich über das deutsche Volk ergossen hat, kann es sich leicht ereignen, daß auch einmal ein achtbarer Bürger die Anklagebank betritt. Es kommt nicht so sehr darauf an, ob, sondern weshalb man angeklagt ist. Wenn z. B. zwei Angeklagte besseren Standes vor Gericht erscheinen, von denen sich der eine wegen einer Schamlosigkeit aus § 183 StGB., der andere aber nur wegen eines Gewerbevergehens zu verantworten hat, so ergibt das einen gewaltigen Unterschied, der natürlich auch in verschiedener äußerer Behandlung Beider zum Ausdruck kommen wird.

Auch im Schlußantrage soll der Amtsanwalt, selbst wenn er Niederträchtigkeiten und Roheiten gebührend kennzeichnen muß, möglichst ruhig und sachlich bleiben und verletzende Ausdrücke, wie „Frechheit, Gemeinheit" usw., vermeiden.

c) Gegen den Verteidiger.

Amtsanwalt und Verteidiger arbeiten, wenn in Beleidigungs- oder Mißhandlungssachen Rechtsanwälte als Nebenkläger auftreten, wohl auch einmal zusammen, im allgemeinen sind sie aber stets Gegner.

Der Amtsanwalt soll bestrebt sein, auch mit den Verteidigern in gutem Einvernehmen zu stehen. Der in einer Strafsache auftretende Rechtsanwalt hat die Verpflichtung, sich des Angeklagten so warm wie möglich anzunehmen und ihn mit aller Energie zu verteidigen. Da der Amtsanwalt ihn anzugreifen hat, so werden Zusammenstöße nicht ausbleiben. Selbstverständlich darf ihn die gebotene Rücksichtnahme auf ein gutes Einvernehmen nicht abhalten, auch der Verteidigung gegenüber seinen Standpunkt zu wahren und die Interessen des Staates scharf und nachdrücklich zu vertreten.

d) Gegen die Zeugen.

Gegenüber den zur Hauptverhandlung geladenen Zeugen sei der Amtsanwalt gleichfalls höflich und sachlich und vermeide es nach Möglichkeit, Fragen zu stellen, die den Zeugen verletzen müssen oder ihn vor der Öffentlichkeit bloßstellen. Namentlich frage man nicht ohne zwingendste Gründe nach etwaigen Vorstrafen der Zeugen.

Belastungszeugen werden häufig vom Angeklagten, besonders von den Verteidigern angegriffen. Man führt gegen sie Dinge ins Treffen, die vielfach gar nicht zur Sache gehören, um sie als unglaubwürdig, unzuverlässig und in schlechtem Rufe stehend hinzustellen. Mitunter werden sogar an die Belastungszeugen Fragen mit beleidigendem Charakter gestellt. Besonders haben Beamte darunter zu leiden. Z. B. Waren Sie nicht betrunken? — Wieviel hatten Sie an dem Abend getrunken? — usw. Sofern solche Fragen nicht schon vom Richter zurückgewiesen werden, darf der Amtsanwalt nicht zögern, solchen Zeugen beizustehen und, wenn irgend angängig, die Frage als nicht zur Sache gehörig zu beanstanden. Greift der Verteidiger in seinem Schlußwort unbescholtene Zeugen, namentlich Beamte, in beleidigender Weise an, so hat der Amtsanwalt dies mit Entschiedenheit zurückzuweisen.

Mit Recht wird in der Begründung des Entwurfes der neuen Strafprozeßordnung an einer Stelle gesagt:

„Das Strafverfahren darf endlich auch nicht von den Prozeßbeteiligten zu unlauteren Nebenzwecken mißbraucht werden. Es muß Mittel geben, um Beweisaufnahmen zu verhüten, die nur dem Zwecke dienen, Sensation zu erregen, Reklame zu machen, oder dritten Personen Unannehmlichkeiten zu bereiten und sie vor der Öffentlichkeit bloßzustellen."

Zuweilen wird von den Verteidigern geradezu versucht, die Aufmerksamkeit von dem Angeklagten abzulenken und einzelne Zeugen gewissermaßen in die Rolle des Angeklagten zu drängen, um unter dem Vorwande, ihre Glaubwürdigkeit zu prüfen, alle möglichen Dinge aus ihrem Vorleben zur Sprache zu bringen. Der Amtsanwalt suche solchen Kunstgriffen entgegenzutreten.

Häufiger muß sich der Amtsanwalt in seinem Schlußantrage auch mit den Zeugen befassen und ihre Aussagen wägen, würdigen und feststellen, welche Rolle sie in dem Verfahren gespielt haben. Auch hier bleibe er sachlich und vornehm.

Ebenso wie für den Verteidiger ist es für den Amtsanwalt ungehörig, während der Verhandlung mit Zeugen, namentlich Polizeibeamten gedämpfte Gespräche zu führen oder sie leise zu befragen. Eine solche Geheimnistuerei fordert das berechtigte Mißtrauen des Angeklagten heraus. Kommt der Amtsanwalt in die Lage, einem Beamten einen unaufschiebbaren Auftrag zu erteilen — z. B. Herbeischaffung von Beweismitteln — so gebe er ihn entweder öffentlich, oder falls dies nicht angängig, bitte er um eine kurze Unterbrechung der Verhandlung.

Es kann vorkommen, daß der Amtsanwalt bei einer Hauptverhandlung Vernehmung eines Zeugen für erforderlich hält, der Antrag, ihn zu laden, aber vom Amtsrichter abgelehnt wird. In solchen Fällen ist der Amtsanwalt berechtigt, die Ladung des Zeugen zur Hauptverhandlung selbst zu bewirken.

VI. Beteiligung am Gange der Hauptverhandlung.

Der Amtsanwalt muß der Verhandlung von Anfang bis zu Ende mit gespannter Aufmerksamkeit folgen; er darf sich niemals gehen lassen und nie mit seinen Gedanken abwesend sein. Ist das der Fall, so wird er bald gewahren, daß er Wichtiges überhört hat. Der Amtsanwalt hat das Recht, die Stellung von Fragen an den Angeklagten zu beantragen und Zeugen oder Sachverständige selbst zu befragen. Von diesem Rechte mache er nur dann Gebrauch, wenn der Vorsitzende einen wichtigen Punkt übersehen hat.

Will er eine Frage stellen, so muß er aufstehen und sich die Erlaubnis dazu vom Vorsitzenden erbitten. Wird er gefragt, ob er eine solche stellen will, und beabsichtigt er das nicht, so lehne er das in höflicher Form, vielleicht mit den Worten: „Ich danke — nein" ab. Der Amtsanwalt darf zwar, wie erwähnt, die Zeugen selbst fragen, in der Regel aber empfiehlt es sich, den Vorsitzenden zu ersuchen, die gewünschte Frage seinerseits zu stellen.

Sobald die Sache aufgerufen wird, nimmt sich der Amtsanwalt die betreffenden Handakten mit dem Verhandlungsblatt S. 164 hervor und kontrolliert nun mit diesem die Zeugenaussagen. Was sie jetzt unter Eid bekunden, muß er nun mit wenigen Stichworten auf dem Zeugenblatte niederschreiben. Zu dem Zwecke schreibt er, sobald der Gerichtsdiener den Zeugen aufruft, seinen Namen auf das Blatt und darunter dessen Aussage. Das Zeugenblatt ergänzt das Verhandlungsblatt, da er auf Grund des Inhalts des Zeugenblattes die nicht bewiesenen strafbaren Handlungen auf dem Verhandlungsblatt durchstreicht. Ist es bei der Antragstellung später notwendig, nicht nur den Namen des Zeugen, sondern auch das, was er ausgesagt hat, zu nennen, so greift er zu dem Zeugenblatte und liest davon ab. Versagt ein Zeuge, sagt er plötzlich anders, als früher, aus, so muß er natürlich durch entsprechende Fragen Klarheit schaffen.

Die Zeugenaussagen verblassen im allgemeinen in der Hauptverhandlung. Die Tat liegt schon einige Zeit zurück, man beurteilt den Fall in der Regel jetzt auch ruhiger, die Sicherheit des Gedächtnisses hat nachgelassen — weiter die Furcht, die Eidespflichten zu verletzen, Beeinflussung durch den Angeklagten in der Zwischenzeit u. a. bewirken das. Daher kommt es, daß die Zeugen in der Hauptverhandlung meistens weniger belastend als im Vorverfahren aussagen. Damit muß der Amtsanwalt nicht nur im Gerichtssaale, sondern schon bei der Anklageerhebung rechnen. Wenn Frauen und Kinder von männlichen Verwandten mißhandelt oder bedroht worden sind, kommt es häufig vor, daß sie, obwohl sie im Vorverfahren ausgesagt haben, bei Gericht die Aussage verweigern. Der Angeklagte hat sie inzwischen durch Bitten oder Drohungen dazu veranlaßt. Damit wird häufig der Anklage die einzige Stütze geraubt. Ist keine Möglichkeit vorhanden, weiteres Beweismaterial zu beschaffen, so muß der Amtsanwalt Freisprechung beantragen. Indes läßt sich vielfach doch auch in solchen Fällen eine Verurteilung herbeiführen. Man beantrage Vertagung und forsche nach weiteren Beweisen. Auf jeden Fall muß der Beamte als Zeuge geladen werden, der die verletzte Person verhört, der also vielleicht Verletzungen und dergleichen an ihr wahrgenommen hat. Dieser Zeuge kann den Beweis, der auch in der Zeugnisverweigerung des Verletzten liegt, ergänzen, und so läßt sich die Verurteilung des vielleicht rohen Menschen doch ermöglichen.

Die Zeugen stellen zwar die Hauptbeweismittel, aber nicht alle Beweismittel überhaupt dar. Von den Gutachtern und Sachverständigen abgesehen, für die im Grunde genommen das für die Zeugen Gesagte gilt, spielen als Beweismittel noch Überführungsstücke, ärztliche Zeugnisse, Gerichtsurteile u. a. eine bedeutende Rolle. Der Amtsanwalt muß das ganze Beweismaterial ins Treffen führen. Es sind seine Waffen, mit denen er kämpft. Verzichtet er bei einem Teile auf ihre Verwendung und Wirkung, so muß er bereits die Überzeugung haben, daß eine Verurteilung zweifellos erfolgt. Allerdings kann auch einmal der Fall eintreten, daß er auf Beweismittel verzichtet, weil das Verfahren ohnehin aussichtslos ist.

Bei Mißhandlungssachen sollte der Amtsanwalt, wenn ärztliche Zeugnisse als Beweismittel benannt sind, stets auf ihrer Verlesung bestehen. Wichtig ist auch immer, eventuell durch eigene Fragen festzustellen, ob und wie lange der Mißhandelte in ärztlicher Behandlung und arbeitsunfähig war.

Der Amtsanwalt sollte stets darauf hinwirken, daß der Gerichtshof auch die vorliegenden Überführungsstücke in Augenschein nimmt. In ihnen steckt häufig eine bedeutende Beweiskraft.

Eine wichtige Rolle spielen die Vorstrafen. Ist jemand schon häufig, womöglich sogar einschlägig vorbestraft, so besitzt er offenbar einen unehrenhaften Charakter oder die Neigung zu strafbaren Handlungen und stellt somit eine Gefahr für die Allgemeinheit dar. Ein solcher Angeklagter muß daher schwerer als ein unbescholtener bestraft werden. Ist der Angeklagte nicht oder nicht wegen ähnlicher Verfehlungen vorbestraft, so wird der Amtsanwalt, wenn seine Vorstrafen nicht ohnehin vom Vorsitzenden bekanntgegeben werden, auf ihre Verlesung verzichten. Spielen sie eine Rolle, will der Amtsanwalt seine Anträge auch auf sie gründen, so muß er, sofern der Richter sie nicht verlesen hat, ihre Verlesung beantragen.

Die Unterlagen für seine Schlußanträge und die Urteilsfindung hat er nur der Hauptverhandlung, nicht den Akten oder anderen Erkenntnisquellen zu entnehmen. — Wenn er auf diese oder jene Zeugenaussage, die Verlesung eines ärztlichen Zeugnisses, die Feststellung der Vorstrafen, Vorlage von Überführungsstücken und andere Beweismittel verzichtet, dann kann er sie auch für seine Schlußanträge nicht verwerten.

In vielen Übertretungssachen wird der Amtsanwalt bestrebt sein müssen, auf Erhöhung der meistens sehr niedrigen Polizeistrafen hinzuwirken.

Ist nach ergangenem richterlichen Strafbefehl der Angeklagte nicht erschienen, so wird der Einspruch ohne Verhandlung verworfen.

Bei manchen Verhandlungen kann der Gerichtshof im Gerichtssaale zu einer Entscheidung nicht gelangen. Es tritt die Notwendigkeit ein, den Tatort in Augenschein zu nehmen. Entweder der ganze Gerichtshof einschließlich der Schöffen nimmt an der Besichtigung teil, dann muß der Amtsanwalt zugegen sein. Oder: nur Richter und Gerichtsschreiber nehmen die Ortsbesichtigung vor, dann darf der Amtsanwalt teilnehmen. Der Kosten wegen besteht die Vorschrift, daß er sich zuvor vom Ersten Staatsanwalt die Genehmigung zur Teilnahme zu erbitten hat. Diese soll nur dann erteilt werden, wenn zwingende Gründe die Beteiligung des Amtsanwalts an dem Termine notwendig erscheinen lassen[1]). Die Versagung der Genehmigung bedeutet nicht, daß der Amtsanwalt sich nicht beteiligen darf, sondern nur, daß er keine Reisekosten erhält. Von einem Amtsanwalt, der ein wirkliches Interesse für sein Amt hat, ist zu erwarten, daß er sich, auch ohne Tagegelder zu erhalten, an der Ortsbesichtigung beteiligt.

VII. Anträge auf Freisprechung.

Freisprechungen sind zwar unvermeidlich, indessen Fehlschläge, die nach Möglichkeit vermieden werden müssen. Man bedenke, was alles an Arbeit, Kosten, Inanspruchnahme von Behörden und Personen nötig ist, um eine Verhandlung herbeizuführen. Wenn diese nun zur Freisprechung führt, so ist der ganze Aufwand an Zeit, Geld und Kraft vergeblich gewesen, der namentlich dann hätte vermieden werden müssen, wenn der Freigesprochene wirklich unschuldig ist. Freisprechungen schädigen außerdem auch das Ansehen der Justiz.

Es sind von preußischen Amtsgerichten freigesprochen

1911	22,1	von hundert Angeklagten
1912	21,3	„ „ „
1913	20,5	„ „ „
1914	19,4	„ „ „

Wenn in einzelnen Oberlandesgerichtsbezirken der Durchschnittssatz ein beträchtlich geringerer ist, so ist dies offenbar

1) Rundverfügung des Herrn Justizministers vom 5. Juni 1888.

hauptsächlich auf besonders gründliche Ausgestaltung des Ermittelungsverfahrens zurückzuführen. In Sachsen und Baden, wo die dauernd günstigsten Ergebnisse zu verzeichnen sind, vernehmen Staatsanwälte und Amtsanwälte in der Regel selbst.

Die Hauptschuld an den häufigen Freisprechungen trägt der Amtsanwalt. Die meisten von ihnen sind nicht sowohl darauf zurückzuführen, daß er die Sache bei seiner Entschließung über Anklageerhebung falsch beurteilt hat, finden vielmehr ihre Erklärung in der unzureichenden Vorbereitung. Gewöhnlich sind die Auslassungen des Angeklagten und seine Schutzbehauptungen nicht eingehend genug geprüft und die Anklage auf oberflächliche Vernehmungen oder Befragungen der Zeugen gestützt worden. Hält der Amtsanwalt den Angeklagten nicht für überführt, oder die Anklage aus rechtlichen Gründen für unhaltbar, so darf und muß er Freisprechung beantragen. Allein er muß bedenken, daß er nicht eigene Interessen oder ihm anvertraute Privatinteressen wahrnimmt, sondern daß er als „Anwalt des Staates" auftritt. Sehr oft ist die Entscheidung zwischen Schuldig und Nichtschuldig so schwierig, daß der Gerichtshof sich erst nach stundenlanger Beratung einigen und die sich aufdrängenden Bedenken gegen die Schuld des Angeklagten überwinden kann. Der Amtsanwalt aber soll sich sofort entscheiden. Da liegt es nahe, daß er die Zweifel, die sich herausgestellt haben, überschätzt. In solchen Fällen suche der Amtsanwalt seiner persönlichen Bedenken Herr zu werden und trotzdem die Anklage aufrechtzuerhalten, ohne sich indes übermäßig „ins Zeug zu legen". Keinesfalls aber beantrage er, wenn er die Schuldfrage für zweifelhaft hält, nur eine geringe Strafe, damit der Angeklagte, wenn er unschuldig sein sollte, wenigstens nicht zu hart angefaßt wird. Immer sei er vorsichtig in der Begründung des Antrages auf Freisprechung, er erkläre namentlich nur in ganz klar liegenden Fällen die Unschuld des Angeklagten für dargetan, führe vielmehr nur aus, daß seine Schuld nicht erwiesen sei. Denn wenn der Gerichtshof verurteilt, obwohl der Amtsanwalt mit Nachdruck für die Unschuld des Angeklagten eintrat, so ist dies seinem Ansehen nicht zuträglich. Weisungen der vorgesetzten Behörden, auf alle Fälle in einer bestimmten Sache Schuldigsprechung des Angeklagten zu beantragen, kommen nicht vor. Wohl aber weist der Erste Staatsanwalt den Amtsanwalt nicht selten an, einen bestimmten rechtlichen Standpunkt, insbesondere bei Auslegung einer zweifelhaften Rechtsfrage, zu vertreten. (Vgl. auch Art. 77 der Geschäftsanweisung.) Ist der Amtsanwalt gegenteiliger Überzeugung, so darf er auch die Gegengründe vortragen. Er wird es in einem solchen Falle vermeiden, von seiner eigenen Person, die er überhaupt möglichst wenig in den Vordergrund drängen soll, zu reden. Also er braucht nicht zu sagen: „Ich vertrete die Ansicht", sondern „Die Staatsanwaltschaft vertritt in dieser zweifelhaften Rechtsfrage den Standpunkt, daß" usw. Das gleiche empfiehlt sich auch in dem oben erwähnten Falle, daß der Amtsanwalt aus tatsächlichen Gründen für seine Person Zweifel an der Schuld des Angeklagten hegt, die aber nicht genügen, um den Antrag auf Freisprechung zu rechtfertigen.

Ist die Unschuld des Angeklagten klar erwiesen, so wird der Amtsanwalt beantragen, die jenem erwachsenen baren Auslagen der Staatskasse zur Last zu legen[1]). Er wird dies aber nur dann tun, wenn der Angeklagte zu der Strafverfolgung gar keine Veranlassung gegeben hat. Wird er wegen klar erwiesener sinnloser Trunkenheit freigesprochen, oder hat er zwar schließlich in Notwehr gehandelt, aber den Streit selbst veranlaßt, so wird der Amtsanwalt jenen Antrag nicht stellen. Ergibt sich aus der Verhandlung, daß der Anzeiger die Anzeige wider besseres Wissen oder aus grober Fahrlässigkeit erstattet hat, so beantrage der Amtsanwalt, die sämtlichen Kosten, auch die des Angeklagten, dem Anzeiger aufzuerlegen. Dieser Antrag ist aber nicht statthaft, wenn es sich um Beamte handelt (Gendarm, Förster, Feldhüter), die die Anzeige in Ausübung ihres Amtes erstattet haben. In diesem Falle wird die vorgesetzte Behörde, der die Akten zu übersenden sind, im Aufsichtswege einschreiten.

VIII. Strafen und Strafmaß.

Dem Amtsanwalt fällt die Aufgabe zu, den schuldigen Angeklagten zur Bestrafung zu bringen. Gelingt ihm das, so hat er

---

1) Siehe die Allgemeinen Verfügungen des Herrn Justizministers vom $\frac{\text{15. März 1892 (JMBl. S. 109)}}{\text{30. April 1902 (JMBl. S. 92)}}$ (§ 499 Abs. 2, § 505 Abs. 1 Satz 2 der StPO.).

seine Aufgabe erfüllt. Aber nicht nur darauf kommt es an, daß Strafen verhängt werden, sie müssen auch zu der Schwere der Tat und der Person des Angeklagten in richtigem Verhältnisse stehen. Ist das der Fall, dann wird das Urteil bei allen rechtlich Denkenden Befriedigung erwecken und unsere öffentlichen Zustände heilsam beeinflussen. Andernfalls wird es Unzufriedenheit erzeugen und schädlich wirken.

Nicht nur Staatsanwälte, sondern auch Landräte, Eisenbahndirektionen, Forstverwaltungen, Kreisärzte, höhere Baubeamte, Geistlichkeit und Schule, Polizei, Kreistierärzte, Gewerbeinspektoren u. a. führen ständig, und zwar nicht nur bei strafbaren Eingriffen in die ihnen eigentümlichen Gebiete, sondern auch vielfach allgemein, über die niedrigen Strafen Klage.

Bei der Beratung des neuen Fischereigesetzes verlangte die Fischereigesetzkommission im Abgeordnetenhause in einer Entschließung von der Staatsregierung, daß die Wildfischerei künftig weit strenger als bisher bestraft werde.

Die Tierschutzvereine klagen ständig, daß die Tierquälereien, namentlich auch die beim Vogelfang vorkommenden, viel zu gelinde bestraft werden. Polizeibehörden und -Beamte klagen, daß die Gerichte in Fällen von Beamtenbeleidigungen und Widerstand gegen die Staatsgewalt vielfach so niedrige Strafen verhängen, daß von einem Schutze für sie nicht die Rede sein kann.

Während des Krieges haben nicht nur die stellvertretenden General-Kommandos, sondern auch die Presse über die zu niedrigen Strafen bei Verstößen gegen die die Volksernährung sichernden Gesetze Klage geführt.

Allgemein anerkannt ist es, daß die Strafen, die wegen Beleidigung erkannt zu werden pflegen, zu niedrig bemessen sind. Wenn ein armer Mensch einem reichen Manne 100 Mark stiehlt, ihm also einen Verlust zufügt, den dieser kaum empfindet, so wird er, selbst wenn er nicht vorbestraft ist, in der Regel mit mehreren Wochen Gefängnis bestraft. Wer dagegen seinem Mitbürger dreist die Ehre raubt, der kommt in der Regel mit einer geringfügigen Geldstrafe davon, obwohl der schwere Schaden, den der Gekränkte an seinem Ansehen erlitten hat, durch keine Verurteilung und keine Veröffentlichung wieder gutgemacht werden kann. Dazu muß sich der Beleidigte noch gefallen lassen, daß der Angeklagte in dem Bestreben, den „Wahrheitsbeweis zu führen“, jedem Flecken in dem Vorleben des Beleidigten nachspürt und ihn ans Licht der öffentlichen Verhandlung zerrt. Also es erscheint notwendig, von Sonderfällen abgesehen, auf empfindliche Bestrafung bei Beleidigungen hinzuwirken.

Manchmal wirken auch praktische Erwägungen. Weist z. B. der jagdverständige Amtsanwalt darauf hin, daß ein Jagdschein 22,50 Mark kostet, und daß für ein Reh 15—20 Mark gezahlt werden, so wird das Gericht schwerlich dahin kommen, gegen einen Wilddieb, der selbstverständlich keinen Jagdschein besitzt, auf 20 Mark Strafe zu erkennen, wie das schon häufig vorgekommen ist.

Bei Verfehlungen, betreffend das Verfüttern von Brotgetreide, Verschweigung beschlagnahmter Vorräte, bei Überschreitung der Höchstpreise u. a. wird der Amtsanwalt dem Gericht vor Augen führen, welche Vorteile der Angeklagte aus seinem gesetzwidrigen Verhalten zog, und darauf hinwirken, daß die Geldstrafe hinter diesen Vorteilen nicht zurückbleibt, sondern sie übersteigt.

Häufig liest man den Satz: Es lag kein Anlaß vor, über das gesetzlich niedrigste Strafmaß von einem Tage Gefängnis hinauszugehen. Das ist grundfalsch und klingt, als ob die Mindeststrafe das an sich Gebotene (Normale) sei und man nur bei besonders erschwerenden Umständen diese Grenze überschreiten dürfe. Mit größerer Berechtigung könnte man die Mitte zwischen Strafhöchstmaß und Strafmindestmaß, also bei Diebstahl 2 Jahre 6 Monate Gefängnis, für die Durchschnittsstrafe ausgeben. Das ist selbstverständlich auch nicht richtig. Ebensowenig richtig ist es, die Höchststrafe nur dann anzuwenden, wenn man sich kaum einen schwereren, und die Mindeststrafe nur, wenn man sich kaum einen milderen Fall vorstellen kann. Der richtige Weg ist die gewissenhafte Erwägung, welche Strafe einerseits eine angemessene Sühne der Tat und andererseits ein geeignetes Besserungsmittel für den Täter ist. Man verfalle nicht in Künsteleien und beantrage nicht 13 oder 15 Tage Gefängnis (ausgenommen im Falle einer Gesamtstrafe) oder 23 Mark Geldstrafe.

Die Strafen, die für den Amtsanwalt in Betracht kommen, sind:

a) Ordentliche Strafen.

Gefängnis,

Haft,

Verweis und

Geldstrafe.

Die Zuchthausstrafe wird der Amtsanwalt nur dann in Antrag zu bringen haben, wenn ein eine Zuchthausstrafe verbüßender Angeklagter vom Schöffengericht verurteilt wird und eine Zusatzstrafe erhält. Dann würde er bei seinem Antrage auch die Umwandlung der etwa zu verhängenden Gefängnisstrafe in eine Zuchthausstrafe zu beantragen haben.

Die Gefängnisstrafe verhält sich zur Zuchthausstrafe wie 3 zu 2 (§ 21 StGB.). Wenn der Amtsanwalt z. B. 3 Monate Gefängnis beantragt, so würde er gleichzeitig zum Ausdruck bringen, daß diese in 2 Monate Zuchthaus umzuwandeln wären. Die in Antrag zu bringende Gefängnisstrafe muß nach Jahren, Monaten, Wochen und Tagen bemessen werden. Es ist z. B. falsch, $2^1/_2$ Monate Gefängnis in Antrag zu bringen. 2 Monate und 2 Wochen, oder 2 Monate und 15 Tage Gefängnis würde richtig sein. In Überweisungssachen kann der Amtsanwalt auch mehr als 6 Monate Gefängnis in Antrag bringen. Viele Amtsanwälte nehmen das Gegenteil an. Bei Abmessung der Strafe würde der Amtsanwalt zunächst die mildernden Umstände, Geständnis, Jugend, Verführung, Not, Unbescholtenheit u. a., sodann aber die erschwerenden Momente, dreistes Leugnen, die nachteiligen Wirkungen der Tat, Vorstrafen, vor allem aber auch Bildung, Besitz, Trunkenheit u. a. wägen und nunmehr die Strafe selbst, die zwischen Mindest- und Höchststrafe liegen muß, bestimmen. Die Strafe soll als Übel empfunden werden. Deswegen ist es ein Unding, bei einem wohlhabenden Angeklagten eine Strafe zu beantragen, die nur einen geringen Teil seines täglichen Einkommens ausmacht.

Auf einen Verweis kann gegen Jugendliche in besonders leichten Fällen erkannt werden. Dies Strafmittel bezweckt, den jugendlichen Übeltäter vor dem Gefängnis zu bewahren. Nachdem aber jetzt durch den Allerhöchsten Erlaß vom $\frac{\text{23. Oktober 1895}}{\text{9. März 1917}}$ $\frac{\text{(JMBl. S. 348)}}{\text{(JMBl. S. 85)}}$ die Möglichkeit geschaffen ist, die Strafvollstreckung gegen Jugendliche mit Aussicht auf Begnadigung auszusetzen, so empfiehlt es sich für den Amtsanwalt, nur noch ganz ausnahmsweise die Erteilung eines Verweises zu beantragen.

Die Amtsanwälte machen auch von den Nebenstrafen zu wenig Gebrauch. Manche wissen gar nicht, daß das Gesetz sie überhaupt zuläßt, so daß ihre Anwendung schon aus diesen Gründen unterbleibt.

b) Nebenstrafen.

Überweisung an die Landespolizeibehörde,
Einziehung von Sachen,
Bekanntmachung des Urteils,
Verlust der bürgerlichen Ehrenrechte.

Die Stellung unter Polizeiaufsicht kommt für den Amtsanwalt nicht in Betracht.

Wenn z. B. ein Wilddieb das zur Tat verwandte Gewehr, der Raufbold das Werkzeug, mit dem er einen anderen niederschlug, zurückerhält, so entspricht das nicht unserem Rechtsempfinden. In vielen Fällen wird der Richter das Versehen des Amtsanwalts gutmachen, manchmal unterbleibt aber auch das, und so erhält der Verurteilte das Recht, den betreffenden Gegenstand zurückzufordern.

Bei Betrug und Vergehen gegen § 183 StGB. wird von den Schöffengerichten fast nie auf Verlust der bürgerlichen Ehrenrechte erkannt. Hauptsächlich liegt das aber an den Amtsanwälten, die die entsprechenden Anträge nicht stellen. Ebenso wird auch bei Nahrungsmittelfälschungen und in anderen geeigneten Fällen nicht in genügender Weise auf die Bekanntmachung des Urteils hingewirkt.

Wie nötig es ist, wo die Sachlage es zuläßt, immer auf Überweisung an die Landespolizeibehörde zu dringen, ist bereits an anderer Stelle gesagt worden.

Wann die angeführten Nebenstrafen Anwendung finden können, ist stets in dem betreffenden Gesetze gesagt. Der Amtsanwalt soll daher das verletzte Gesetz auch in der Sitzung nochmals genau durchlesen und in den vorgeschriebenen oder geeigneten Fällen auch für die Anwendung der Nebenstrafen eintreten. Sie werden vom Angeklagten häufig mehr als die Hauptstrafe empfunden.

IX. Die Anklagerede (Plaidoyer).

Nach Schluß der Beweisaufnahme erhält der Amtsanwalt zur Stellung seiner Anträge das Wort.

Natürlich darf der Amtsanwalt sich nur ganz ausnahmsweise auf die lakonische Nennung einer Strafe beschränken. Im allgemeinen hat er seine Anträge stets zu begründen.

Auf die Nennung der Strafe allein mag er sich beschränken, wenn z. B. ein Jugendlicher gestohlen hat, geständig ist und alle mildernden oder strafschärfenden Momente vom Vorsitzenden bereits erörtert sind. Dann ist es unnötig, das alles noch einmal zu wiederholen, besonders bei einem vielbeschäftigten Gerichtshof.

Soll aber z. B. ein Bettler der Landespolizeibehörde überwiesen werden, so wird der Amtsanwalt mehr sagen und auf Vorleben, Vorstrafen, Arbeitsfähigkeit des Angeklagten, Arbeitermangel, Zeitlage usw. eingehen müssen. Handelt es sich dagegen um Straffälle mit mehreren Angeklagten, von denen ein jeder verschiedene Straftaten begangen hat, so muß der Amtsanwalt auf jeden Fall auf das Ergebnis der Beweisaufnahme und die Gründe für seine Anträge im einzelnen eingehen. Er muß dem Gerichtshof sagen, was er für erwiesen oder nicht erwiesen hält, und wenn er nun Strafen beantragt, die selten alle gleich sein können, so hat er die Gründe für seine verschiedene Bewertung der Schuld der einzelnen Angeklagten anzuführen.

Der Antrag des Amtsanwalts kann nur lauten auf

Bestrafung,
Freisprechung,
Einstellung des Verfahrens.

Grundsätzlich hat der Amtsanwalt Farbe zu bekennen. Er muß einen der oben angeführten Anträge stellen und nicht etwa die Entscheidung, ob und wie hoch der Angeklagte bestraft oder freigesprochen werden soll, dem Gerichtshofe anheimstellen. Er hat mit Entschiedenheit zu jedem Falle Stellung zu nehmen. Tut er das nicht, so spielt er eine klägliche Rolle. Wagt er sich aus irgendeinem Grunde nicht an den Angeklagten heran, so trete er wegen Befangenheit zurück, vermeide aber solche Halbheiten.

Die Anklagerede ist besonders bei großen Sachen nicht leicht. Wenn beispielsweise in einer solchen nach längerer Beweisaufnahme der Vorsitzende sich plötzlich rechts und links zu den Schöffen neigt und verkündet: „Der Gerichtshof hält den Fall für hinreichend aufgeklärt und lehnt eine weitere Beweisaufnahme ab, der Herr Amtsanwalt hat das Wort", so wird er gezwungen, sich sofort zu erheben, um einen sachgemäßen Vortrag über das umfangreiche Ergebnis der Beweisaufnahme zu halten und mit möglichster Treffsicherheit die Strafen für jeden Angeklagten sowie jeden Straffall in Antrag zu bringen und zu begründen.

Es ist daher nötig, daß er schon während der Verhandlung jeden erwiesenen Fall auf dem Verhandlungsblatt verzeichnet, sich über das Strafmaß klar wird und es vermerkt. Sowie die letzten Zeugen gesprochen haben, muß er auch schon mit seinem Urteil fertig und in der Lage sein, das Wort nehmen zu können. Nur in ganz besonderen Ausnahmefällen, z. B. wenn die Beweisaufnahme in einer sehr umfangreichen Sache gegen mehrere Angeklagten unerwartet geschlossen wird, mag er um eine Pause von 5—10 Minuten bitten, um seine Anträge vorzubereiten.

„Gegenstand der Urteilsfindung ist die in der Anklage bezeichnete Tat", so sagt der § 263 der StPO. Es wäre aber falsch, wenn die im Eröffnungsbeschluß benannte Tat nicht erwiesen wird, nun ohne weiteres den Antrag auf Freisprechung zu stellen. Es kommt sehr häufig vor, daß die Tat in der rechtlichen Form, wie sie sich bei Erhebung der Anklage darstellte, nicht festgestellt werden kann. Sie erscheint jetzt, strafrechtlich betrachtet, in anderem Lichte. Der Angeklagte hat zwar nicht das in der Anklage bezeichnete, wohl aber ein anderes Gesetz verletzt. Tritt der Amtsanwalt für Freisprechung ein, so handelt er falsch. Er soll sich nicht sklavisch an die ihm von der Staatsanwaltschaft oder der Beschlußkammer gegebene Weisung halten, er muß selbständig sein und auch hier den Grundsatz beachten: Herausholen aus der Sache, was herauszuholen ist! Er muß prüfen, ob nicht ein anderes Gesetz als das im Eröffnungsbeschlusse bezeichnete zutrifft. „Denn das Gericht ist an diejenige Beurteilung der Tat, welche dem Beschlusse über die Eröffnung des Hauptverfahrens zugrunde liegt, nicht gebunden", so steht es gleichfalls im § 263 StPO. Allerdings muß der Angeklagte, wie § 264 StPO. bestimmt, auf die Veränderung des rechtlichen Gesichtspunktes hingewiesen werden. Eine Körperverletzung läßt sich z. B. nicht nachweisen, aber es liegt eine Übertretung des § 367 [10] StGB. vor. Eine vorsätzliche Milchfälschung hat sich nicht nachweisen lassen, wohl aber eine fahrlässige, oder eine Übertretung der Polizeiverordnung, betreffend den Verkehr mit Milch. Eine Drohung stellt sich unter Umständen als eine Beleidigung dar. Ein Diebstahl ist nicht erwiesen, aber es liegt vielleicht Mundraub vor, oder der Angeklagte hat, da er unbefugt in einem fremden Hause gewesen ist, einen Hausfriedensbruch begangen. Der wegen fahrlässiger Transportgefährdung angeklagte Fuhrmann hat nicht überführt werden können, aber er kann, weil er bei seinem Fahren gegen die Straßenpolizeiverordnung verstoßen hat, dieserhalb bestraft werden. Der Beweis einer fahrlässigen Brandstiftung ist nicht gelungen, aber es läßt sich eine Bestrafung wegen Übertretung der bau- oder feuerpolizeilichen Vorschriften herbeiführen. In einer nicht erwiesenen Mißhandlung kann vielleicht ein grober Unfug erblickt werden, oder es ist dabei ruhestörender Lärm verübt. Ein Jagdvergehen war nicht nachzuweisen, vielleicht aber eine Übertretung des § 368 [10] StGB., unbefugtes Waffentragen, oder Schießen an einem von Menschen besuchten Orte usw.

Eine derartige Wendung nimmt die Beweisaufnahme häufig. Der Amtsanwalt muß daher so geschickt und gesetzeskundig sein, daß er eine neugeschaffene Rechtslage sofort erkennt und einen anderen Weg, der zur Bestrafung des Täters führt, findet.

Bei größeren und wichtigeren Sachen empfiehlt es sich, der Darstellung des Sachverhalts einige einleitende Worte vorauszuschicken.

Sein Vortrag würde also umfassen:

a) Einleitung,
b) die eigentliche Anklagerede.

Die Anklagerede selbst (das Plaidoyer) würde sich im allgemeinen gliedern in

1. Darstellung des Beweisergebnisses,
2. seine tatsächliche Würdigung,

3. rechtliche Würdigung der festgestellten Tatsachen,
4. Strafanträge.

1. Im ersten Teile wird kurz wiederholt, was die Zeugen, soweit ihre Aussagen erheblich sind, ausgesagt haben.

2. Im zweiten Teil wird gesagt, was man auf Grund dieser Aussagen für erwiesen oder nicht erwiesen hält, und weshalb man einigen Aussagen glaubt oder nicht glaubt.

3. Im dritten Teile wird erörtert, welches Strafgesetz verletzt ist, weshalb z. B. Notwehr nicht für vorliegend erachtet wird, ob gemeinschaftliches Handeln vorliegt, ob der Beamte, obwohl die Verhaftung objektiv nicht gerechtfertigt war, doch nach seinem besten Wissen sie für geboten hielt und er daher auch in diesem Falle in rechtmäßiger Ausübung seines Amtes gehandelt hat usw.

4. Im vierten Teile werden die Strafanträge gestellt und die Strafzumessungsgründe erörtert.

Nachstehend ein Beispiel für eine Anklagerede:

Die Angeklagten sind Zigeuner, die im Juni in Fechenheim aufgegriffen wurden. Sie haben die auf dem Verhandlungsblatt S. 164 aufgeführten strafbaren Handlungen begangen.

1. Teil: Zunächst sind die Angeklagten wegen Landstreichens angeklagt. Sie bestreiten das. Es handelt sich um Zigeuner, die ohnehin fast stets als Landstreicher zu betrachten sind. Denn es ist bekannt, daß die Zigeuner, wenn sie nicht von den Behörden gehindert werden, ihr ganzes Leben hindurch ohne festen Wohnsitz das Land durchziehen, ein Gewerbe nur zum Scheine ausüben und in der Hauptsache nur durch strafbare Handlungen ihr Leben fristen. Immer wieder macht man die Erfahrung, daß sie bestrebt sind, ihre wahren Namen zu verheimlichen. So ist es auch mit den heutigen Angeklagten. Zunächst haben alle drei, wie Polizeisergeant Hartmann bekundet, ihm, als sie zuerst gestellt wurden, ganz andere Namen als später angegeben. Als sie bald darauf auf dem Rathause vernommen wurden, gaben sie wieder andere Namen an, die allerdings mit den zuerst genannten und ihren wirklichen eine gewisse Ähnlichkeit aufweisen. Die Weinich z. B. behauptet, ihr Geburtsdatum auch heute nicht angeben zu können, und

bei der Maronelli weiß man nicht, ob sie in Zetlitz in Bayern oder in Zettlitz in Österreich geboren ist. Es mußten also auch schon wegen der übrigen Straftaten, und da die Strafregister versagten, umfangreiche Feststellungen vorgenommen werden, um zu ersehen, mit wem man es eigentlich zu tun hat, und wie das Vorleben dieser Personen beschaffen ist. Polizeisergeant Hartmann und Feldhüter Nolte haben nun ausgesagt, daß sie bei der Durchsuchung des Wagens auch einen Schein gefunden haben, wonach die Ehefrau Maronelli am 15. Mai aus dem Amtsgerichtsgefängnis zu Elmshorn, nach Verbüßung einer zweimonatigen Gefängnisstrafe wegen Diebstahls, entlassen worden ist. Diese Akten wurden eingefordert und mit den vorliegenden der Zigeunerzentrale in München übersandt, welche feststellte, daß die Angeklagten diejenigen Personen sind, die in dem Eröffnungsbeschluß aufgeführt werden. Nach den von der Zigeunerzentrale mitgesandten Personalakten, den in ihnen befindlichen Lichtbildern und den Unterschriften und Handzeichen in den Personalakten, den Elmshorner und unseren Akten stehen ihre Personalien nunmehr fest. Danach heißen sie so, wie sie im Eröffnungsbeschluß genannt werden, und haben die Vorstrafen, die der Herr Vorsitzende verlesen hat, erlitten. Aus den Personalakten geht aber namentlich hervor, daß sie von frühester Jugend an West- und Süddeutschland, namentlich Bayern und auch das angrenzende Österreich zweck-, ziel- und mittellos durchziehen, also Landstreicher sind, die auch wiederholt von einem Staate in den anderen abgeschoben wurden. Weiter steht durch die Feststellungen in unseren Akten und die Angaben der Angeklagten selbst fest, daß sie innerhalb der letzten 3 Monate in Elmshorn, Hamburg, Kiel, Braunschweig, Göttingen, Offenbach und zuletzt in Fechenheim gewesen sind. Angeblich wollen die Frauen sich überall ein sogenanntes Stadtgewerbe verschafft und mit Kurzwaren hausiert haben. Soweit sie dies wirklich getan haben, war das nur ein Scheingewerbe, ein Deckmantel für die strafbaren Handlungen, von denen sie lebten. Bezeichnend ist, was Schutzmann Friedel aus Offenbach aussagte. Die beiden Weiber hätten zwar in Offenbach mit Wichse, Streichhölzern, Schuhbändern u. dgl. hausiert, zugleich seien aber in der Zeit von verschiedenen Stellen, namentlich aus kleinen Geschäften Anzeigen eingegangen, daß sie von zwei Weibern, die wie Zigeunerinnen aussahen, beim Wechseln von Geld bestohlen worden wären. Als die Polizei sie vernehmen wollte, wechselte die ganze Gesellschaft plötzlich aus dem Hessischen ins Preußische hinüber und tauchte hier in Fechenheim auf. Die Diebstähle in Offenbach hatten aber aufgehört. Maronelli sagt, er ernähre sich als Kesselflicker und durch Pferdehandel. Dies erscheint nicht glaubhaft. Er vermag irgendeinen Nachweis dafür nicht zu erbringen, auch wurde bei ihm außer einem Hammer und einer Lötzange kein weiteres Handwerkszeug und Arbeitsmaterial gefunden.

Auch der Diebstahl, den die Anklage den Eheleuten Maronelli zur Last legt, wird von diesem bestritten. Die Zeugin Ehefrau Dietrich, die einen glaubwürdigen Eindruck macht, hat uns demgegenüber gesagt, daß sie in ihrer Geldschieblade, die durch eine Wand in eine vordere und hintere Hälfte getrennt wird, etwa 33 Mark gehabt habe. Im hinteren Fache befanden sich 26 Mark in drei 5-Mark-, vier 2-Mark- und drei 1-Markscheinen. Im vorderen Teil waren etwas über 7 Mark in Kupfer-, Nickel- und zwei 50-Pfennigstücken. Die Frau erklärt, daß sie am Abend zuvor ihr Geld nachgezählt und diese Summe festgestellt habe. Am Morgen wäre nur ein Junge dagewesen, der eine Schachtel Wichse für 10 Pfennige gekauft habe. Gegen 10 Uhr vormittags hätten die Angeklagten den Laden betreten. Den Papiergeldbestand kenne sie ganz genau, an Münzen könne sie mit Sicherheit so viel sagen, daß es nicht ganz 8 Mark, aber jedenfalls mehr als 7 Mark gewesen wären. Sie war allein im Laden, als die Angeklagten kamen. Wie Frau Dietrich weiter bekundet, forderte Maronelli ein Päckchen Tabak und eine Tonpfeife, was zusammen 55 Pfennige kostete. Seine Frau stand zunächst an der Tür. Dann kam sie näher und bezahlte für ihren Mann mit einem 5-Markschein. Als Frau Dietrich darauf herausgeben wollte, bat sie um Erlaubnis, sich aus deren Gelde die Münzen mit der Jahreszahl 1910 heraussuchen zu dürfen, die sie für „ihr Geschäft brauche". Zeugin Dietrich war so töricht, diesem Ansinnen zu entsprechen, zog die Schieblade heraus und stellte sie auf den Ladentisch. Die Angeklagte suchte nun in den Münzen herum und legte einige daneben auf den Tisch. Frau Dietrich vermochte aber die Frau nicht ständig im Auge zu behalten, da der Mann fortgesetzt auf sie einsprach und nach allen möglichen Dingen fragte. Schließlich erklärte sich Frau Maronelli zufrieden, sie hatte sechs 10-Pfennigstücke gefunden. Frau Dietrich gab den Rest hinzu, so daß die Eheleute Maronelli 4 Mark und 45 Pfennige zurückerhielten, worauf sie schleunigst verschwanden. Der Frau Dietrich kam dies Gebaren aber doch verdächtig vor, sie nahm ihre Kasse hervor, zählte nach und stellte fest, daß ihr ein 2-Markschein und 2,40—2,70 Mark an Münzen, insgesamt also fast 5 Mark fehlten, die offenbar nur von der Frau gestohlen sein konnten. Sie eilte zur Polizei, wo sie Anzeige erstattete.

Alle drei haben sich ferner des Widerstandes gegen die Staatsgewalt schuldig gemacht. Nachdem die Eheleute Maronelli zu der beim Wagen und den Kindern zurückgebliebenen Danieli zurückgekehrt waren, verließen alle schleunigst das Dorf und schlugen den Weg nach Enkheim ein. Polizeisergeant Hartmann und Feldschütz Nolte nahmen die Verfolgung auf und holten sie kurz vor dem Walde ein. Der Aufforderung, zu halten, kam der fahrende Maronelli nicht nach. Als die Beamten dem Pferde in die Zügel fielen und den Wagen zum Halten brachten, sprang er herunter und versuchte, den Beamten die Leine zu entwinden, wobei er auch dem Polizeisergeanten vor die Brust stieß. Währenddem schlug seine Frau mit den Zügeln und die Danieli mit der Peitsche auf das Pferd ein, um aus der Gewalt der Beamten zu entkommen. Beide, Hartmann wie Nolte haben dies beschworen, die gegenteiligen Behauptungen der Angeklagten mithin widerlegt. Maronelli leugnet schließlich, selbst nicht geschimpft und den Feldschutzbeamten Nolte mit „Du" angeredet zu haben. Er hat ihn aber auch, wie dieser unter Eid versichert, einen „Schweinehund" genannt.

2. Teil: Auf Grund der Feststellungen in den Akten, namentlich durch die der Zigeunerzentrale, sowie der eigenen Angaben der Angeklagten ist das Landstreichen erwiesen. Sie sind innerhalb der letzten 3 Monate zweck-, ziel- und mittellos

im Lande umhergezogen, und sind nicht in der Lage, nachzuweisen, daß sie einem ehrlichen Gewerbe obgelegen hätten.

Trotz ihres Leugnens erscheinen die angeklagten Eheleute Maronelli auch auf Grund des Zeugnisses der Frau Dietrich des Diebstahls für überführt. Es steht fest, daß sie, bevor die Angeklagten erschienen, noch etwas mehr als 33 Mark im Besitz hatte und daß von diesem Gelde etwa 5 Mark fehlten, als die Angeklagten das Geschäft verlassen hatten. Nur sie können das Geld genommen haben. Unterstützt wird die Aussage der Frau Dietrich noch durch das Urteil des Königlichen Schöffengerichts zu Elmshorn vom 8. Februar, wonach Frau Maronelli wegen eines ganz gleichen Diebstahls mit 2 Monaten Gefängnis bestraft worden ist. Auch das Zeugnis des Schutzmanns Friedel belastet die Angeklagten, da um die Zeit, als sich die Angeklagten in Offenbach befanden, gleichfalls bei kleinen Geschäftsleuten ähnliche Diebstähle vorgekommen sind, die aber aufhörten, als die Angeklagten von da verschwanden. Endlich ist es bekannt, daß diese Art des Geldsuchens aus dem Geldvorrate eines anderen ein beliebter Trick der Zigeuner ist, um Gelegenheit zum Stehlen zu finden. Einen vernünftigen Grund dafür können uns die Angeklagten auch nicht angeben.

Daß alle Angeklagten den beiden Beamten Widerstand geleistet haben, ist gleichfalls erwiesen. Sie hatten sich den Anordnungen der Beamten, die in Uniform waren und sie festnehmen sollten und wollten, zu fügen, haben dies aber nicht getan, sondern, um zu entkommen, Gewalt angewandt.

Daß Maronelli, der mit den Beamten rang und sogar gegen Hartmann tätlich wurde, sich des Widerstandes gegen die Staatsgewalt schuldig gemacht hat, kann natürlich nicht dem mindesten Zweifel unterliegen. Aber auch die beiden Frauen sind schuldig, denn sie haben sich an diesem Widerstande tatkräftig beteiligt. Frau Maronelli, welche die von ihrem Manne weggeworfene Leine ergriff, schlug mit dieser auf das Pferd ein und trieb es dadurch wie durch Zurufe zum Weitergehen an. Gleiches geschah von der Weinich, die sogar zur Peitsche griff und damit auf das Pferd einhieb. Dadurch wurde das Pferd angefeuert, weiterzugehen, wodurch die Beamten, die es festhalten wollten, zu größerem Kraftaufwand gezwungen und mit Rücksicht auf Pferd und Wagen auch in eine gewisse körperliche Gefahr gebracht wurden. Die Angeklagten handelten alle drei aus gleichen Beweggründen und erstrebten den gleichen Erfolg.

Auch die Beleidigung, deren sich Maronelli schuldig gemacht hat, ist erwiesen. Wenn er den Ausdruck „Schweinehund" auch leugnet, so wird er in dieser Beziehung durch das Noltesche Zeugnis überführt.

3. Teil: Die Angeklagten haben sich mithin sämtlich einer Übertretung des § 361[3], die Eheleute Maronelli auch des Vergehens gegen § 242 StGB. schuldig gemacht. Und zwar haben diese einen gemeinschaftlichen Diebstahl begangen. Denn wenn es auch feststeht, daß die Wegnahme des Geldes von der Frau Maronelli allein erfolgte, so ist der Mann gleichwohl mitschuldig. Sie handelten nach einem gemeinschaftlich entworfenen und durchgeführten Plane. Während der Mann die Frau Dietrich durch Fragen ablenkte und deren Aufmerksamkeit von seiner Frau abzog, ermöglichte er dieser die Ausführung der Tat.

Alle haben sich außerdem eines Vergehens aus § 113 StGB. schuldig gemacht. Auch hier handelt es sich um eine gemeinschaftliche Handlung, da sie alle drei mit vereinten Kräften bestrebt waren, das von den Beamten festgehaltene Pferd freizumachen und anzutreiben, um zu entkommen. Maronelli hat durch die Beleidigung gegen § 185, und da sie auf einer verkehrsreichen Landstraße begangen ist, auch gegen § 200 StGB. verstoßen.

4. Teil: Ich beantrage gegen die drei Angeklagten wegen Landstreichens je 6 Wochen Haft und Überweisung an die Landespolizeibehörde. Die Zigeuner stellen, allgemein betrachtet, ein gefährliches Element dar. Auch die heutige Verhandlung beweist das. Unsere Bevölkerung, namentlich alleinstehende Frauen müssen gegen solche Elemente geschützt werden, und im Interesse der öffentlichen Sicherheit ist es notwendig, solche Menschen möglichst lange unschädlich zu machen. Auch im Interesse der Angeklagten empfiehlt es sich, sie in ein Arbeitshaus zu bringen, um sie an eine geordnete nutzbringende Tätigkeit zu gewöhnen und vielleicht noch zu bessern. Würde

die Überweisung nicht ausgesprochen, so würden die Angeklagten ihr altes Gewerbe sofort wieder aufnehmen und der Allgemeinheit zur Last fallen.

Wegen des gemeinschaftlichen Diebstahls beantrage ich, namentlich in Anbetracht ihrer Vorstrafen und der bewiesenen Gemeingefährlichkeit, gegen die Eheleute Maronelli je 6 Monate Gefängnis, außerdem gegen alle drei Angeklagte wegen Widerstands gegen die Staatsgewalt, gegen Maronelli 3 Monate, gegen die beiden Weiber je 6 Wochen Gefängnis und endlich gegen Maronelli wegen Beamtenbeleidigung 2 Monate Gefängnis. Daraus bitte ich bei diesem eine Gesamtstrafe von 10 Monaten Gefängnis zu bilden. Da die Beleidigung eine öffentliche war, beantrage ich auch, dem Beleidigten die Befugnis zuzusprechen, die Urteilsformel, soweit sie sich auf die Beleidigung bezieht, binnen drei Wochen nach Zustellung des Urteils, im „Fechenheimer Anzeiger" bekannt zu machen. Die beiden Gefängnisstrafen der Ehefrau Maronelli beantrage ich auf eine Gesamtstrafe von 7 Monaten Gefängnis zurückzuführen.

Dies Beispiel soll nur ein Beispiel sein und erhebt auf erschöpfende Darstellung des Falles oder Klassizität keinen Anspruch.

Der Amtsanwalt muß darauf achten, daß er die Angeklagten und Zeugen stets beim richtigen Namen nennt. Es macht einen unangenehmen Eindruck, wenn er sich fortgesetzt in Personenverwechslungen ergeht, wohl gar das Verhalten eines Angeklagten geißelt, dabei aber immer den Namen eines Zeugen nennt. Dadurch stellt er diesen, ohne es zu wollen, bloß und macht ihn lächerlich.

Auf die Rede des Verteidigers wird zuweilen eine Entgegnung erforderlich sein, namentlich dann, wenn dem Verteidiger ein tatsächlicher Irrtum in der Wiedergabe der Aussage eines Zeugen untergelaufen ist. Der Amtsanwalt bedenke aber, daß dann der Verteidiger auch noch einmal zu Worte kommt. Ist ihm, wie das meist der Fall sein wird, der Verteidiger an Rechtskenntnissen, Beredsamkeit und Schlagfertigkeit überlegen, so lasse er sich — namentlich in rechtlichen Fragen — nicht in einen Redekampf ein, in dem er den kürzeren zieht und sich vielleicht sogar lächerlich macht.

X. Verhalten während der Beratung.

Wenn der Gerichtshof zur Beratung abtritt, sind von den Gerichtspersonen nur noch Amtsanwalt, Gerichtsschreiber und Gerichtsdiener, vielleicht auch nur ersterer im Saale. Die übrigen Anwesenden bleiben natürlich auch noch da und harren der Verkündung des Urteils. Bis dahin vergeht aber manchmal viel Zeit, da die Beratung oft lange dauert. Es bleiben also Angeklagte, Zeugen, Sachverständige, Verteidiger und die Vertreter der Presse zurück. Ging es in der Verhandlung leidenschaftlich und erbittert zu, so wirkt die dadurch erzeugte Erregung noch nach und führt nicht selten zu heftigen Szenen, Beschimpfungen der Parteien untereinander oder gar zu Tätlichkeiten. Wer ist nun der Zuständige, der für die notwendige Ordnung zu sorgen hat? Die Strafprozeßordnung spricht sich darüber nicht aus. Der Richter ist dazu nicht imstande, da er mit den Schöffen über das Urteil berät und nicht gestört werden darf. Das Beratungszimmer ist durch eine Doppel- oder Polstertür gesichert, so daß der Lärm dort auch meistens nicht gehört wird. Der Gerichtsschreiber, der anstrengend gearbeitet hat, benutzt die Pause in der Regel, um den Saal zu verlassen und Luft zu schöpfen. Vielleicht ist noch der Gerichtsdiener da, wenn er nicht mit Aufträgen fortgesandt worden ist. Auch reicht sein Ansehen nicht immer aus, um Ordnung zu schaffen. Es bleibt also eigentlich nur der Amtsanwalt übrig, diesem steht jedoch die Ausübung der Sitzungspolizei nicht zu; er hat tatsächlich weniger Rechte als der Gerichtsdiener. Wenn er z. B. jemanden auffordern würde, den Saal zu verlassen, so ist es fraglich, ob er als der Berechtigte im Sinne des § 123 StGB. anzusehen ist. Und zur Stellung eines Strafantrages wegen Hausfriedensbruchs ist er überhaupt nicht berechtigt. Sein Ansehen leidet aber fraglos, wenn sich in seiner Gegenwart heftige Auftritte abspielen, zumal nicht jedermann weiß, daß er zum Einschreiten nicht befugt ist. Deswegen räumt der Amtsanwalt am besten das Feld und zieht sich in die Gerichtsschreiberei oder Kanzlei zurück.

Bleibt er im Zimmer, so vermeide er alles Auffällige, namentlich laute oder heitere Unterhaltungen. Ebenso unterlasse er es, an die Verteidiger heranzutreten und Gespräche mit ihnen anzuknüpfen. Wird nachher der Angeklagte wider Erwarten schwer bestraft, so folgert er vielleicht aus dem vertraulichen Umgang beider, daß der Verteidiger gar mit dem Amtsanwalt unter einer Decke gesteckt und sich nicht so für ihn ins Zeug gelegt hat, wie er es hätte tun müssen.

XI. Verhalten bei und nach Verkündung des Urteils.

Wenn der Gerichtshof nach der Beratung wieder den Saal betritt, muß der Amtsanwalt anwesend oder ohne Aufschub erreichbar sein. Bei der Urteilsverkündung darf er durch nichts zu erkennen geben, daß er über das Urteil Genugtuung oder Unwillen empfindet. Wenn es ihn etwa nicht befriedigt, so darf er sich dies nicht merken lassen. Er hat dem im Namen des Königs gesprochenen Urteil ebenso wie jeder andere im Saale Achtung entgegenzubringen. Ist er mit ihm nicht einverstanden, so kann er dagegen Berufung einlegen.

Das Urteil hat der Amtsanwalt sofort in den Handakten mit Tinte niederzuschreiben.

Nach Beendigung der letzten Strafsache verabschiedet er sich mit einer Verbeugung gegen den Gerichtshof sowie vor den etwa anwesenden Rechtsanwälten und verläßt den Saal.

Manche Richter verlangen vom Amtsanwalt eine sofortige Erklärung, ob er auf Rechtsmittel verzichte. — Nur in Haftsachen empfiehlt es sich, und zwar in Fällen, die sich nicht zur Berufung eignen, diesen Verzicht zu erklären, weil dann die Strafvollstreckung sofort beginnen kann. In allen übrigen Sachen lehne man die Abgabe einer Verzichtserklärung höflich ab und überlege sich in Ruhe in seinem Geschäftszimmer, ob nicht die Einlegung der Berufung erforderlich ist.

Ein sofortiger Verzicht ist schon deshalb nicht ratsam, als häufig die an der Sache Beteiligten, namentlich Behörden, nachdem sie von dem Urteil Kenntnis erhalten haben, die Einlegung der Berufung verlangen. Ist das Urteil dann schon rechtskräftig, so setzt sich der Amtsanwalt, namentlich in grundsätzlich wichtigen Sachen, einer Rüge der vorgesetzten Behörde aus.

H. Die Tätigkeit nach dem Urteil.

I. Berufung.

Gegen das Urteil des Schöffengerichts steht dem Amtsanwalt ebenso wie dem Angeklagten bei einwöchiger Frist das Recht der Berufung zu.

Die Frage der Einlegung dieses Rechtsmittels ist nicht immer von der freien Entschließung des Amtsanwalts abhängig. Nach einer älteren, noch in Geltung befindlichen Verfügung ist in allen Sachen, in denen eine Verwaltungsbehörde (Regierung, Eisenbahndirektion, Gewerbeinspektion, Landrats-, Polizei-, Postamt usw.) beteiligt ist, Berufung einzulegen, wenn nicht die Unschuld des Angeklagten klar erwiesen ist, oder zweifelsfreie Rechtsgründe zur Freisprechung geführt haben. Für Steuersachen ist Art. 78 der Geschäftsanweisung maßgebend. Mit der oben erwähnten Einschränkung ist dem Amtsanwalt aber wenig geholfen. Er wird gut tun, stets Berufung einzulegen und während der Rechtfertigungsfrist mit der beteiligten Behörde entweder selbst in Verbindung zu treten oder dies dem Ersten Staatsanwalt zu überlassen.

Der Schriftwechsel mit der Verwaltungsbehörde ist auch in diesem Falle zu den Handakten zu nehmen. Er darf nicht zur Kenntnis des Gerichts kommen.

In den meisten Fällen hängt es aber von der freien Entschließung des Amtsanwalts ab, ob er Berufung einlegen soll.

Es ist dem Ansehen der Gerichte schädlich, wenn ihre Entscheidungen voneinander abweichen. Dies bedenke der Amtsanwalt und lege Berufung nur dann ein, wenn es sich um eine wichtige Sache handelt und wenn ein Erfolg des Rechtsmittels — vielleicht auf Grund neuer ihm inzwischen mitgeteilter Tatsachen — mit Wahrscheinlichkeit zu erwarten ist.

Er hüte sich vor kleinlicher Rechthaberei. Andererseits darf ihn aber nicht etwa persönliche Rücksichtnahme auf den Vorsitzenden des Schöffengerichts von Einlegung des Rechtsmittels abhalten.

Ist der Amtsanwalt im Zweifel, ob er die Berufung durchführen soll, so ruft er während der Berufungsrechtfertigungsfrist unter Übersendung der Akten die Entscheidung des Ersten Staatsanwalts an und gibt dabei seiner persönlichen Meinung über die Frage, ob ihm die Berufung wünschenswert erscheint und ob sie seiner Ansicht nach Erfolg verspricht, Ausdruck.

Jede Berufung, die zu einer neuen Verhandlung vor der Strafkammer führen soll, muß vom Amtsanwalt auch begründet werden. Er stellt sich ein Armutszeugnis aus, wenn er das nicht tut. Er darf also nicht die Akten schweigend weitergeben, sondern muß zu den Ausführungen des Urteils Stellung nehmen.

Die Rechtfertigung der Berufung ist eingehend, also umfangreicher als die Begründung der Beschwerde, zu gestalten. Sobald man sich über die Sachlage genau unterrichtet, wenn angängig, neues Beweismaterial gesammelt hat, setzt man die Berufungsrechtfertigungsschrift in den Handakten auf. Selbstverständlich muß man auch hier rein sachlich bleiben und sich davor hüten, die Ansicht des Schöffengerichts in scharfer, spöttischer oder gar persönlich gehaltener Weise zu kritisieren. Ganz unzulässig ist es, kritische Randbemerkungen, Frage- oder Ausrufungszeichen am Rande der Urteilsbegründung oder des Sitzungsprotokolls zu machen. Ist die Schrift fertig, so werden zwei Reinschriften hergestellt, eine für die Hauptakten und eine für den Angeklagten. Sind mehrere Personen angeklagt, so muß für jede eine Abschrift gefertigt werden.

Gemäß § 361 StPO. (Art. 102 der Geschäftsanweisung) hat der Amtsanwalt dem Angeklagten „die Schriftstücke über Einlegung und Rechtfertigung der Berufung" zuzustellen. Damit das nicht versäumt wird, wird er dies unter der Berufungsschrift in den Handakten vorverfügen. Auch muß die Staatsanwaltschaft, die die Handakten erhält, sich davon überzeugen können, daß dies geschehen ist. Diese Schriftstücke sind

die Berufungseinlegung und
die Berufungsrechtfertigung.

Sind die Reinschriften gefertigt, so wird eine in die Akten geheftet, die andere, mit der Adresse des Angeklagten versehen, lose beigefügt, und das Ganze dem Gerichtsschreiber übersandt. Dieser legt die Akten dem Amtsrichter vor und stellt die Berufungsrechtfertigung dem Angeklagten zu. Nachdem dies geschehen, gehen die Akten dem Amtsanwalt wieder zu. Er fügt die Handakten geheftet bei und sendet beides nach Ausfüllung des Formulars StP. Nr. 188 an die Staatsanwaltschaft.

Der Staatsanwaltschaft am Landgericht ist es erwünscht, daß sich in Berufungssachen eine Abschrift des ganzen Urteils bei den Handakten befindet. Es empfiehlt sich daher, wenn der Amtsanwalt bei Gerichten, an denen eine Schreibmaschine vorhanden ist, die Vereinbarung trifft, daß ihm ein Durchschlag des dem Angeklagten zuzustellenden Urteils für seine Handakten übergeben wird.

Der Amtsanwalt darf auch dann Berufung einlegen, wenn er selbst Freisprechung beantragt hat. Er kann seine Ansicht nachträglich ändern, es kann eine beteiligte Behörde die Berufung wünschen, der Verletzte kann Tatsachen oder sonstige Gesichtspunkte vorbringen, die die Sachlage in einem anderen Lichte erscheinen lassen. In nicht ganz aussichtslosen Sachen empfiehlt es sich, jedem Antrage des Verletzten auf Einlegung der Berufung zu entsprechen und die Akten vor Zustellung der Berufungsschrift dem Ersten Staatsanwalt vorzulegen.

Es ist vielfach vorgekommen, daß der Amtsanwalt, falls der Angeklagte Berufung eingelegt hatte, nun auch Berufung zu Ungunsten des Angeklagten einlegte, und zwar auch dann, wenn das Urteil seinem Antrage entsprach oder gar über ihn hinausgegangen war. Mit Recht hat der Herr Justizminister dies Verfahren in einer Sitzung des Reichstages für unzulässig erklärt. Der Amtsanwalt darf wegen des Strafmaßes nur dann Berufung einlegen, wenn er durch das Urteil beschwert ist, d. h. wenn die Strafe hinter seinem Antrage zurückblieb. Ist dies der Fall und die Abweichung keine ganz unerhebliche, so empfiehlt es sich allerdings dringend, Anschlußberufung einzulegen. Legt der Amtsanwalt Berufung ein, so vermeide er es, sie auf einen bestimmten Punkt zu beschränken, sondern lasse dem Gericht des höheren Rechtszuges nach allen Seiten hin freie Hand.

Nimmt der Amtsanwalt eine von ihm eingelegte Berufung, von der der Angeklagte Kenntnis erhalten hat, zurück, so benachrichtige er ihn, selbstverständlich ohne Angabe der Gründe.

Die Berufung kann auch zugunsten des Verurteilten eingelegt werden, wenn der Amtsanwalt die Verurteilung für ungerechtfertigt hält.

Am häufigsten wird dies vorkommen, wenn dem Gericht ein Versehen untergelaufen ist, das der Richter in der Regel bei Abfassung der Gründe bemerkt. Z. B. es ist eine Gesamtstrafe falsch bemessen, oder ein Jugendlicher ist wegen eigenmächtigen Dienstverlassens zu der gesetzlichen Höchststrafe von 15 Mark verurteilt, obwohl nach § 57 StGB. nur auf die Hälfte der Höchststrafe (7,50 Mark) erkannt werden durfte. Von solchen Fällen abgesehen, sei der Amtsanwalt vorsichtig in der Anwendung dieser Befugnis und bedenke insbesondere, daß eine zugunsten des Verurteilten eingelegte Berufung nicht ohne dessen Zustimmung zurückgenommen werden darf. In Zweifelsfällen bezeichne er die Berufung vorerst als zu Ungunsten des Verurteilten eingelegt und berichte vor Rechtfertigung derselben an den Ersten Staatsanwalt.

Muster für die Berufung.

In der Strafsache gegen den Tagelöhner Johann Müller u. Gen. aus Erlenbach wegen Körperverletzung, Beamtenbeleidigung und Widerstand gegen die Staatsgewalt,

Datum.

wird die gegen das Urteil des Königlichen Schöffengerichts zu X vom 15. September 1915 rechtzeitig eingelegte Berufung gerechtfertigt, wie folgt:

Text der Berufung.

Am Schlusse zu sagen:

Als weitere Zeugen würden außer den vom Königlichen Schöffengericht vernommenen noch zu laden sein:

1.

2.

Der Amtsanwalt.

An

Das Königliche Amtsgericht

zu

X.

II. Mitteilungen an andere Behörden.

Die Verurteilung eines Staatsbürgers ist oft, ganz abgesehen von der Strafe, mit einschneidender Wirkung für ihn verknüpft.

Es liegt z. B. auf der Hand, daß ein wegen eines ehrlosen Vergehens verurteilter Beamter nicht im Dienste bleiben kann. Der Herr Justizminister hat daher in der oben abgedruckten Allgemeinen Verfügung vom 29. April 1907 eingehende Vorschriften erteilt, welche die Bekanntgabe einer Verurteilung an die in Betracht kommenden öffentlichen Behörden sichern sollen. Diese Kenntnis zu vermitteln, ist nicht Aufgabe des Gerichts, sondern des Amtsanwalts.

In der Regel wird, bevor die Mitteilungen gemacht werden, die rechtskräftige Verurteilung abgewartet. Aus diesem Grunde hat dieser Abschnitt auch hinter den Ausführungen über die Hauptverhandlung Platz gefunden. In zahlreichen Fällen sind aber bereits früher und zwar bei der Anklageerhebung Mitteilungen dieser Art zu machen.

Nachricht bei Anklageerhebung ist nötig bei Beamten. Der Zweck ist klar. In manchen Fällen ist es für die vorgesetzte Behörde von größtem Werte, sogar schon vor der Anklageerhebung davon Kenntnis zu erhalten, daß gegen einen ihrer Beamten ein auf zuverlässige Beweismittel gegründetes Ermittelungsverfahren, z. B. wegen Diebstahls oder Betruges, schwebt. Vielleicht nimmt sie Anlaß, ihn vorläufig vom Amte zu entheben.

Daß der Zivilvorsitzende der Ersatzkommission ein dringendes Interesse daran hat, von der Anklageerhebung gegen einen Gestellungspflichtigen Kenntnis zu erhalten, ist selbstverständlich. Denn er wird ihn häufig zurückstellen.

Wird eine Sache kurz vor dem Gestellungstermin anhängig, so ist sie auf das äußerste zu beschleunigen, damit sie, wenn möglich, einschließlich der Strafvollstreckung noch vor dem Gestellungstermine erledigt werden kann. Der Amtsanwalt versehe jedes Schreiben in einer solchen Sache, insbesondere die Anklage, mit dem Vermerke:

Eilt sehr!

Gestellungspflichtiger!

Ebenso bedarf es keiner Auseinandersetzung, daß und weshalb das Bezirkskommando über Untersuchungen gegen Reservisten und Landwehrmänner unterrichtet sein will.

Um diese Nachrichten nicht zu versäumen, ist es geboten, die Militärverhältnisse stets genau festzustellen.

Ist die vorgesetzte Behörde, der Zivilvorsitzende der Ersatzkommission, das Bezirkskommando, von der Anklageerhebung benachrichtigt, so versteht es sich von selbst, daß diese Stellen vom Ausfalle des Urteils — auch wenn es auf Freisprechung lautet — ebenfalls Kenntnis erhalten müssen. Der Amtsanwalt sehe daher bei Überweisungssachen genau nach, welchen Behörden der Erste Staatsanwalt Nachricht von der Anklageerhebung gegeben hat.

Die Ortspolizeibehörden führen über die Ortseingesessenen Straflisten. Deshalb ist es dringend nötig, daß sie von der Bestrafung ihrer Einwohner wegen Vergehens alsbald Kenntnis erhalten. Die Benachrichtigung ist auch dann nötig, wenn der Bürgermeister zufällig bei der Verhandlung zugegen war.

Ferner haben die Ortspolizeibehörden auch ein berechtigtes Interesse daran, zu erfahren, was aus ihren Strafverfügungen, gegen die gerichtliche Entscheidung angerufen ist, geworden ist.

Endlich versteht es sich von selbst, daß der Amtsanwalt nicht selten die Pflicht hat, ein Aktenstück, dessen Inhalt für eine Behörde von Interesse sein wird, unaufgefordert dieser zu übersenden, beispielsweise wenn aus dem Strafverfahren gegen einen Geschäftsmann mit Sicherheit hervorgeht, daß ein als Zeuge vernommener Beamter höchst bedenkliche Geldgeschäfte macht. Man gehe aber hierin nicht zu weit und vermeide es, sich dem Verdacht der Neigung zur Angeberei auszusetzen, der namentlich dann naheliegt, wenn etwa der Amtsanwalt mit dem betreffenden Beamten nicht gut steht.

Eine Anzahl von Mitteilungen ist bei Jugendlichen zu machen. Erhebt der Amtsanwalt gegen einen solchen Anklage, so muß er, sofern der Angeklagte noch die Schule besucht, dem Schulvorstande und dem Ortsgeistlichen Mitteilung machen. Ist das Urteil rechtskräftig, sind beide Stellen erneut zu benachrichtigen, natürlich auch, wenn Freisprechung erfolgt. Ist der Angeklagte bereits 16 Jahre alt, so braucht der Ortsgeistliche nicht mehr benachrichtigt zu werden. Die Mitteilungen an den Geistlichen sind überhaupt nur bei Angehörigen der evangelischen und katholischen Konfession, nicht bei Juden, Dissidenten oder Andersgläubigen zu machen.

Anzeigen gegen noch nicht 12 Jahre alte Personen sind häufig. Es wäre bedenklich, wenn gegen sie nichts unternommen würde. Sie hat § 20 der Allgemeinen Verfügung im Auge, welcher bestimmt, daß in solchen Fällen stets den dort bezeichneten Stellen Mitteilung zu machen ist, damit geprüft werden kann, ob Fürsorgeerziehung geboten ist. Diese Mitteilung ist auch hinsichtlich der übrigen Jugendlichen zu machen, indes nur dann, wenn Verwahrlosung droht. Ob dieser Fall vorliegt, muß stets geprüft werden. Man wird diese Gefahr als vorliegend erachten, wenn die Person schon vorbestraft ist oder wiederholt zur Untersuchung gezogen war oder die Schule mangelhaft besucht, einen verdorbenen Charakter besitzt (z. B. der Unzucht verdächtig ist) und die häuslichen Verhältnisse keine Gewähr für eine Besserung bieten. Es ist weder nötig noch richtig, in solchen Fällen die ganzen Akten der im § 20 bezeichneten Stelle zu übersenden. Man beschränke sich auf eine einfache, aber inhaltlich vollständige Mitteilung. Am besten verwendet man auch hier ein für diese Zwecke hergestelltes Formular. Durch die Übersendung der Akten würde das Strafverfahren nur unnötig verzögert.

Übersehen wird häufig die Vorschrift des § 7. Es würden viel mehr nichtpreußische Bettler und Landstreicher über die Landesgrenze gebracht und dadurch die in manchen Bezirken herrschende Wandererplage gemildert werden, wenn die Amtsanwälte die entsprechenden Mitteilungen und zwar rechtzeitig der Landespolizeibehörde machen würden. Vielfach liegt die Schuld an den Gerichtsschreibereien, die die Akten mit der Mitteilung von der Rechtskraft des Urteils dem Amtsanwalt zu spät vorlegen. Es ist nichts Seltenes, daß die Mitteilung erst dann an die Landespolizeibehörde gelangt, wenn der Bettler oder Landstreicher längst entlassen ist. Der Amtsanwalt muß daher darüber wachen, daß er die Akten rechtzeitig zurückerhält, um die Mitteilung so schnell wie möglich machen zu können. Ist auf Überweisung an die Landespolizeibehörde erkannt worden, so ist die Mitteilung natürlich nicht nötig, da dieser jetzt die Akten vom Amtsgericht zugehen.

Die Behörden verlangen meistens auch eine Mitteilung über den Ausgang eines durch eine von ihnen erstattete Anzeige anhängig gewordenen Verfahrens. Diese Mitteilungen sind gemäß § 36 zu machen. Beispiele: Ein Schaffner ist im Dienst beleidigt worden. Die Eisenbahndirektion verlangt stets Mitteilung über das Urteil schon der Bekanntmachung wegen. Ein Postwagen wurde durch Verschulden eines Straßenbahnwagenführers beschädigt. Die Postbehörde will das Urteil wissen, um gegen die Straßenbahnverwaltung im Zivilprozeßwege auf Schadenersatz zu klagen, usw.

Häufig wird es unterlassen, dem Zivilvorsitzenden der Ersatzkommission von einer bedingten Strafaussetzung zugunsten eines Jugendlichen, der während der Bewährungsfrist das gestellungspflichtige Alter erreicht, Kenntnis zu geben. Der Amtsanwalt muß diese Mitteilung erlassen, sobald ihm das sogenannte Verzeichnis A, in dem der Herr Justizminister oder Oberstaatsanwalt Strafaussetzung bewilligt hat, zur Kenntnis vorgelegt wird.

Ganz verfehlt wäre es, wenn der Amtsanwalt sich alle Vierteljahre einmal dazu aufraffen würde, die inzwischen erledigten Sachen in dieser Beziehung durchzuarbeiten und die erforderlichen Benachrichtigungen auf einmal abzusenden. Es versteht sich von selbst, daß dies sofort erfolgen muß; sonst verfehlen sie meist ihren Zweck.

Überhaupt ist darüber zu wachen, daß dem Amtsanwalt die Akten nach Rechtskraft des Urteils sofort zugehen und nicht zuvor die Strafvollstreckung abgewartet wird. Selbstverständlich müssen sie unverzüglich zurückgegeben werden.

Hat aber der Amtsanwalt einmal eine Benachrichtigung versehentlich unterlassen, so denke er nicht, daß die Nachholung keinen Zweck mehr habe, sondern bewerkstellige sie sofort nachträglich. Es ist besser, daß ein Eintrag in den polizeilichen Straflisten verspätet erfolgt, als wenn er ganz unterbleibt.

Dieser Abschnitt will die genaue Durchsicht der Allgemeinen Verfügung vom 29. April 1907 keineswegs überflüssig machen. Es sollen nur die Hauptpunkte hervorgehoben werden.

J. Sachregister.

(Die Zahlen bedeuten die Seiten.)

Frommannsche Buchdruckerei (Hermann Pohle) in Jena. — 4620

Frommannsche Buchdruckerei (Hermann Pohle) in Jena

FSC
www.fsc.org
MIX
Papier | Fördert
gute Waldnutzung
FSC® C083411

Kolibri 360 GmbH
Ferdinand-Jühlke-Straße 7
99095 Erfurt, Deutschland
produktsicherheit@kolibri360.de